诠释教师生活史
自我的建构与超越

◎ 张立新 / 著

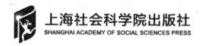

上海社会科学院出版社
SHANGHAI ACADEMY OF SOCIAL SCIENCES PRESS

图书在版编目(CIP)数据

诠释教师生活史：自我的建构与超越 / 张立新著.— 上海：上海社会科学院出版社，2024
ISBN 978-7-5520-4376-1

Ⅰ.①诠… Ⅱ.①张… Ⅲ.①教师—生活史—研究 Ⅳ.①G451

中国国家版本馆 CIP 数据核字(2024)第 081242 号

诠释教师生活史：自我的建构与超越

著　　者：张立新
责任编辑：杜颖颖
封面设计：杨晨安
出版发行：上海社会科学院出版社
　　　　　上海顺昌路 622 号　邮编 200025
　　　　　电话总机 021-63315947　销售热线 021-53063735
　　　　　https://cbs.sass.org.cn　E-mail：sassp@sassp.cn
排　　版：南京理工出版信息技术有限公司
印　　刷：浙江天地海印刷有限公司
开　　本：890 毫米×1240 毫米　1/32
印　　张：11
字　　数：268 千
版　　次：2024 年 6 月第 1 版　2024 年 6 月第 1 次印刷

ISBN 978-7-5520-4376-1/G·1312　　　　　　　　定价：65.00 元

版权所有　翻印必究

作者介绍：张立新，教育学博士，国家二级心理咨询师，高级家庭教育指导师。有多年中学任教经历，现为上海市徐汇区教育学院教师。曾被评为区管专业技术拔尖人才、多期区教育系统教育和心理学科带头人，长期从事教育和心理研究与实践。在领衔工作坊生涯教育主题研究项目《生涯规划咨询与指导》《生涯规划课程一体化建设的行动研究》《专业成长视域下教师自我的建构与超越》基础上，主持市级重点研究项目《生涯教育课程迭代优化建设的行动研究》；在开展主题课程群迭代建设中，面向学生实施上海市中小学专题教育网络课程《生涯规划》；面向教师实施上海市市级共享课程《教师课题研究问题剖析与诊断改进》(面授课程，知识技能类)、《生涯规划咨询与指导》(面授课程，师德素养类)、《教师课题研究主要环节与关键问题》(网络课程，知识技能类)、《生涯规划及咨询指导》(网络课程，师德素养类)《生涯规划校本研修课程建设及案例剖析》(网络课程，知识技能类)、《教师研修课程开发的流程与技术》(网络课程，知识技能类)等。

自 序　　　　　　　　　　　PREFACE

　　我对教师生活史的关注和比较深入地研究始于我的博士学位论文《教师实践性知识形成机制研究——基于教师生活史的视角》，其中基于生活史的视角研究了教师实践性知识及其形成机制问题，不仅发现了教师生活史研究的一些逻辑和章法，也发现了教师实践性知识的建构与教师私人的和专业的经验史密切相关，也是说，教师实践性知识具有鲜明的生活史特性，透过教师的生活史，可以了解什么样的脉络和因素影响了教师实践性知识的形成与发展，以期能够为超越生活史，促进教师实践性知识的发展和完善。

　　教师生活史是教师在一定的文化和社会情景中私人与专业生活的全部历程。它涉及教师生平所经历的一切体验，包括家庭生活、受教经历、职业生涯、社会交往以及个体的身心状况和业余爱好等。教师的专业生活史是与教师从事学校教育工作直接相关的学科及教育理论的学习与在教育现场的一切经历；而此外的教师私人生活史具有极其宽广的面向。根据1999年版《辞海》的解释，"私人"，有"个人，自己的"的含义（第2100页），而"个人""对'集体'而言"也有"一个人；私人"的含义（第377页）；但"私人"还有"亲戚朋友或以私交相依附的人"之意（第2100页）。因此，"私人"相对于"个人"用于特指教师生活史中专业以外的组成部分，更能体现其生活史的丰富性。

对教师实践性知识的理解，我借鉴了埃尔巴兹、康纳利与克兰迪宁等人的研究成果。克兰迪宁（1985）指出，"实践性"的，指的是教师知的对象为有关学校或教室内的实践工作及情景；"知识"，指的是信念（convictions）的集合体，是有意识的或无意识的。克兰迪宁和康纳利（1987）还指出，教师实践性知识"是对教师在其实践中建构的、直接支配教学行为的个人观点、准则、信念等的泛称。"我对教师实践性知识的理解是：教师实践性知识是体现在教师工作实践过程中的一切明确或默会的个人观点、行动准则与信念的集合。从教师工作实践的范围来看，它以校内课堂为主阵地，也可能发生在课堂之外、校外，可以对面交流，也可能在线沟通；而教师工作实践的内容非常广泛，包括教育的、教学的、学科的、课程的、教材的、教师的、学生的、师生关系的、同事关系的等。

教师实践性知识的建构受教师生活史的影响，教师生活史包括私人的和专业的部分，既涉及职前的生活背景、受教经历，又涉及教师职后的专业与生活的各个方面；但教师生活史对教师实践性知识的影响，并非仅仅是简单的经验的再现，其中的关键环节是源自个体生活史的教师"自我"的建构，"自我"是教师实践性知识建构的基础、枢纽与核心。

因此，为了探索教师实践性知识的形成机制，我也关注了对源自教师生活史的教师"自我"（self）的研究。对教师自我的审视和理解，我主要是基于詹姆斯（James, 1890）、库利（Cooley, 1902）、米德（Mead, 1934）等的自我理论。既关注作为思想者的主我自我，也关注作为被思想、被认识的宾我自我。前者涉及了教师的自我意识、自我监控；后者涉及了教师的自我概念（或自我认识）和自我情感。自我意识即人们把自我当作他们注意的对象；自我监控是指监视和控制自身在公众面前的行为；自我概念指的是人们思考他们自己的特定方式，即对自己的看法；自我情感是对自己的感觉，心理学家用"自尊"一词来指代人们感觉他们自己的特定方式。

对教师生活史的进一步更深层的领悟，得益于我获取了国家二级心理咨询师资质及基于对职业心理咨询的领悟，并且，自2014年开始我作为学科带头人领衔了生涯规划工作坊和生涯教育相关研究项目，对生涯教育开展了一体化持续探索。在过往十余年里，基于自身岗位和专业优势，我开展了相关主题课程群迭代建设，在课程实施中不仅丰富了课程主题及内涵，也在与学员互动中创生、丰富了课程资源。如果说过往十年我在研究中主要关注了如何帮助教师指导学生生涯发展，近期日益感觉到引领教师的生涯发展也同样重要，教师生涯的充分健康发展关系到学生乃至整个教育的健康发展。

不少前辈和同仁注意到我的专业积累，支持和鼓励我出书，以进一步发挥辐射作用，影响更多的人。非常感动因为机缘，得到上海市社会科学院出版社的支持，让我有次机会让此书面世。

本书既彰显了教师生活史研究的多维线索，又勾勒了我对教师生活史研究持续探索、觉悟提升的进程，也反映了教师生活在时间流中的丰富样态。

本书分为基础理论篇、案例应用篇和实践拓展篇3个部分。

第一部分基础理论篇，共包括5章，主要探讨了教师生活史研究的渊源、成果和多维视角，教师生活史的内涵、范畴和特点，教师生活史研究的目的，教师生活史研究的方法论以及研究教师生活史的策略等。

第二部分案例应用篇，共包括10章，即诠释教师生活史之生活章节，诠释教师生活史之关键事件，诠释教师生活史之重要他人，诠释教师生活史之愿景，诠释教师生活史之压力、挑战或难题，诠释教师生活史之个人意识形态，诠释教师生活史之学校内外生活方式，诠释教师生活史之生活圈，诠释教师生活史之生活主题以及诠释教师生活史之自我。

第三部分实践拓展篇，共包括3章，即诠释教师生活史之人格成长、诠释教师生活史之生涯发展以及诠释教师生活史之生涯规划。

感谢在研究和实践探索中众多的引领者、支持者、陪伴者、互动者和鞭策者！

张立新

2023年12月18日

目 录　　CONTENTS

自　序 ... *1*

第一部分　基础理论篇 ... *1*

第1章　教师生活史研究的渊源、成果和多维视角 ... *3*

1.1　教师生活史研究的渊源 ... *3*

1.2　教师生活史研究的代表性成果 ... *4*

1.3　教师生活史研究的多维视角 ... *5*

第2章　教师生活史的内涵、范畴和特点 ... *10*

2.1　教师生活史的内涵 ... *10*

2.2　教师生活史的范畴和特点 ... *14*

第3章　教师生活史研究的目的 ... *17*

3.1　倾听教师的声音 ... *17*

3.2　理解教师自我 ... *18*

3.3　理解教师实践性知识的形成 ... *18*

3.4 洞察教学的社会性建构 ... 19

3.5 审视教育及改革 ... 19

第4章 教师生活史研究的方法论 ... 20

4.1 案例研究的理论与方法 ... 20

4.2 哲学人类学的理论与方法 ... 31

4.3 生活史研究的理论与方法 ... 33

4.4 叙事心理学的理论与方法 ... 41

4.5 诠释学的理论与方法 ... 46

4.6 自我心理学的理论与方法 ... 48

第5章 教师生活史研究的策略 ... 59

5.1 教师生活史研究数据库的建立 ... 59

5.2 教师生活史分析诠释的一般模型 ... 72

第二部分 案例应用篇 ... 77

第6章 诠释教师生活史之生活章节 ... 79

6.1 生活章节的表征意象和动机性主题 ... 79

6.2 诠释生活史之生活章节 ... 79

第7章 诠释教师生活史之关键事件 ... 96

7.1 关键事件的表征意象和动机性主题 ... 96

7.2 诠释生活史之关键事件 ... 96

目 录

第8章 诠释教师生活史之重要他人 ... 178

8.1 重要他人的表征意象和动机性主题 ... 178
8.2 诠释生活史之重要他人 ... 178

第9章 诠释教师生活史之愿景 ... 198

9.1 愿景的表征意象和动机性主题 ... 198
9.2 诠释生活史之愿景 ... 198

第10章 诠释教师生活史之压力、挑战或难题 ... 202

10.1 压力、挑战或难题的表征意象和动机性主题 ... 202
10.2 诠释生活史之压力、挑战或难题 ... 202

第11章 诠释教师生活史之个人意识形态 ... 208

11.1 个人意识形态的表征意象和动机性主题 ... 208
11.2 诠释生活史之个人意识形态 ... 208

第12章 诠释教师生活史之学校内外生活方式 ... 214

12.1 学校内外生活方式的表征意象和动机性主题 ... 214
12.2 诠释生活史之学校内外生活方式 ... 215

第13章 诠释教师生活史之生活圈 ... 217

13.1 生活圈的表征意象和动机性主题 ... 217
13.2 诠释生活史之生活圈 ... 217

第14章　诠释教师生活史之生活主题 ... *222*

　　14.1　生活主题的表征意象和动机性主题 ... *222*

　　14.2　诠释生活史之生活主题 ... *222*

第15章　诠释教师生活史之自我 ... *224*

　　15.1　自我考量的路径 ... *224*

　　15.2　教师生活史视角下对教师自我的考量 ... *224*

第三部分　实践拓展篇 ... *259*

第16章　诠释教师生活史之人格成长 ... *261*

　　16.1　埃里克森的人格成长理论 ... *261*

　　16.2　诠释生活史之人格成长 ... *263*

第17章　诠释教师生活史之生涯发展 ... *274*

　　17.1　舒伯的生涯发展理论 ... *274*

　　17.2　诠释生活史之生涯发展 ... *277*

第18章　诠释教师生活史之生涯规划 ... *289*

　　18.1　生涯规划的理论 ... *289*

　　18.2　诠释生活史之生涯规划 ... *292*

参考文献 ... *329*

PART 1　第一部分
基础理论篇

　　教师实践性知识的建构与教师私人的和专业的经验史密切相关，这已日益成为国内外许多学者的共识。所以，欲探索教师实践性知识的形成问题，必须从透视教师的生活史开始。旨在透过教师的生活史，了解什么样的脉络和因素影响了教师实践性知识的形成与发展，以期能够为超越生活史、促进教师实践性知识的发展和完善提供建议。

　　本部分主要探讨了教师生活史研究的渊源、成果和多维视角，教师生活史的内涵、范畴和特点，教师生活史研究的目的，教师生活史研究的方法论以及研究教师生活史的策略等。

第1章 CHAPTER 01
教师生活史研究的渊源、成果和多维视角

1.1 教师生活史研究的渊源

教师生活史研究与自传研究方法在课程及教师研究等领域的发展密切相关。教师自传的悠久传统为生活史工作提供了有价值的资料（Goodson, I. F. & Numan, U., 2002）。

自从20世纪70年代，派纳（Pinar, W.）和他的学生格鲁米特（Grumet）与米勒（Miller），在美国的课程领域中系统尝试使用自传研究方法以来，自传研究方法的主题不断深化，新的领地也不断被开辟出来。在自传和传记研究中有3个派别：第一种流派为自传理论与实践；第二种流派是女性主义自传；最后一种流派是从传记和自传的角度理解教师。从传记和自传的角度理解教师这一流派又形成了4个派别：教师的合作传记，以巴特与雷蒙德（Butt & Raymond）为代表；个人实践性知识，以克兰迪宁与康纳利（Connelly &

Clandinin）为代表；教师学问，以舒尔伯特（Schubert, W.）与艾尔斯（Ayers, W.）为代表；和研究教师的生活，以古德森（Goodson, I.）为代表。

尽管上述理解教师的4个流派各有侧重，但他们都关注教师的生活经验，体现了当前对教师的研究的共同趋势，即视教师为生命体的存在。与"由外而内"对教师知识的分类研究不同，这4个流派是以"由内而外"（inside-out）的视角来理解教师的，该种视角也是笔者研究旨趣所在。

1.2 教师生活史研究的代表性成果

从掌握的文献看，多年来，教师个人生活史的研究已成为教师教育研究的重要的前沿领域，受到越来越多学者的重视与关注。

国外教师生活史研究的学者中，最突出的当数英国的古德森。早在1981年，古德森就提倡运用生活历史作为研究学校教育的来源与方法。10年后，古德森（1991）重新表明了对教育研究运用生活历史和叙述的热情。他认为生活历史和叙述构成了教育研究的根本再构，可以表达"教师声音的研究"（p.139）。20年后，他仍在继续探索，一些可喜的成果包括：古德森和赛克斯（Goodson, I. F. & Sikes, P., 2001）、纽曼和古德森（Numan & Goodson, 2002）、古德森和纽曼（Goodson, I. F. & Numan, U., 2002）的研究，以及古德森与纽曼与一些年轻的研究人员运用生活史的方法对女性教师的生活和职业正在瑞典进行的合作研究等。

在古德森为教师生活史研究做出卓越贡献之时，研究者日渐增多，越来越多的成果日益涌现。

1.3 教师生活史研究的多维视角

综观教师生活史研究取得的成果，可以发现其研究的多维视角。

1.3.1 教师生活史与教师信念关系的研究

笔者发现，国外学者的研究中涉及不同类型经验对教师信念的影响。包括：学生时校外体验对教师信念的影响（Kirshner & Whitson, 1997; Lave, 1988; Britzman, 1991; Hargreaves, 1994; Ball & Goodson, 1985; Smith, 2005; Holt-Reynolds, 1992）；求学经历与教师信念（Lortie, 1975; Thompson, 1992; Abell & Smith, 1994; Aguirre et al., 1990; Cronin-Jones, 1991; Brickhouse & Bodner, 1992; Abell & Bryan, 1997; Dickinson et al., 1997; Huinker & Madison, 1997; Knowles & Holt-Reynolds, 1991; Calderhead & Robson, 1991）；在学校里做学生或其他正式的教学/学习环境同教师的教学态度的关系（Clandinin, 1985; Sikes & Troyna, 1991; Sillman & Dana, 1999）；职前教师教育对教师信念的影响（Borko & Putnam, 1996; Bullough & Baughman, 1997）；教学生涯与教师信念（Bullough, 1992; Richardson, 1996; Bullough & Baughman, 1997; Holt-Reynolds, 1992; Measor, 1985; Ball & Goodson, 1985）；教师的"校生活情况"对教师信念的影响（Trotman & Kerr, 2001; Knowles & Holt-Reynolds, 1994）；社会活动与教师信念（Lave, 1991, 1997; Osborne, 1998; Brown et al., 1989）；等。

学者们基于教师生活史关注教师的信念，是基于教学信念与行为、体验之间的互动关系。一方面，有学者指出，教师学习教学的情境（Bullough, 1992）和他们发现他们作为实习教师的不断演进的情境对于教师所学和教学的信念有着极大贡献（Cooney & Shealy,

1997; Lumpe et al., 2000），这反映了个体生活史经历对教师信念的重要影响；另一方面，尽管教师的信念深刻地影响着他们的实践并且对变化有所抵制（Pajares, 1992），但非常明确的是，体验继续影响甚至修改教师的教学观念（Richardson, 1996），这既说明了已有的生活史经历，对教师信念和行为的深刻影响，也说明了超越生活史，尝试新的经验更新教师信念的可能性。

1.3.2 对教师生活史中关键事件的研究

笔者还发现，一些学者关注了教师个人生活经历中的关键事件（Bullough, 1992; Richardson, 1996; Bullough & Baughman, 1997; Holt-Reynolds, 1992; Measor, 1985; Ball & Goodson, 1985; Smith, 2005）。

其中，米索（Measor, 1985）对关键事件（critical events）进行了界定，并谈到几个方面的来源。他认为，关键事件（critical events）是指来自生活史的特殊或是重大经验，它的作用是建构新的认知，刺激新的行为形成，是促成教师实践性知识更新与重构的重要力量来源，常会通过个人主观的感受与诠释理解，塑造新手教师早期的个人价值取向与信念，进而深远地影响教师的专业实践与发展。该事件能刺激新的行为与新认知的形成。这些重要事件的发生可能来自外在的社会事件，也可能是来自教师专业发展上关键阶段的经验，如教学的第一年、教学满三年、退休前的阶段等，都是可能发生重要事件的时期。来自家庭、婚姻、生老病死等经验，对个人而言，都是重要事件的来源（李德华，2005；姜勇，2004）。与关键事件类似的一个概念是吉姆·布瑞顿（Britton）提出的"分水岭"（watershed experience）经验。他认为二战时的经历对他自己的意象（image）及个人知识的形成影响深远，因而就是分水岭经验。克兰迪宁（1986）引用了这一术语，认为：分水岭经验，就是指对自己意象产生重要影响、对个人知识的形成产生深刻影响的重大个人经验或经历（p.139）。

可见，关键事件是教师生活史范畴中的重要组成部分。迈克亚当斯（1993）在运用自传方法论编制的访谈提纲中也包括有关键事件（key events）。笔者对案例教师的访谈、教师生活史问卷以及后续的分析诠释中也都涉及了这个专题。

1.3.3 对新手/职前教师生活史的研究

洛蒂（Lortie, 1975），伯洛（Bullough, 1989），伯洛和鲍曼（Bullough & Baughman, 1996），诺尔斯和霍尔特-雷诺兹（Knowles & Holt-Reynolds, 1991）等学者都强调了早期生活史对新手/职前教师的重要影响。

洛蒂（1975）认为，新手教师实践性知识建构的过程也是新手教师的角色适应过程，是一极主观的过程，它会顺着个人的结构性经验与团体次文化内化过程往前推进，结构性经验中最明显的即是来自教师早年做学生时的"旁观习艺"（apprenticeship of observation），以及长时间持续的受教经验。这些不经意的学习，往往也是一种不成熟、不客观、偏狭而肤浅的意象，常以隐默的方式，长期影响着新手教师对于教学的观点，同时也模糊界定了"好教师""好学生"的标准，并对以后教师教学生涯的专业发展形成有形或无形的限制或助长功能（参见李德华，2005）。伯洛（1989）也发现，新教师教学行为、处理问题的方式更多受到个人过去生活史的影响，尤其是教学的第一年最为明显。同时，新教师在教室内使用的许多策略，都与个人的倾向及先前的经验有直接的关系，他们往往是按照从前自己当学生时教师如何教他们来开展教学的（参见姜勇，2004）。诺尔斯和霍尔特-雷诺兹（1991）认为，生活史不仅仅帮助职前教师在以后的学习中用他们自己的个人观点，而且把他们的观点暴露给教师教育者，以便后者能够设计出直接有力的解决职前教师真实想法的教育学。因此，在教师教育中使用生活史被看作能够加强预备经验效果的一种方式（参见刘洁，2000）。因此，伯洛和鲍曼（1996）提出，教师个人生活史是"职前教师或新教师建构自己对教育的理解的一扇窗户"。

但这些学者似乎都没能揭示出生活史是如何影响新手/职前教师的。

1.3.4 对不同种类教师生活史经验对教师影响的研究

关于经验的种类，有学者认为，有些是发生在正规教育情境中，有些发生个体与他人以及周围世界相互作用的在家庭或者更大的社区中（Lave, 1988; Kirshner & Whitson, 1997）。

研究者对不同种类早期经验的影响有不同的观点。传统上教育研究主体支持的论点则是教师的信念和导致的实践反映的是他们K-12经验（Lortie, 1975; Aguirre et al., 1990; Cronin-Jones, 1991; Brickhouse & Bodner, 1992; Abell & Smith, 1994; Abell & Bryan, 1997; Dickinson et al., 1997; Huinker & Madison, 1997）；但也有学者强调早期语言和阅读的校外经验对发展文学技巧的作用的研究（Durkin, 1966; Morrow, 2001）；也有认为早期课堂之外的经验也深刻地影响着教师的科学观念和他们的关于个体学习科学的信念的发展（Holt-Reynolds, 1992）；鉴于此，史密斯（Smith, 2005）则认为校外的早期经验比教师的正规课堂经验在塑造教师关于教学和学习科学的导引性理念方面具有更大的潜在影响，并通过案例研究证实了这样的观点。

1.3.5 以生活史方法对不同学科教师的研究

以生活史方法对不同学科教师的研究说明了这一趋势。如，对美国小学科学课教师（女）的研究（Smith, 2005）；对巴基斯坦女科学教师的研究（Halai & Hodson, 2004）；对英国宗教教师（一组）的研究（Sikes & Everington, 2004）；对澳大利亚科学教研组内组长和一位教师关系的研究（Wildy & Wallace, 2004）；对数学教师的内部声音的研究（Freitas, 2004）等。这表明，教师生活史的研究在国际上日益深入和精细化。此外，也有学者透过生活史对教师的性别观念进行了研究（Wedgwood, 2003, 2004, 2005; Skelton, 1993: Connell, 1995, 2001; Messner, 1997; Pease, 2000; Lesko, N., 2000）。

1.3.6 小结

从以上所述教师生活史研究的视角来看，应该说在透过教师生活史审视教师实践性知识及其形成方面，已有了部分的探索，但尚未揭示出教师信念等形成的深层的原因。笔者以为，生活史对教师实践性知识的影响未必表现为简单的经验再现。少数学者提到的教师生活史对自我的影响，启发了笔者的思考。如古德森认为，在理解极具个人化的教学中，很关键的是我们要了解教师这个人（Goodson, 1981, p.69）；尼亚斯（Nias，1989）也声称，"在教师们自己解释其工作性质的方式中，自我是一个关键因素"。因此，笔者以为，生活史除了一部分可能以经验的形式积淀并在特定情境下激活再现外，更多则是因为生活史影响了个体自我的建构，继而影响到教师实践性知识形成的。

第 2 章 CHAPTER 02
教师生活史的内涵、范畴和特点

笔者详细拜读了关注教师生活方面的研究成果，如范梅南的《生活体验研究——人文科学事业中的教育学》、康纳利和克兰迪宁的《教师成为课程研究者——经验叙事》、派纳等人的《理解课程》等著作。由此笔者发现，一方面，范梅南、康纳利和克兰迪宁等人虽然也提及传记方法、教师的过去对现在与未来的意义，但主要是基于教师日常生活体验的有关叙事的理论与实践研究，这与笔者直接以教师的过去为切入点探究对现在和未来的意义还不同；另一方面，派纳等人的著作则使笔者对国际上教师生活研究的线索有了大致的了解。

2.1 教师生活史的内涵

2.1.1 国外学者对相关概念的理解

由于教师生活史的研究在国际上与自传研究方法的兴起和发展有关，这样就涉及如何与相关概念区分的问题。

1. "生活历程""传记"与"生活历史"

巴特与雷蒙德（1987）引用伯克（Berk, 1980）对教育传记的研究，将传记界定为"以他们的过去为背景解释一个人的思想行为的学术方法"（p.63）。显然，教师传记研究也是通过对教师过去的研究来理解教师现在的思想和行为的，与本研究的相关性极大。但也有差别，正如奥利森（H. S. Olesen）教授对"生活历程""传记"和"生活历史"三大概念辨析时所指出的，"生活历史"的内涵，既不同于"生命历程"（life course），也不同于"传记"（biography）（参见徐改，2006, p.53）。

生活历程是客观的，是指一个生命体所经历的，从受精卵到出生，直至死亡的全过程中的序列事件。从生物维度上，是客观的和不可逆转的过程，如发育、成熟和衰亡等事件；从社会维度上，标记着生命体从儿童到成人的发展变化所导致的与社会联系方式和内容的序列变化过程，如升学、就业、失业或者退休等事件。传记关注主观感受，可以是一切人（包括名人和普通人）关于生活的故事，包括自传和他传。传记包括生命历程事件的描述，但是更多的是主人公某些特殊方面的经历，主人公经历某种"生命历程"事件的反应、感受、行为和后果这些均是传记所关注的重点，系列事件之间往往存在某种关联。生活历史关注主观与客观情境的互动，既包括"生命历程"的方面，也包括生活"传记"的方面，但不是二者的简单结合，它包括生命体自然的生理变化、复杂的与外界社会的互动关系、心理状态与情境现实的动态关联。

2. "传记""生活故事"与"生活史"

至于生活故事，莫伊塔（Moita, 1992）将生活故事的方法，也称之为传记的方法，是使个体与社会文化互动最具潜力的方法。生活故事与本研究和生活史研究有关，但只是其中一部分，在本研究中必须将受访者（主人公）的故事置于历史和社会情境中予以诠释。所以，本研究中所关注的生活故事不仅是当前日常体验中的故事，更关注教师过去成长历程中的故事，这也是笔者在文献阅读中首选对以"生活史"并且"教师"为题名、以"the life history"并且"teacher"为默认字段获取检索记录进行阅读的原因所在。

恰如古德森（1992a）所言："生活史工作关键在于将教师自身的生活故事置于一个比较宽广的情境中进行分析……生活故事是'我们讲述的关于我们生活的故事'；生活史则是一项协作性的工作，要评论相当广泛的资料，生活故事的讲述者和另一个人（或其他人们）通过访谈或者讨论以及审视文本及背景关系来合作发展广大叙事。生活史是置于历史情境中的生活故事"（p.6，*着重点为笔者所加，后同*）。而阿特金森（1998）给生活故事下的定义是，"生活故事是一个人所选择讲述的有关其生活或者如何生活的故事。受访者将记忆中的经验，选择其所希望他人知道的内容，尽量完整地诚实地进行讲述，……一般是对某人生活经验的完整叙事，同时总有所重点"（p.8）。

可见，古德森和阿特金森对生活故事的观点是一致的，生活故事只是故事讲述者所讲述的关于其生活的故事而已，与生活史研究的合作性特征显然不同。生活史研究的合作性特征为学者们反复强调。为此，古德森和赛克斯（2001）指出，讲述和倾听生活故事只有被视为合作行为时才是有意义的。而赋予故事意义的是"围绕故事讲述凸现的交互作用"（Plummer, 1995, p.20），这些交互作用包括讲述者和倾听者的解释（Sikes & Everington, 2004）。

生活史研究与生活故事的另一显著区别是强调历史情境中的

生活故事。如史密斯，克莱恩，普朗蒂和德怀尔（Smith, Kleine, Prunty, and Dwyer, 1986）、哈莱与霍德森（Halai & Hodson, 2004）也认为，生活史是回忆个体的生活中的事件的故事或叙事，是借助长时间的访谈获得的，它包括重要的其他人的故事，以将叙事嵌入一个更广的情境中。作者强调的是，生活史是通过访谈回忆生活中的故事，即过去经验的再现和重构。

2.1.2 国内学者对相关概念的理解

在国内极少的相关研究中，每位作者对"教师生活史"和"教师生活史研究"的界定不一样，甚至同一位作者对它们的理解也不稳定。

刘洁（2006）的叙述之一："教师个人生活史是指在一定的社会、文化和历史情境中，教师对他（她）自己在生活与教育中所发生的事件和经历的描述和刻画，是教师本人对自己在'教育的生活世界'中的体验和感悟"，将教师生活史局限于"教师本人……体验和感悟"。叙述之二："教师'生活史'是教师在日常生活、课堂教学、研究实践等活动中发生过的和发生着的事件，它是真实而具有情境性的，是意义的相对完整的故事"。这里的"意义的相对完整的故事"似乎于古德森和赛克斯（2001）的观点——讲述和倾听生活故事只有被视为合作行为时才是有意义的，故事本身是没有任何意义的。

李德华（2005）认为，"教师生活史，是指教师教育教学生活的历史，包括作为学习者的学习经历、作为教师的实践经验、遭遇的关键事件、遇到的重要他人和关键时期"。实际上，教师的生活，不仅包括教师教育教学的历史，也包括教师受教的历史；不仅包括校内的生活，校外的体验也非常重要，国外已有学者（Smith, 2005）

特别强调了这个方面。

姜勇（2004）认为，"教师个人生活史就是关于教师个体教育与生活的历史，但它不是孤立的零星的个人记忆，而是在一定的社会、文化和历史情景里，教师在其生活与教育中所发生的事件和经历"。笔者以为，此处的"教师个体教育与生活的历史"还不够明确，似乎忽略了教师个体在为师前曾经经历的受教与生活体验对教师的影响。但作者认识到教师是情境的存在，即教师是历史的存在、社会的存在和文化的存在。

2.1.3 笔者对相关概念的理解

综上所述，笔者认为，教师生活史是教师在一定的文化和社会情景中私人与专业生活的全部历程。它涉及教师生平所经历的一切体验，包括家庭生活、受教经历、职业生涯、社会交往以及个体的身心状况和业余爱好等。

教师生活史研究是研究者通过对教师访谈等方式在合作发展广大叙事的基础上，将教师的生活故事置于广阔的历史、社会和文化情境中，借用相关理论，分析、诠释进而构建意义的过程，是从教师主体出发研究教师和教师教育的重要途径，有助于教师个体在与研究者合作反思基础上的持续发展和教师群体在分享基础上的健康成长。

2.2 教师生活史的范畴和特点

2.2.1 教师生活史的范畴

一些学者认为，生活史足以决定教师如何界定教学专业的意义，影响教师的实践行为，且大多与教师的家庭生活经验、学校的受教经历以及成为一位教师后的专业经验有关（Collay, 1998）。

自此基础上，陈美玉（1999）认为，"教师生活史是指教师过去生活经验史的总和，包括私人的以及专业的生活之全部"（p.119）。这样，教师生活史的探究范围，"不应仅以教师的专业生活为主，同时应涵盖教师职前的以及担任教职之后的所有生活层面，二者皆是研究者应该深入分析和理解的对象"（pp.121–122）。所以，教师生活史的探究所牵涉的层面既深且广，包括教师个人史的深入分析，以及针对教师所处的环境因素、社会互动关系，进行广泛的理解，以精确地掌握教师专业行为表现的深层依据，协助教师检视其所持的行动假设是否有效（p.130）。因为，根据许多相关研究发现，影响教师专业行为、形塑教师专业实践理论的经验史来源，范围乃广及个人的成长历史及专业生活的重要事件（critical incidents）。这些重要事件对教师的实践知识与个人理论的发展都具有极深远的影响。

教师生活史的范畴为探讨教师生活史提供了方向。陈美玉（1999，p.121）指出，故探讨教师生活史的形成，应同时兼顾教师私人的及专业生活的重要内容，才不至于遗漏掉促成教师行为改变的关键性因素。

笔者也认为，教师生活史的范畴相当广泛，举凡教师个体自生命以来的所有经历及与之相关的生存背景都构成教师生活史的组成部分。这也正是笔者收集多方面生活史资料和生活史问卷涉及广泛领域问题的重要原因。

2.2.2 教师生活史的特点

教师生活史具有生成性特点。根据海德格尔"此在"的观点，每个人不仅是"在世"之在，他（她）的存在与其周围的世界是共在的；同时，每个人又是历史长河中的存在，他（她）的现在与其过去及未来不可避免地纠结在一起的。这也意味着个体的生活史必然体现场域的不断扩大性和时间的流动性特征——即个体生活史的生成性，也就是说个体的生活史从场域的角度，个体总是与其周围的环境、与其存在的社会文化等不可分离，厄尔本（1998）的传记研究阶段模型就说明了这一点。同时，个体的生活史从时间的角度，它是由逐渐经历的现在与未来建构而成的。所以，广义的生活史包括了个体的过去、现在及未来，而从狭义的角度，它一般指个体的过去。教师的生活史也同样具有这样的特征，或者用这句话更能理解教师生活史的这一特征，那就是：历史是凝固的现实，现实是流动的历史。

认识到教师生活史的这一特征，能够使教师生活史研究的视野更加开阔。那就是，虽然在现实不可能像回放光盘一样倒流，以往的历史不可能原样再来，就如同"人的双脚不可能踏进同一条河流"，但是，通过努力，可以超越原有的生活史，去谱写现实生活的新篇章，以这种超越的方式实现生活史的重构。正是基于这一视角，笔者的研究更富有意义。

第 3 章 CHAPTER 03
教师生活史研究的目的

研究教师生活史,有多方面的旨趣。

3.1 倾听教师的声音

当前,为了促进教师专业发展,包括中小学教师学历的提升,各级教师培训中心的培训项目、培训课程纷纷涌现。但笔者以为,无论何种培训,要想取得实质的效果,必须了解教师的需求,而要了解教师的需求,必须倾听教师的声音。倾听教师需求,这正是教师生活史研究的目的之一。

古德森和纽曼(2002)指出"当前世界范围内快速推行的许多教育变革中,教师的观点常常被忽视。对教师的工作和生活的研究为这种困惑提供了强有力的纠正办法。通过关注教师的工作和生活故事,关于改革、调整和概念重建的广泛领域的不同声音将得以显现。如果教师的观点不被考虑,很可能一个新的变革危机将会产生。因为,最明白不过的,如果教师在新的举措

（initiatives）中未被充分考虑，他们的核心力量将在这一进程中与改革的本质'反其道而行之'（'act back'）。"

3.2　理解教师自我

教师的自我，可能是教师实践性知识得以形成的关键环节。而教师的自我的建构，是与个体生活史有关的。

陈美玉（1999）在《教师专业学习与发展》一书中，曾论及了影响教师自我概念构成的因素问题。她认为，影响教师自我构成的因素极多，举凡和个人的生活会发生互动的直接或间接因素，都可能对教师的自我概念具有形塑的作用。教师自我概念的构成具有私人的与社会的特性，而最足以影响自我构成的因素，大都来自家庭及个人有关的社会性因素，包括社会阶层、性别与职业环境；另外，政治因素也是极为重要的影响来源（p.126）。

这样，要理解教师的自我，就必须对教师的生活史展开深入的研究。

3.3　理解教师实践性知识的形成

透过教师生活史理解教师的自我是理解教师实践性知识的一个环节，这样也就将教师生活史与教师实践知识连接了起来。

而这种连接的必要性，具有深层的原因。由于个体的存在是历史的存在，所以欲探索教师的实践性知识，必须回到他的过去，从教师的过去来理解教师的现在，进而开拓未来；而且，广义地讲，伴随时间流的演进，当前的教师实践性知识也将逐渐构成教师生活史的组成部分。

3.4 洞察教学的社会性建构

古德森和纽曼（2002）、肖特尔（Shotter, 1993）认为，在研究社会背景下教师生活与工作的研究中运用生活史的方法，是旨在以一种草根式的和合作的方式（in a grounded and collaborative manner）洞察教学的社会性建构。韦奇伍德（Wedgwood, 2005）、康奈尔（Connell, 2001）则提出，研究的目的不在于表面的是什么、记录或分类，最重要的是理解复杂性和矛盾。

不难发现，透过个体的生活史，其实可以洞察复杂的社会脉络。海德格尔"此在"的观点可以说为此提供了哲学的支撑。

3.5 审视教育及改革

依据巴特等（1992）的观点，对具有社会建构特征的教师生活与工作的生活史研究为观察当代的重构和改革教育的运动提供了有价值的透镜。在凯西（Casey, 1992）的研究中提供了一个示范，他的工作中阐述了教师生活的研究是如何揭示了一系列改革中的实践问题。

笔者以为，教师生活史既能反映教师个体以往是如何接受各种教育的，也能够反映教师现在是如何参与教育实践的；既可以看到家庭教育，也可以审视学校教育和社会教育；既可能发现教育的经典，也可能发现教育中存在的问题，因而能够从纵横交错的多种角度审视教育现象，从而激发人们思考教育的本质为何、如何开展教育、教育如何改革等一系列重要问题。这样，通过教师生活史的研究，就可能为各类教育改革提供启示和建议。

第4章 CHAPTER 04
教师生活史研究的方法论

殷（Yin, 2003）在《案例研究——设计与方法》（第3版）[Case Study Research: Design and Methods](3rd Edition, 2003)]一书的前言中指出，"只有在理论的指导下，合乎逻辑的实证研究才能取得科学上的进展；相反，如果把实证研究仅仅当成机械性的资料收集过程，那么研究就不可能取得任何突破"。为了确保研究的科学性和有效开展，认真领会可借鉴的方法论是非常必要的。

4.1 案例研究的理论与方法

4.1.1 案例研究法的含义

笔者所思考的案例研究方法与殷所论案例研究方法的指向是一致的，指的是作为研究方法的案例研究，它区别用于教学的案例研究和用于行为记录的案例研究。教学用的案例研究不需考虑研究过程的严谨性，也不考虑忠实地呈现实证数据，或者说教学用案例研究的材料是经过精心处理的，以便更有效地突出某一关键之处；但作为研究方法的案例研究对此则有极其严格的要求，每一个从事案例研究的学者，都必须尽最大的努力，真实客观地记录观察到的资料（p.2、p.10）；行为记录的案例研究，如医疗病例、社会救济档案及其他形式的档案常被用于医疗、司法审判或社会救济，这些用于实务操作的案例研究与用作研究工具的案例研究也是不同的（p.2）。

殷指出，案例研究如同其他研究方法一样，是遵循一套预先设定的程序、步骤，对某一经验性、实证性课题进行研究的方式（p.15）。他从两种层面对案例研究法进行了界定的（pp.13–14）：①在其研究范围层面，案例研究是一种实证研究，在不脱离现实生活情境的情况下研究当前正在进行的现象，尤其是待研究的现象与其所处情境之间的界限并不十分明显；②在技术层面，案例研究法处理技术方面各异的情形，这样，就需要通过多种渠道收集资料，并把所有数据资料汇合在一起进行交叉分析。

其中，案例研究的资料，可以基于质性的材料，也可以基于量化的材料，或者同时采用质性材料和量化材料（pp.14–15）。笔者在本研究中，在理解案例老师的实践和生活方面，就有这两种类型的数据资料。这样，就不能把案例研究与质性研究（qualitative research）相混淆。案例研究方法，不仅与质性研究不同，案例研究法与人类学或参与性观察法也有区别。一些质性研究遵循人类学研究方法，强调满足两个条件，即①研究者近距离地、详尽地观察自然世界；②极力避免被任何事前设定的理论框架所束缚。人类学研究通常需要进行长时间的现场调查，仔细记录观察到的现象。参与性观察需要投入的时间虽然不像人类学研究那样长，但它也需要投入相当多的精力。而案例研究是一种实证研究，具体为①在不脱离现实生活情境的情况下研究当前正在进行的现象;②涉及的变量多;③通过多种渠道收集资料;④事先提出理论假设,以指导资料收集及资料分析;⑤可以基于质性的材料,也可以基于量化的材料。案例研究作为一种研究方法,并不一定需要通过人类学观察或参与性观察收集资料,在研究某些课题时,甚至不需要靠图书馆、电话或互联网,仅凭所研究的课题就能完成一个高质量、高可信度的案例研究。

4.1.2 案例研究方案设计

1. 案例研究方案设计的必要性

殷指出,案例研究方案设计对于研究的推进意义重大,"研究方案是连接要收集的数据(及得出的结论)与准备研究的问题之间的逻辑纽带"(p.19)。

2. 案例研究方案设计需要注意的方面

殷特别注意几个要素(p.21),结合本研究笔者特别关注了以下几个方面。

(1)研究的问题。殷强调,"进行研究设计的第一步,就是准确分析你要研究的问题的性质"(p.22),尽管问题的实质各不相同,但问题的形式只有"什么人"(who)、"什么事"(what)、"在哪里"(where)、"怎么样"(how)、"为什么"(why)几种类型,而案例研究最适合回答"怎么样""为什么"的问题。这样的问题,也正是笔者本研究的焦点,因为笔者所要探讨的核心是教师实践性知识及其形成的问题。

(2)研究的理论假设。在殷看来,理论假设,是指"关于行为、事件、结构和思想为什么会发生的假设"(p.29)。

关于案例研究中提出理论假设的必要性。殷认为,"只有明确提出某种具体的假设后,你的研究才会有正确的方向"(p.22)。当然,有些研究——研究的问题属于探索性的——可能无法提出假设,但是,每种探索性研究仍应该提出具体的研究目的,以及提出判定研究是否成功的标准。殷还指出,在收集任何数据之前建构理论假设,是案例研究与其他相关的方法如人类学方法的不同之一(p.28),即在采用人类学方法或"扎根理论"进行研究之前,一定要避免存在特定的理论假设。笔者在研究中,借鉴了人类学方法或"扎根理论"研究方法中走进教师生活世界进行现场观察的方面,但也采用了案例研究的方法,并提出了本研究的理论假设:教师生活史—教师自我—教师实践性知识。

建构理论假设的重要意义在于,"理论建构不仅能帮你在进行案例研究时更合理地收集数据,如果建构得好,它还有利于你对个案进行归纳、概括"(p.31)。这种归纳,殷称之为"分析性归纳"(analytic generalization)。在分析性归纳中,先前提出的理论被当作"模板"(template),实证结果要与这一模板相对照,如果两个或更多实证结果都支持同一理论,那么,研究者才可以说,他的研究具有可重复性,如果两个或更多的实证结果都支持同一理论,且不支持与之竞争的理论(rival theory),那么这一研究结论就更具说服力(pp.32–33)。

显然,案例研究的分析性归纳与统计和调查时进行的统计性归纳是不同的。在"统计性归纳"中,"研究者是通过收集样本的各种实证数据,然后推导出总体的某种属性"(p.32),而在案例研究中,"你所选取的个案并不是'样本',本不应该作为统计性归纳的基础"(p.32)。因此,"把统计性归纳当作案例研究的归纳方法,是案例研究的致命性错误"(p.32)。他强调,"在从事案例研究时,必须努力使用分析性归纳，且一定要避免出现类似'案例的样本''不大的案例样本数'这样的说法，绝对不能把案例研究的对象看作是实地统计调查时的调查对象，或者在实验室中的一个实验对象"（p.33）。殷关于案例研究的"分析性归纳"与统计和调查时的"统计性归纳"的区分是非常重要的，这启发笔者在研究中将基于案例教师的"分析性归纳"与面向教师群体的"统计性归纳"结合运用，来增强说服力。

（3）分析单位。殷提出界定分析单位的一般指导原则和策略的建议（参见pp.22–26）：对分析单位的尝试性界定是与所要研究的问题类型的界定联系在一起的；如果无法决定何种分析单位优于其他分析单位，就表明要研究的问题要么太过模糊，要么数量太多，这必然会给你的研究增添麻烦；但是，如果你已经决定采取某种分析单位，那也不要从此一成不变，随着资料收集过程中出现的新问题、新发现，你的分析单位应该接受不断地修订；有时分析单位已经被前人明确界定，但当前的研究却需要对之重新进行界定；与同僚讨论相关案例，尽力向他解释你想要回答什么问题、为什么要选择这一特定个案来回答这些问题，可以帮助你避免错误地界定案例研究的分析单位；一旦完成了对将要研究的个案的总体界定，对分析单位进行更细致、更明确的界定就显得非常必要；无论研究哪方面的问题，都需要明确界定研究对象的时间范围，确定研究始于什么时间，结束于什么时间点；前期研究成果可以用于确定研究对象和分析单位，在研究中，对某些关键问题的界定，要么与前人研究中的界定保持一致，要么比前人界定得更清楚、更明确。

诚如殷的建议，笔者在研究分析单位的界定方面，的确是奠基在已有研究文献之上的，先是发现了实践性知识在教师教育和教师发展领域中的重要性；继而思考和发现教师实践性知识得以表征的教育实践的语言类型；进而思考教师实践性知识何以形成的问题；就该问题，笔者在文献阅读中，先是发现了由于生命个体的存在是历史长河中的存在，所以生活史因素影响着教师实践性知识及其形成；而后又思考，生活史因素可能以经验形式影响着教师实践性知识，但更多的可能不是这种直接的影响，而是生活史因素影响了个体自我的构建，进而影响了教师实践性知识及其形成。这样，笔者便形成了研究的最高层面的分析单位，即教师生活史、教师自我、教师实践性知识，它们也是笔者对案例老师的最高层次的分析单位。

在文献阅读、实践考察和亲身体会的基础上，笔者又对这3种最高层次的分析单位进行更细致、更明确的界定。就教师生活史而言，又确定了"生活章节"（life chapters）、"关键事件"（key events）、"重要他人"（significant people）、"未来蓝图"（future script）或愿景（vision）、"生活中的压力与难题"（stress and problems in living）、"个人意识形态"（personal ideology），以及贯穿所有生活故事的"生活主题"（life theme）等分析单位（迈克亚当斯，1993）；其中又涉及教师的私人的（如家庭、婚姻、娱乐、社交等）和专业的（如专业学习、专业培训、专业实践等）、职前的（学前的和接受学校教育时期的）和职后的分析单位。就教师自我而言，又确定了主我（I）和宾我（me）这样的分析单位，主我又涉及了自我意识、自我监控等分析单位，宾我又涉及了自我概念（自我认识）和自我情感（自尊）等分析单位。就教师的实践性知识而言，确定了意象（image）、个人哲学（personal philosophy）、规则（rules）、实践原则（practical principle）、节奏（rhythms）、隐喻（metaphors）和叙事主题（narrative unity）等分析单位。正是由于对分析单位的层层定位，笔者才得以对所研究的问题日趋明晰。

3. 案例研究设计的主要类型

殷提出，案例研究设计可分为单案例研究设计和多案例研究设计两类。与单案例研究相比，多案例研究的优势在于，从多个案例中推导出的结论往往被认为更具说服力（p.36），但是多案例研究可能要占用更多的研究资源和时间（p.47）。

殷在案例研究设计类型的选择方面提出了如下的建议。

① 如果有条件（和资源）的话，你应该选择多案例研究设计，而非单案例研究设计，哪怕是你仅能完成一个包含两个案例的"双案例"（two-case）的案例研究，你成功的机会也比单案例研究设计大得多，因为单案例研究"孤注一掷"很容易出现漏洞，而双案例或更多案例中总结出来的结论会比从一个案例中总结出来的结论更有说服力——首先，即使只有两个案例，你也有机会实现逐项复制，分别独立地分析两个案例中得出的结论，就如两个实验，比仅从一个案例（或单一实验）得出的结论更有力；其次，两个案例的背景环境可能有一定程度的不同，即如在不同的环境下，你仍然得出完全相同的结论，那么，你就在很大程度上扩大了研究结论的可推广性、适用性，而单案例研究设计则不具有这个优势；另外，你并不准备逐项复制，而是特意挑选两个具有较强对比性的案例，在这种研究设计中，如果两个案例都分别证明其各自最初的理论假设，其实质是导向了强有力的差别复制——那么，该研究结果的外在效度与单案例研究设计相比极大地增强了（pp.53–54）。

② 案例研究设计并不是僵化的、不变的，因为在实际研究过程中出现的新资料和新发现具有很重要的启发作用，应该据此更改、修正最初的研究设计。当然，在作出修改之前提醒自己，认真

思考作出哪种性质的修改，是仅仅重新选择一个案例，还是改变你最初的理论假设以及研究目的。

殷的建议，驱使笔者决心至少选择双案例研究，在与一些专家的交流中这个想法得到肯定。

4.1.3 案例研究实施过程之资料收集

为了保证案例研究的建构效度和信度，案例研究中资料的收集至关重要。殷（2003）提出资料收集的三大原则，分别是运用多种证据来源、建立案例研究数据库、建立证据链（pp.83–107）。该三大原则指导了笔者研究过程中资料的收集和整理。

1. 运用多种证据来源

殷讨论了案例研究中常见的 6 种证据来源（pp.85–101）：文献资料（documentation）、档案记录（archival records）、访谈（interview）、直接观察（direct observation）、参与性观察（participant observation）和实物证据（physical artifacts）。

殷主张为了增强建构效度和信度，研究者在案例研究中不仅需要运用多种证据来源，而且还要形成证据三角。因为，如果真正形成了证据三角形，案例研究的事件、事实可以相互印证，即证据整合；如果使用了多种来源的资料，但并未形成稳定的证据三角形，那只算是孤立地分析了每一种证据，各类证据之间并没有相互印证，即证据分散。

在对案例老师的了解过程中，尤其是在程老师那里，不仅获得了大量的信件、相关的报刊文章，以及多年来珍藏的日记、教案、实物，还通过对其本人及相关人物的非正式和结构性访谈、课堂和日常观察等收集了大量的资料，并借助复印装订、摄影、录音、电子存档等手段予以分类标记整理，这些资料在反映案例老师的生活史、实践性知识等方面相互印证，构成了证据三角。

2. 建立案例研究数据库

为了保证案例研究的信度，殷指出，每个案例课题都应建立符合规范的、直观易懂的数据库，以使其他的研究者可以直接使用这些资料。建立案例研究数据库的方法包括记录（notes）、文献（documents）、图表材料（tabular materials）和描述（narratives）等方法。

在案例研究过程中，笔者也采取了多种方法建立案例资料数据库。最重要的就是及时记录，内容涉及对研究者的访谈、观察，对文件的分析及通讯联系等。

3. 建立证据链

在案例研究中，为了增强信度和保证建构效度，建立证据链是案例研究的又一重要原则。在殷看来，最终的证据链就是能够从案例研究过程的一个部分转移到另一个部分，在方法论步骤与支持结论的证据之间具有明确的相互参照关系，旨在帮助案例研究报告的读者，从最初的研究的问题到最终的案例研究结论之间，找出每项证据的各种推论。

总之，案例研究证据链类似于司法调查的思路和程序，如同处理卷宗那样，其过程应当非常严谨（参见 p.105）。这一原则提醒研究者在研究中，想法可以大胆，但推论必须谨慎。

4.1.4 案例研究证据分析的策略、技术和原则

1. 策略

没有对证据的分析，结论的说服力无从谈起，所以，证据分析是研究问题通向结论的关键。所谓证据分析，包括检查、归类、列表、检验，或将定性与定量资料结合起来证明最初提出的理论假设

第4章
教师生活史研究的方法论

（p.109）。然而，证据分析并非易事。殷阐述了证据分析的几种策略和技术（pp.109–137），技术实际上是总策略的实际体现，它们和总策略在分析中一起被运用（p.115）。

其中，基于理论假设的策略，是最受欢迎的证据分析策略（p.111）。因为，理论假设不仅是案例研究方案设计的基础，有助于问题的提出，指导资料的收集，而且有助于研究者组织整个的案例研究进程，提出并检验其他可能的解释。尤其是有关因果关系的理论假设——回答"怎么样"和"为什么"问题的——对指导案例研究分析是极为有用的（p.112）。笔者在研究中的理论假设——教师生活史—教师自我—教师实践性知识——的确对整个研究起着非常重要的引领作用，由此，笔者收集了有关教师生活史的资料、有关教师自我的资料以及有关教师实践性知识的资料等。

2. 技术与原则

（1）关于证据分析的技术——建构解释尤其为笔者关注。殷的观点是，"解释"一个现象，就是提出一套有关该现象的假定因果联系，在大多数研究中，这种联系可能非常复杂并难以用精确的方式测量（p.120），这就有必要进行解释。该种解释具有反复修正的性质（iterative nature），最后的解释可能是一系列反复修正的结果，所以最后的解释可能无法在研究刚刚开始时就确定下来，因为在这种反复修正的模式下，证据被检验、理论假设被修改，然后，证据又以一个新的视角被检验（pp.120–122）。在建构解释的过程中，需要注意：一是要考虑竞争性的解释，目的在于表明，就实际的案例研究事件而言，这些解释是不成立的；二是要避免在反复修正的过程中脱离原来的实际课题，为此需要不断地提及最初的目的和可能得出的其他解释，还包括确立案例研究草案、建立案例研究数据库和形成证据链等（p.122）。显然，建构解释的分析技术是与理论假设的分析策略相联系的。

（2）时序分析的技术，也为笔者关注。时序分析的必要性，如殷谈到的，案例研究的目的是去探讨一定时间内各种事件之间的关系，回答相关的"怎么样"和"为什么"的问题（pp.126–127）。时序分析包括时间序列的分段（简单时间序列和复杂时间序列）和大事年表（Chronologies），时间序列的分段为判定潜在的因果联系创造了条件，大事年表也包含因果关系的判定（p.127）。编制大事年表要以分析事件为目的，研究假定有因果关系的事件，从这种意义上说，编制大事年表比起运用一般的时间序列的方法会更为全面和深刻（p.126）。殷提醒，在运用时序分析这一技术方面，要找出追索时间的特定指标、划分合适的时间段、指出几个事件之间假定存在的因果关系，尤其要注意，离开了理论假设或因果推断，大事年表就有成为流水账的可能，此时，尽管对事件的描述和记录固然很有价值，但没有聚焦在因果推断方面，就会导致研究的贬值（p.127）。笔者对教师生活史的研究，基于理论假设和描述分析的策略，需要运用时序分析的技术，尤其是对于案例教师"生活章节"这样问题的讨论，所以牢记这样的告诫极为重要。

（3）跨案例综合的技术是笔者运用到的技术。跨案例综合专门用于多案例研究的分析（p.133）。与其他的综合性研究类似，跨案例综合技术是对一系列单个研究的结果进行综合（p.134）。在运用该项技术时，常用的一个方法是编制文档表格，构建一个总体框架来呈现单个案例的资料；还要注意，分析跨案例表格的关键是辨别和解释，而不是罗列数字（pp.135–137）。笔者在本研究中正是选择了5位案例老师，属多案例研究，需要借鉴跨案例综合的分析技术。

3. 小结

以上案例研究证据分析的策略、技术和原则，为笔者在研究中的分析论证提供了指南。

案例研究的理论与方法是本研究得以进行的重要方法论基础。案例研究方案设计、案例研究实施过程之准备工作、案例研究实施过程之资料收集、案例研究证据分析的策略、技术和原则等，是研究高质量完成的重要保证。

4.2 哲学人类学的理论与方法

4.2.1 哲学人类学的历史背景

哲学人类学作为哲学的一个特殊分支产生于20世纪20年代。博尔诺夫阐述了关于哲学人类学产生的3个方面的重要原因（O.F. 博尔诺夫，2001，第20—21页），笔者将其归纳如下。

（1）关于生命本质的思考。生命哲学的代表对客观制度在人的整个生命中必须实现的职能提出了质疑，强调一切的生命要求得到自由发展的权利。而"生命"，从根本上说指的是人。

（2）关于人的认识问题的思考。在历史上，唯理论（理性主义）和经验论（经验主义）这两种对立的主要学派却具有相同的目标，即"寻求某种在任何时候都是可靠的基础，以便从这一基础出发逐步地建立一种可靠的认识系统"（p.21），但却失败了，也"注定要失败的"（p.21），因为"认识不是孤立地存在的，而是作为一种特定的功能与丰富的生活相联系的"（p.21），因此，需要"从丰富的人生方面来重新解释认识"（p.22），这正是哲学人类学要研究的对象。

（3）在于人的本质问题的研究依然模糊不清。哲学人类学思想正是作为人的本质的学说。

4.2.2 哲学人类学的方法原则及对本研究的启示

哲学人类学的方法原则给予笔者研究以更多的启发。博尔诺夫归纳了3个相互联系的原则,即人类学的还原原则、工具原则、人类学对个别现象的解释原则。

关于人类学的还原原则,博尔诺夫解释说,"以前我曾把这一原则称为人类学的还原原则,也许是因为它与胡塞尔(Husserl)的现象学的还原原则有某种类似之处"(p.24)。至于胡塞尔的"现象学的还原"的观点,笔者查阅了相关文献,胡塞尔"区别了'自然态度',即我们直接涉入事务和世界的态度,和'现象学态度'①,即我们据以对实现在自然态度中的意向和这些意向的客观相关物进行哲学分析的反思态度。当我们进入到现象学态度中时,我们中止行动或悬置所有的意向和自然态度的信念;这并不是说,我们怀疑或否定它们,我们只是与它们保持一段距离并静观其结构而已。胡塞尔称这种悬置为'现象学的存而不论'(the phenomenological epoch)。在我们人的生活中,我们当然是从自然态度开始的,我们据以从自然态度转向现象学态度的这一过程,其名称为'现象学的还原'(the phenomenological reduction),即从自然信念'返回'到对意向及其对象进行反思性的考量。在现象学态度中,我们观看我们通常视而不见的意向,这些意向在我们与世界的直接涉入中,匿名地作用着"(罗伯特·奥迪,2002,第549—550页)。博尔诺夫(2001)郑重地说,"人类学的还原……并不意味着倒退……而是意味着把交替出现的具体文化回归到人类的起源中去"(p.24)。人类

---

① 2007年10月笔者有幸于台湾师范大学聆听林逢祺教授的博士班课程,对于胡塞尔的"现象学态度",林教授言简意赅地说,"现象学态度,是对'自然态度'的态度"。

学的还原原则,不仅适用于整个人类的研究,也可以面向个体的研究,可以在个体的历史中发现挖掘可能的意义。

关于人类学的工具原则,在博尔诺夫看来,人"只能绕道通过自身的客观化来认识自己"(p.26)。笔者以为,这与米德(1934)的符号互动理论是一致的,关于个体如何"成为自我的客体"(p.138),米德相信,以语言形式进行的符号沟通是理解这种"自我本质的问题"的关键。因为这样的沟通,便有机会实现自身的客观化,也便拥有了认识自身及所属文化的工具。这意味着笔者与教师的对话将会促进教师个体实现自身的客观化并认识自身,也将促进笔者作为教师群体的一员认识教师这一群体,进而透视教师实践性知识及其背后形成机制的问题。

关于人类学对个别现象的解释原则的必要性,博尔诺夫认为,"并非一切人类生活现象都是可以从文化出发来理解的。其中有些现象是直接同生活本身联系在一起的,而同它的文化客观化无关。这方面包括某些身心结构的特性,例如情绪、感情、本能等等"(p.26)。这一点提醒笔者,对于教师生活史的范畴,除了放大到文化的层次,还应该缩小至教师本身的层次。

总之,哲学人类学的真正本质,正如博尔诺夫所言,"不是从固定的本质出发的,而恰恰是从个别现象出发的","从个别特点出发而过渡到整个认识"(p.29)。笔者以为,这支持了笔者透过教师生活史及其自我的案例研究来探索教师实践性知识及其形成机制的合理性。

4.3 生活史研究的理论与方法

4.3.1 生活历史法的兴起

米索与赛克斯(Measor & Sikes, 1992)指出,"在过去的10年间，基于生命历史方法的研究有所复兴"，这表明，生活历史法，多年来日益引起人们的关注。很多学者都认识到了生活历史法的重要性（如 Blummer, 1979; Goodson, 1981; Plummer, 1983; Woods, 1986; Denzin, 1989; Nias, 1989; Goodson, 1992; Cole & Knowles, 1993; Hughes, 1994; Plummer, 1995; Josselson, 1995; Hargeaves, 1997; Epstein & Johnson, 1998; Goodson & Sikes, 2001; Plummer, 2001; Halai & Hodson, 2004; Sikes & Everington, 2004）。

其中，以英国的古德森为代表。早在 1981 年，古德森就提倡运用生活历史作为研究学校教育的来源与方法（威廉 F. 派纳等，2003，第 585 页）。进入 21 世纪，国际上运用生活史方法对教师的研究日益广泛、深入和学科化。

4.3.2 生活历史法的基本含义

一些学者认为，生活历史法，首先通常是以口述和相对而言非结构化访谈的方式来收集生活故事（Woods, 1986; Goodson & Sikes, 2001），然后根据其他资料分析这些故事（Sikes & Everington, 2004）。

4.3.3 生活历史法适宜的情形

按照殷（2003）的观点，从问题类型的角度，对于"怎么样"和"为什么"之类的富有解释性的问题，除了适应案例研究法，也适用于历史分析法，因为这类问题需要按时间顺序追溯相互关联的各种事件，并找出它们之间的联系（p.6）；而从对研究对象控制范围、程度的角度，当研究者无法控制研究对象时，历史分析法也是适宜的；从研究对象的时代性质的角度，历史分析法最突出的特色，在于其可以用来研究已成为历史的事件，当然也可以用于研究当代发生的事件，而在这种情况下，历史分析法很容易与案例研究混在一起（p.7）。[①] 本研究无论从涉及的问题类型（与"怎么样"和"为什么"的问题有关）、对研究对象的可控程度（研究者无法控制研究对象）、研究对象的时代性（既与教师当下相关，也与教师过去相关），历史分析法都是适宜的，也是必要的。笔者将历史分析法用于理解教师生命体的生活世界，称为生活历史法。

4.3.4 运用生活历史法的原因

人们之所以看重生活历史法，在于生活历史法的重要价值，它"能够认真对待（重视）社会生活中的主观（个人的）因素"（Blummer, 1979, p.81）。生活史研究方法的优点在于将个体深深地置于他（她）自己的历史和文化的情境中，因为"生活史的研究最关注历史的变迁，穿梭在个人的变迁传记和他或她生平中的社会历史之间"（Plummer, 2001, pp.39–40）。

赛克斯和埃弗林顿（Sikes & Everington, 2004）则指出了将生活历史法运用于教师的重要价值，即它能够"明确认识生活不是隔离的"，"认识到多种特征影响教学实践方式"，"认识个体与历史和社会情境的重要联系"，"提供资料显示个体是如何经验、创造并赋予他们生活世界中的规则和角色以意义的"，"让那些趋于被

[①] 由此可见，案例研究法与历史分析法从适宜的问题（都用于"怎么样"和"为什么"的问题）、对研究对象的可控程度（研究者无法控制研究对象）、研究对象的时代性（都可关注真实情景下的当代事件）等方面有相同之处；不过，殷（2003）也指出，案例研究法更多了两种资料来源，即直接观察事件过程，对事件的参与者进行访谈，所以，相比之下，案例研究的长处在于，获得资料来源渠道更多、更广泛，包括文献档案、物证、访谈、观察等（pp.7–8），而历史研究法研究者必须以原始资料、第二手资料、或者传说、故事、历史文物作为主要依据（p.7）。

边缘化和缺少机会使其案例被倾听、经验被认可的教师群体'发出声音'"。

而运用生活历史法的深层的原因则在于人们的存在方式。人们的存在，一方面，如赛克斯和埃弗林顿（2004）的观点，我们是历史的存在；另一方面，我们也不是孤立的，但是在公共理论和个人经验之间常常是有距离的，为获得个人和社会的和谐，我们有必要寻找一些方式跨越这一距离并通过构建有助于我们理解我们身份和地位的叙事或解释协调我们的角色和自身（Goodson & Sikes, 2001）。

4.3.5 生活历史法的若干模型

在资料的检索和阅读过程中，笔者发现了如下的生活历史法或模型对本研究中运作生活历史法有极大的借鉴意义。

1. RUC 式生活历史法

这是丹麦罗斯基勒大学式生活历史法（该校丹麦文名称为：Roskilde Universitet center，简称为"RUC"）（徐改，2006，第53页）。该方法在欧洲的研究方法领域和教育研究领域都已颇具影响。

就该方法的内涵与特点而言，强调进入研究对象的内心世界，致力于对人的主体性进行理论化。所以该方法的核心概念是，学习主体性（subjectivity）、经验（lived experience）与学习（learning）、深度诠释（"in-depth" hermeneutic）。这样，RUC 式的生活历史研究强调在抓住个体独特生活经验和内在感觉的同时，也要对起制约作用的社会历史动因做出必要的洞察分析。这种"表面问题需要从深层理解"的主张，是笔者所赞同的，与本研究的阐释学的方法论是一致的。

RUC 式的生活历史法对本研究的启示是多方面的。为了能够抓住个体独特生活经验和内在感觉，并对起制约作用的社会历史动因做出必要的洞察分析，该方法在运用过程中必然蕴含着深层的互动关系，运用 RUC 式生活历史法模型如图 4-1 所示。对本研究而言，尤其要注意如下几个方面。

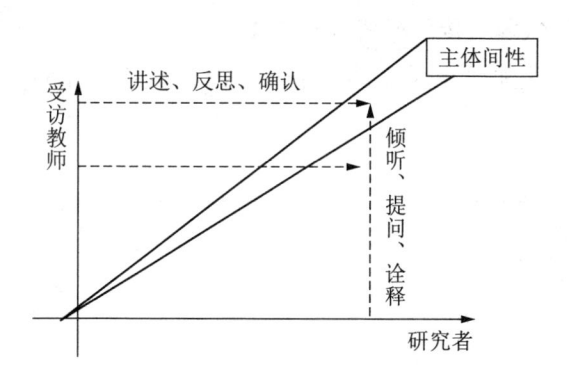

图 4-1　运用 RUC 式生活历史法模型图

（1）尊重受访教师的主体性。教师的主体性是历史的存在，社会的存在，即教师的主体性产生于教师的生活史中。因而，发挥教师的主体性，意味着教师通过获得机会讲述个人的成长的故事重现过去。

（2）关注教师经验的整体性。正因为教师是历史的存在和社会的存在，教师当前的教育教学特征，就与他（她）先前和当下的一切经验，包括生活经验（发生在学校内，也发生在学校外）、求学经历及其教育生涯都密切相关。因而本研究中，不仅关注教师做学生时在学校内的学习经验以及做教师后的教学经验，还关注教师早期和做教师后学校外的生活体验。

（3）发挥研究者和受访教师的主体间性。主体间性是指主体与主体之间通过交往实现的相互理解和共识的达成。主体间性并不泯灭个体主体性，而是内含着个体主体性并对共同体的回归，本研究中的主体间性，主要是通过受访教师讲述成长故事、经验反思和对转录文本的确认以及研究者在访谈过程中的耐心倾听、巧妙提问和对文本的非凡诠释实现的。

2. 厄尔本的传记研究阶段模型

（1）传记研究阶段模型的构成。厄尔本的传记研究阶段模型如图 4-2 所示。

```
1. 特定事件                                      复
   (specific events)                            议       年    文    
       ↓ ↑                                     rehearsals  表    化
2. 特定事件的局部背景                                      chronology  体
   (local context of specific events)                           系
       ↓ ↑                                                   cultural system
3. 社会背景
   (societal context)
       ↓ ↑
4. 文献（个人的和公共的）资源
   [documentary (personal and public) sources]
```

图 4-2　厄尔本的传记研究阶段模型（厄尔本，1988，pp.5–9）

1）厄尔本的传记研究阶段模型中包括资料获取的 4 个阶段，分别为：特定事件（specific events）、特定事件的局部背景（local context of specific events）、社会背景（societal context）和文献（个人的和公共的）资源 [documentary（personal and public）sources]。特定事件，指的是那些符合研究者研究目的的事件（包括思想事件）；特定事件的局部背景，有关的例子有家庭与其他重要人物、地点、团体、教育、习惯、兴趣、家、迷失、浪漫、生、死、职业、友谊、童年、婚姻、健康、回忆、经济环境、快乐、忧伤、焦虑、吃惊、退休、成功、分离、希望、乡愁、满意等；社会背景，有关的例子有广大社会中的社会的、地理的、政治的和经济的特征，社会阶层、政治体系、经济体系、战争、饥荒等；文献（个人的和公共的）资源，如访谈转录稿、私人日记、公开的档案（重要的统计、遗嘱资料等）、传记百科全书与词典等。

2）厄尔本的传记研究阶段模型包括3种诠释环节，分别为：文化体系（cultural system）、年表（chronology）和复议（rehearsals）。文化体系，是指有必要将获得的资料置于变化的价值背景之中考察；年表，是指重要的、有影响的公共事件的时期对所研究的生活具有形塑的影响，用以提醒文化发生在特定的和可辨别的历史时刻；复议，是指研究者对先前四个阶段收集的资料进行再三考虑和提炼。

3）厄尔本的传记研究阶段模型关于诠释的观点，基于萨特（Satre）关于如何理解生活的观点。厄尔本指出，萨特运用了整合（totalization）的概念，认为理解生活的方式即持续的整合行为（successive acts of totalization），萨特在运用看起来超个人的方法——即黑格尔的辩证法和马克思主义的唯物主义——试图使社会分析富有个性（p.8）。

（2）传记研究阶段模型的意蕴。厄尔本（1998）的传记研究阶段模型反映的是一个解释的循环。它表明，即使在一个规模较小的研究中，也应该重视个体在社会情境中的复杂性。

所以，厄尔本（1998）模型对本研究运用生活历史法获取和诠释研究资料具有重要的指导意义。其中"文献的（个人的和公共的）资源"则与本研究中拟用的实物分析法具有异曲同工之妙。该模型的核心是关注个体与情境的不可分离性，伴随对情境的关注围绕个体不断扩散，个体变得越来越复杂，诠释的意义也越来越深刻。对此可以将生活历史法研究资料的生成、诠释过程中对受访者与情境关系的考虑如图4-3表征。

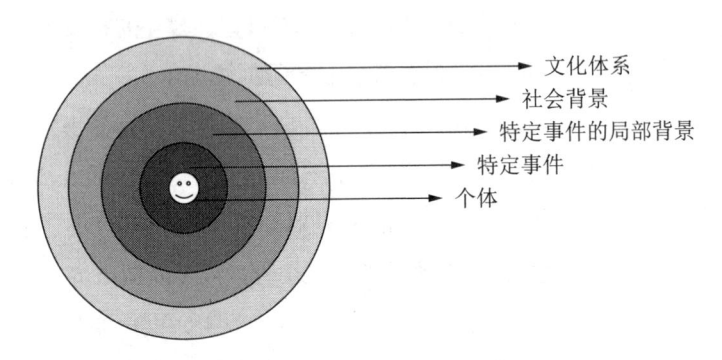

图4-3　生活历史法的诠释循环

（文化体系；社会背景；特定事件的局部背景；特定事件；个体）

生活历史法用于本研究——对教师的研究，意味着必须强调局部的与社会的背景对教师教育思想和实践行为的重要影响；要理解教师的当前的教育教学，促进教师的未来成长，需要透过教师的过去。通过对教师过去的重构，来塑造教师的现在和未来。

3. 古德森的生活史资料收集观

古德森（1992b）提出了在收集教师生活史资料方面的如下观点：①从教师自己的描述来看，同时还从更为分散的研究来看，很明显，教师原先的生活经验和背景帮助他们形成其教学的观点和其实践中本质的要素；②教师在学校内外的生活方式（life style）和他或她的潜在的身份与文化影响着教学观和实践观；③教师的生活圈（life circle）是专业生活和发展中很重要的一个方面；④教师的职业阶段是很重要的一个研究焦点；⑤在主要职业阶段之外，在教师的生活中尤其是工作中，有一些关键的偶发事件，他们可能至关重要地影响着其理解和实践；⑥教师生活的研究应该允许我们［看到历史情境中的个人](威廉·F. 派纳，2003，第793页)。

古德森的论述，为本研究中教师生活史资料的获得、诠释提供了非常重要的线索，即要求对教师生活史的研究，需要关注教师原先的生活经验和背景、教师在学校内外的生活方式（life style）和他或她的潜在的身份和文化、教师的生活圈（life circle）、教师的职业阶段、教师的生活中尤其是工作中的一些关键的偶发事件、将教师置于生活的历史情境中等。这些也直接启示了笔者对教师生活史正式访谈提纲、教师生活史调查问卷所涉及主题的思虑。

假如以函数关系来理解和表示以上教师个体生活史与教师思想及行为实践的关系，则与由不同的个体教师生活史及其支点、线索所构成的变量相对应，将产生教师间思想和行为实践的差异的函数值，如图 4-4 所示。

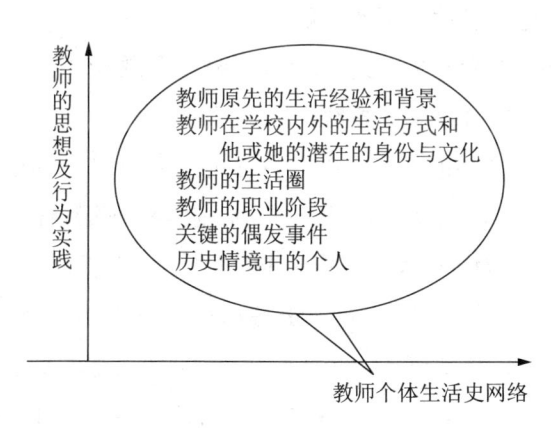

图 4-4 教师生活史与教师思想和行为实践函数关系

4.4 叙事心理学的理论与方法

作为对"人"这一主体进行的研究，叙事心理学，是去"研究那些构成自我的语言（language）、故事（stories）和叙事（narratives），以及此类叙事对于个人和社会的启示及影响"（克罗斯利，2004，第70页）。心理学的叙事理论（narrative theory of psychology）关注的焦点是放在每个人所生活、经验和诠释的人类存在（human existence）上；在叙事理论看来，人从出生的那一刻开始，意义即透过深藏于家庭和文化的故事来传递（p.85）。

4.4.1 什么是叙事？

叙事研究近年来日益为人们所关注。有关叙事的观点可以说具有几种源流。

1. 文学家对叙事的理解

在文学家那里，叙事直接关乎文学的形式，即特定的文学内容何以表述。

2. 历史学家对叙事的理解

历史学家围绕何为历史事实及其表述展开激烈的讨论。

3. 哲学家对叙事的理解

哲学家对叙事的理解是笔者所关注的。如卡尔（Carr, 1986）所申明的，人类经验的叙事本质，不是如前两种流派那样，把叙事当作形式——作为表述人类经验附加的东西，而是关注现实的本质，即"那里有些什么"（流心，2005，第66页）。纳什（Nash, 1990）指出，"叙事，则是与某些事情有关——某些稳定的、清楚的、容易被证明的事件"（p.200）。叙事，又如沙宾（Sarbin, 1986）所言，因为"结合事实和想象，融合时间和空间，并赋予个人行动的理由，以及事件的因果解释"（p.9）所以，他将叙事视为"人类行动的组织原则"。这意味着，"叙事的概念有助于解释人为什么总是企图将经验之流加以结构化"（克罗斯利，2004，第87页）。这样，可以简单地说，叙事，就是叙说故事，在其中，故事是基础，但需要以一定的方式来组织及解释。这是本研究的基本着眼点，即在倾听教师生活故事的基础上，诠释教师的自我、教师的实践性知识及其形成。

4.4.2 作为经验叙事基础的故事

作为叙事基础的故事对于人类的意义，是许多学者的共识。比如迈克英泰尔（MacIntyre, 1981）指出，"除非透过作为戏剧之源头活水的故事，我们无法了解社会以及我们自己"（p.54）。格里茨（Crites, 1986）说，"没有故事的自我只是一个空洞的人称代名词"。梅尔（Mair, 1989）则认为，"故事是孕育个人特质的子宫。故事成就我们也毁坏我们。故事在我们遭遇困难的时候支持我们，鼓励我们朝向可能无法预见的终点迈进。我们越窄化和固定我们说故事的方式，我们就越匮乏和闭塞"（p.2）。迈克亚当斯（McAdams, D., 1993）更是强调了故事对于认识他人和自身的重要性，"如果你想认识我，你得先知道我的故事，因为我的故事会告诉你我是谁。而如果'我（I）'想认识我自己（myself），想要获知我生命的意义，那么我还是得先从我的故事着手"（p.11）。

那么故事指什么呢？沙宾（1986）指出，"故事是一种象征性的说法，其点出人类行动中的时间面向的存在，故事有开端（beginning）、中段（middle）和结局（end）"（p.3），这说明故事的时间结构特征。"故事是由情节（plots）的可辨认事件组型连结而成，情节结构（plot structure）的中心，在于人类的困境及解决之道"（p.3）。

故事的形式也是多样的，包括神话和语言，而且神话和语言的流传还能达到宣传道德规范，指引道德行为的实际功能（克罗斯利，2004，第88页）。而在本研究中，将透过教师的生活故事，为理解教师的实践性知识及其形成奠定基础。

4.4.3 为什么要采用叙事的方法

叙事的功能和意义，已是众多学者的共识。透过叙事，并不只是去"发现"自己，迈克亚当斯（1993）指出，可以从叙事中"创造"自己（create ourselves）(p.92)；透过叙事，可以"理解自己和他人的生活"(p.92)，透过"创造动力性的叙事"，可以"使人类看似浑沌不明的存在，显得清晰可见且前后连贯"(p.166)。

而叙事的方法的采用，根本上是由人类的经验特征决定的，即生活本身具有叙事形构特征。比如，克罗斯利（2000）、迈克英泰尔（1981）、卡尔（1986）、沙宾（1986）都提出，人类心理学在本质上具有其叙事结构（narrative structure）。

笔者以为，人类经验的叙事结构特征与创作的故事性结构特征的差异是显而易见的。根本在于，人类经验的叙事结构意味着现在的活动是与过去的记忆及对未来的预测相互交错在一起的，这种时序形构特征，其本身不只是被动的，而且是由人类经验主动生成的，如迈克亚当斯（1993）所言，是"透过想象行动，个体将记忆中的过去、当下与期待的未来都编制在一起"(p.12)；这显然不同于文学创作中被加工的故事结构，由创作者决定的故事的时序结构（开端、中段和结束）。面向生活经验的研究中所强调的叙事结构特征，显然指的是前者意义上的。本研究所面向的教师生活和实践的经验，也必然同样具有叙事结构的时序特征，教师当下的实践与其以往的经历及对未来的设计是交织在一起的，换言之，只有透过教师的过去以及教师对未来的设计方能更好地理解教师的实践性知识。

4.4.4 探索个人叙事的途径

探索个人叙事可以采用多种途径。迈克亚当斯（1993）指出"目前要挖掘个人的叙事与故事，心理治疗及自传是比较常用的两大方法"(p.253)。

1. 治疗师协助下的心理治疗叙事

治疗师协助下的心理治疗叙事是针对创伤的经验挖掘个人叙事的一种途径。心理治疗的叙事观点包括："治疗师帮助当事人以语言陈述，将他们已经发展的故事带入语言和觉察之中，为其生活赋予意义。使当事人能够检验和反思他们用以组织生活并诠释自己及他人行动的主题"，而"对个人叙事的反思觉察，使人理解到过去事件本身并没有意义，意义是被个人叙事的形构所赋予的。这种理解可以让人们摆脱过去时间的控制，开启更新的可能性和改变的自由"(Polkinghorne, 1988, p.183)。

2. 自传

当然，除了上述由治疗师协助的反思觉察过程实现的心理治疗叙事，克罗斯利（2000）指出，我们还可以自己进行自传式的反思觉察过程。"像写日记、记录梦境、尝试与自己内在的声音对话等诸如此类的个人自己进行的探索活动"（克罗斯利，2004，第126页），可以增进自我了解。

笔者以为，当考虑到当前教师心理压力这个事实的情况下，以上关于创伤经验和心理治疗叙事的观点，对于研究者与教师的合作过程是有借鉴意义的。虽然研究者未必视自己扮演了治疗师的角色，但是以平等的身份去倾听教师的声音、理解教师，对于排解教师的忧惧是非常重要的，而在这样的过程中，本身也是促进教师实践性知识改善的过程。当然，合作的目的，还在于能够增强独立反思觉察的意识与能力,促进教师更自主地发展。这也可以从许多学者的观点中得到启示。如迈克亚当斯(1993)在运用自传方法时强调了在探索自我(self)与认同(identity)的过程中人际间的对话(interpersonal dialogue)的重要性。这又与泰勒(C.Taylor)、米德等学者所强调的,个人的自我意识内蕴着"他者"(otherness)与对他人的"回应力"(answerability)等是一致的,都强调了人际对话的重要性。

关于自传的具体方法,迈克亚当斯(1993)所设计的访谈纲要是很好的借鉴,笔者将结合教师生活史的研究予以论述。

4.5 诠释学的理论与方法

诠释学的理论与方法对本研究有重要启发,也是赋予教师生活史意义的重要方法论。

4.5.1 诠释学的历史与发展

诠释学(hermeneutik)一词早在亚里士多德时代就已经出现了。它最先源自希腊文 hermes。Hermes(赫尔墨斯)是希腊神话中的信使之神,专司请神和向人间传递宙斯的旨意。当然为了避免人对旨意的误解,信使不免要作一番解释。亚里士多德认为,解释的目的在于排除概念的歧义性,以便作出正确的判断与议论。解释学最初是一门用来考证各种古代文献典籍的专门学问,即所谓的文献学(philology)(盛晓明,1989,第524页)。但今天,解释学的含义则远非单指此意。

有学者指出,"当我们接触诠释学时,我们需要区分诠释学学科与诠释学哲学"(洪汉鼎,2001,第8页)。诠释学作为一门学科,具有漫长的历史,不仅古代有了神学诠释学和法学诠释学,现代还有文学诠释学、历史诠释学、法学诠释学和艺术诠释学等。但诠释学作为一种西方哲学流派,却是 20 世纪中叶以后的事,这是随着海德格尔(M. Heidgger)的本体论转向而出现的,伽达默尔(H. G. Gadamer)是其集大成者,他的哲学诠释学与那些传统的或现代的以方法论模式探究的哲学形成鲜明的对立。

诠释学从古代到现代的历史发展中,作为一门关于理解和解释的学科,其性质和功能经历了几次演变的过程,分别是①作为圣经注释理论的诠释学;②作为语文学方法论的诠释学;③作为理解和解释科学或艺术的诠释学(普遍诠释学);④作为人文科学普遍方法论的诠释学;⑤作为此在和存在理解现象学的诠释学;⑥作为实践哲学的诠释学。从中可以概括出诠释学 3 次重大转向的特征,即从特殊诠释学到普遍诠释学(从局部诠释学到一般诠释学)的转向、从方法论诠释学到本体论诠释学(从认识论到哲学)的转向、从单纯作为本体论哲学的诠释学到作为实践哲学的诠释学(从单纯作为理论哲学的诠释学到作为理论和实践双重任务的诠释学)的转向。

4.5.2 诠释学对研究的启发

回顾诠释学从古代到现代的历史演变及其转向,其指向实践学问的诠释学对笔者这项面向教师生活和实践的研究有极大的启发。它指引笔者走进教师的生活世界,去倾听教师的声音,在合作中共勉。

而其中,海德格尔对胡塞尔现象学的发展,即他的对生活经验的解释的阐释学,他对"此在"的分析,尤其强调了"此在"总是从过去出发并走向未来,是历史长河中的存在,成为本研究以过去为起点研究教师,通过重写教师的过去探寻对教师现在和未来的意义的坚实基础。

海德格尔还认为，个体存在或者在世之在，由3个方面构成。第一个方面是个体把世界视作环绕在四周的环境体验（umwelt），环境体验并不是客观感到的自然环境，而是个体感知到的环境；第二个方面是对他人或者同路人的体验，这是复杂的社会关系的基础，不仅个体感受到他人的主观性，而且他人也会感受他们自己的主观性；第三个方面是个体意识到自己是个别的、主观的存在，这是自我世界。

这种观点，与笔者在研究中拟借鉴的厄尔本（1998）的传记研究阶段模型所反映的解释的循环，即重视个体在社会情境中复杂性，是一致的。说明为了理解教师实践性知识及其形成的问题，需要理解教师的生活史、教师自我的建构，也就是必须把发生在个体身上的特殊事件放置在其地方情境和更广阔的社会情境中去考察。这也说明了叙事研究决不是单单讲故事，而是要善于将故事置于其发生的文化体系和社会背景中，挖掘故事背后深层次的东西。这是本研究的诉求。

4.6 自我心理学的理论与方法

基于文献阅读和亲身体验，源自于个体生活史的教师"自我"的构建是教师实践性知识形成的关键环节。因此，要探明教师实践性知识及其形成机制，必须对教师的自我予以探究和考量。

4.6.1 "自我"研究的脉络

很多领域都对"自我"有着浓厚的兴趣。其中，哲学家更关注主我，寻求对自我中直接体验世界的那部分的理解，如法国笛卡尔"通常将自我称作'心灵'，并认为心灵（自我）、上帝与物体（客观物质世界）是三种实体"；又如德国费希特认为自我"是认识的主体，而更重要的是意志的主体"（辞海编辑委员会，1999，第 2281 页）。而心理学家更关注宾我，把研究的重点放在人们如何思考和感觉他们自己，以及这些想法和感觉如何塑造和影响心理的其他方面。笔者以为，这两种关注点并不对立，相反，两者就任何一个人来说都是统一的。有关自我的心理学研究最早始于詹姆斯（1890），而詹姆斯既是一位心理学家也是一位哲学家，所以在他的旷世之作《心理学原理》一书中，他研究了作为思想着的主我自我，也研究了作为被认识、被感受的宾我自我。这些研究及成果为笔者对教师自我的考量奠定了重要基础。

以下笔者将对自我的内涵、范畴等进行扼要阐述，并呈现依据各种自我量表对案例教师自我的测量结果。目的是为审视教师的自我提供依据，并进而理解它对教师实践性知识形成的影响。

4.6.2 自我的内涵和范畴

心理学中的"自我"有两个对应的单词，即 self 和 ego。ego 这一词所表示的自我是由精神分析学家弗洛伊德（Freud）提出，他认为人格结构是由本我（id）、自我（ego）和超我（superego）3 部分组成；其中，ego 直接与无意识的心理活动联系；ego 不仅有觉察个人自我需要的作用，还具有意识环境要求，协调本我和超我关系的功能；"自我"（ego）功能的发挥，更多情况下也是无意识的。

一些心理学家对 self 和 ego 进行了比较，认为 ego 的概念中包括有一定的 self 的意思（参见金盛华，1996）。两种自我之间的关系主要是：①ego 只是主体，而 self 既可是主体，也可是客体；②对立面不同，弗洛伊德的 ego 与本我、超我、现实相对，而 self 是与他人相对；③精神分析意义上的 ego 带有无意识活动的性质，而 self 是与意识活动相联系的（参见王益明、金瑜，2001）。

但一般来说，西方心理学主要探讨的是 self 这一自我，这包括从詹姆斯（James, 1890）、米德（1934）到罗杰斯至今。我国心理学者所探讨的也是 self 的意义（孙灯勇、郭永玉，2003）。

笔者对自我的理解，也是以詹姆斯（1890）对自我的探讨为基础的。

詹姆斯（1890）建议使用主我（I）和宾我（me）不同的术语来区分自我。他把自我分为经验自我和纯粹自我，把作为对象的个人称为经验的自我（me），把当下思想看成是纯粹的自我（I）。经验自我又包括物质自我（material self）、社会自我（social self）和精神自我（spiritual self）。这三者中，社会自我高于物质自我，精神自我又高于社会自我。

詹姆斯（1890）认为物质自我指的是真实的实体、人或地点，物质自我可分为躯体自我和躯体外自我。躯体外自我也被罗森伯格（Rosenberg, 1979）称为延伸的自我，包括自身躯体以外的其他人（我的孩子）、宠物（狗）、财产（我的汽车）、地方（我的家乡）以及我们的劳动成果（我的绘画作品）。而"社会自我是一种从同伴那里获得的认可"（James, 1890, p.293），即社会自我指的是我们被他人如何看待和承认。布朗（Brown, J.S., 1998）指出，"社会自我包括我们所拥有的各种社会地位和我们所扮演的各种社会角色。但从本质上看，它不仅仅只有这些特性。我们如何看待别人对我们的看法更为重要，即我们如何看待别人对我们的评价"（乔纳森·布朗，2004，第21页）。精神自我"指的是个体内的或主观的存在，他的心理能力或性格倾向"（James, 1890, p.296）。基于此，布朗（1998）指出，精神自我是我们的内部自我或我们的心理自我，是由除真实物体、人或地方，或社会角色外的被我们称为我的（my 或者 mine）的任何东西构成，即我们所感知的能力、态度、情绪、兴趣、动机、意见、特质以及愿望都是精神自我的组成部分（乔纳森·布朗，2004，第 21 页）。

米德（1934）也认为，自我是由主我和客我构成；主我是指主体自身活动与行为觉察的我，它执行自我的功能，支配自我活动；客我则是被观察被认识到的自我的身心活动状况，它是自我的对象化，自己把自己作为心理对象，库利称之为"镜中我"（参见鞠红霞，2002）。

罗杰斯继承了詹姆斯（1890）和米德（1934）的观点，也认为自我包括主格我（I）和宾格我（me）两个方面。还提出了与现实自我（real self）相对应的理想自我（ideal self），理想自我的实现即自我实现，就是指理想与自我概念完全一致，罗杰斯称这种情况下即"成为一个人"（becoming a person）或"变成自己"，是一个健康的或充分发挥作用的人（珀文，2001，第 283 页）。所以他认为对于一个人的个性和行为具有重要意义的是他的自我概念，而不是现实自我。

布朗（1998）在詹姆斯（1890）等研究基础上指出了自我以及自我之主我与宾我的含义。用主我指代自我中积极地知觉、思考的部分，指的是我们对于我们正在知觉的意识；用宾我来指代自我中被注意、思考或知觉的客体：一方面，指的是人们对于他们是谁以及他们是什么样的人的想法，心理学家称之为"自我指示思想"，相关的术语包括，"自我看法""自我意象""自我概念"，这些术语可以互换；另一方面，人们对他们自己的情感，称为"自我指示感觉"——对自己的感觉，相关的术语如"自尊"——人们感觉他们自己的特定方式（乔纳森·布朗，2004，第2页）。所以，自我的适用范围是广阔的，它不仅指我们是如何思考和感觉我们自己的，也指我们进行这些活动过程。

根据以上学者对自我的区分和理解，笔者就主我（I）和宾我（me）两大范畴及相关概念予以阐述，这些将为理解教师的自我以及笔者对教师自我的测量奠定重要的理论基础。

1. 主我（I，主体我）

主我涉及自我意识和自我监控等。

（1）自我意识。关于自我意识的发生及含义。自我意识的发生，是因为自我具有反射性质，即人们能够把自我当作他们注意的对象（p.119）。所以，自我意识是对自身的关注（Duval & Wicklund, 1972）。

1）自我意识的内容。在西方，已有学者通过采用开放式问卷调查心理学家和大学生对自我意识的理解，归纳出自我意识的7个基本领域：①对过去、现在、未来行为的执迷程度；②对自己正面和负面特质的认可；③对内在情感的敏感性；④内省行为；⑤在心里想象自己的倾向；⑥对自己外在行为和表现的觉知；⑦个人对别人赞美的在意程度（参见郑剑虹，2004）。

2）自我意识的类别及测量。20世纪70年代中期，费尼格斯坦、沙伊尔和巴斯（Fenigstein, Scheier & Buss, 1975）不仅提出内向性自我意识（private self-consciousness），也提出外向性自我意识（public self-consciousness）的概念。与内向性自我意识关注自己私密的内心状态相对，外向性自我意识则是指个体关注自己公开的、可观察到的方面。费尼格斯坦等人分别编定了内向性自我意识、外向性自我意识量表（该量表笔者用于了对案例老师自我的研究）来测量个体在多大程度上关注自己私密的内心状态与关注自己公开的、可观察到的一面。

3）自我意识的作用。自我意识在自我调节行为和自我展示行为过程中都起到重要作用。然而，在与内向性自我意识相关领域的研究中，表明焦虑（或抑郁者）与内向性自我意识有正相关（乔纳森·布朗，2004，第 222—224 页）。诺伦-霍克斯马（Nolen-Hoeksema，1991a）和她的同事也发现，过分反省和过分关注自我并不是有效的情绪管理策略，他们编制了一个量表（Nolen-Hoeksema，1991b)（笔者改编用于了对案例老师的自我的研究，来测量个体在沉思默想方式上的差异，得分高的人，被认为是有一种沉思默想的方式（ruminative coping style），当陷入焦虑（抑郁）时，他们反复思考他们的症状，以及这些症状所带来的可能后果，却不涉及焦虑（抑郁）的原因，不是积极地尝试解决问题。

（2）自我监控。

1）自我监控的含义与测量。自我监控是指监视和控制自身在公众面前的行为。斯奈德（Snyder，1974）对自我监控进行研究，编制了测量自我监控的量表（该量表笔者用于了对案例老师的自我的研究），识别了高自我监控者和低自我者的在自我立场的差异；在其随后的研究中，进一步概括了高自我监控者和低自我监控者在行为上的差异。在此基础上，布朗（1998）指出，高自我监控者和低自我监控者在态度与公共行为的一致性程度方面、友谊的模式方面的差异。

a. 自我立场方面。高自我监控者认为自己是实用和灵活的，要在每个情境下成为合时宜（right）的人，通过辨别某一社会情境下典型的模范应该做的来指导自己的行为；低自我监控者则认为自己是讲原则的,他们努力要实现的是做自己,强调在做什么人和什么事等问题上保持一致的重要性,这样在面临一个社会情景时,他们更关心内心世界,用自己的态度、信仰和感觉来指导自己的行为。

b. 行为方面。高自我监控者更多关注他人在社会情境中的行为方式,更喜欢提供明确行为指导的社会情境,对那些看重公众行为的职业,如表演、销售和公共关系等更感兴趣,在察言观色方面更老练,更擅长同拥有各种心情的人沟通;低自我监控者则不如高自我监控者那样关注这样的行为。

c. 态度与公共行为的一致性程度方面。高自我监控者的一致性很低,他们可能做一些他们根本不相信的事,说一些他们并不相信的话;低自我监控者则强调行为和态度的一致性,他们的言行更多地反映了自己的真实想法。

d. 友谊的模式方面。高自我监控者可能会有很多类型的朋友,使他们在不同的情境下,成为不同的人,所以,高自我监控者是社交变色龙;低自我监控者相对只有几个朋友,在不同的情境中成为同一个人,低自我监控者更看重自己在不同的情境下真实的自己。

2)自我监控与外向性自我意识的关系。虽然有学者发现外向性自我意识和自我监控有很多共同的特征,自我监控得分高的人往往在外向性自我意识上的得分也高(Tomarelli & Shaffer, 1985),但是,布朗(1998)指出,这两个概念并非完全相同,两者的区别表现在是否具有动机取向和自我展示的欲望两个方面(布朗,2004,第147页)。

2. 宾我(me,客体我)

自我的宾我方面,涉及自我概念、自我情感。

（1）自我概念。

1）自我概念的界定。由于不同的心理学家研究取向上的差异和侧重点不同，对自我概念的界定也是有所差异的。笔者采用詹姆斯（1890）的观点，他指出，自我概念指的是人们思考他们自己的特定方式。

2）自我概念的结构。谢弗尔森等人（Shavelson et al., 1976）提出了一个多侧面等级自我概念模型，如图4-5所示，用来代替过去的笼统的自我概念。

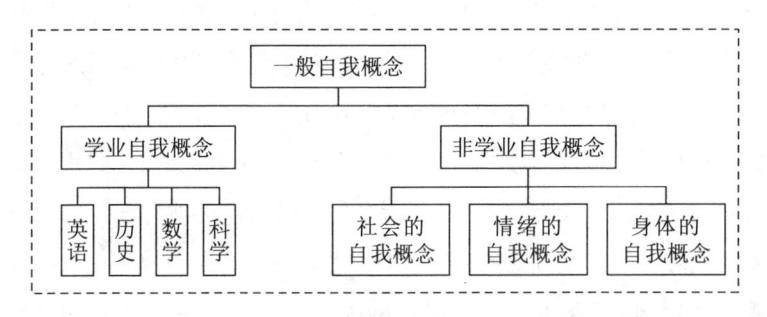

图4-5　谢弗尔森等人的多侧面等级自我概念模型

资料来源：根据鞠红霞（2002），孙灯勇、郭永玉（2003），郑剑虹（2005）等论述整理。

在此模型中，一般自我概念位于最顶层；一般自我概念可分为学业自我概念和非学业自我概念；学业自我概念又分为具体学科的自我概念，如数学自我概念；非学业自我概念又可分为社会的、情绪的、身体的自我概念（孙灯勇、郭永玉，2003）。

（2）自我情感（自尊）。

1）关于自我情感的表现。詹姆斯相信存在总是与自我有关的特定的情感，一方面包括骄傲、自负、空虚、自尊、傲慢和虚荣；另一方面则包括谦逊、谦卑、含混、缺乏自信、害羞、禁欲、悔悟、耻辱感和个人的失望（James, 1890, p.306）。他还认为，人类具有体验积极情感，避免消极情感的原始驱力（参见乔纳森·布朗，2004，第28页）。

2）关于自我情感的实质——自尊。

a. 就自尊的含义而言，它作为一种日常用语，在心理学界还没有普遍的定义，一般有3种理解（pp.168–170、p.195）。①理解为整体自尊（或特质自尊），指人们通常是如何看待自己的。高自尊即喜欢和热爱自己，而低自尊则是对自己略微积极地看待或者正反感情并存；极端低自尊的人甚至会怨恨自己（这种自我嫌弃出现在病态人群）。有观点认为，自尊总体上对人们应对积极反馈的方式影响很小。达顿和布朗（Dutton & Brown, 1997）发现，整体自尊心指导个体对评价性反馈的情感反应。②理解为自我评价（或用自信和自我效能感术语等同自尊），指个体评价自己的能力和特性的方式，实际上是特定领域的自尊，如学业自尊、社交自尊和运动自尊等。③理解为自我价值感（是一种状态自尊），这种自尊指的是更瞬间的情绪状态，特别是那些由好的或差的结果所引发的情绪；包括为自己感到骄傲和高兴的积极一面，或感到谦卑和羞耻的消极的一面。与整体自尊的持久相对比，自我价值感是暂时的；一些研究者（如Butler, Hokanson & Flynn, 1994）使用状态（state）自尊来指这种暂时的情绪和自我价值感；另外，人们普遍有一种产生高自我价值感的动机，心理学称为自我增强的动机，因为，积极的自我价值感，或者能让内心满意（James, 1890, p.306），或者伴随积极的结果（Gergen, 1971），或者能让生命充满了意义并增强了人们对必然到来的死亡的承受力（Greenberg et al, 1992）。在本研究，涉及对教师的整体自尊和状态自尊的考虑。

b. 就自尊的本质而言。有情感、认知和社会学几种取向的理解（乔纳森·布朗，2004，第173、167、176、181—183页）。①自尊的情感取向，认为自尊是对自己的一种情感体验，根据自尊的情感模型，自尊表现为两种类型的情感感受，分别是归属感（belonging）和掌控感（mastery）；归属感是指无条件地被喜欢或者尊重的感觉，以及由这种感觉带来的安全感；而掌控感是对世界能够施加影响的感觉，是我们专心做一件事情或努力去克服困难的过程中获得的感觉；归属感起源于社会交往经验，不是发生在意识水平，而是更直觉化；而掌控感更具个人化的特征，它不一定要在大范围的意义上，而是在日常生活的层面。②自尊的认知取向，认为自尊是个体对自己的判断，而这种判断主要依据对自己的各种能力和特质的评价，所以，该取向把自尊看成人们对自己的价值判断。③自尊的社会学取向，认为自尊受到社会因素的影响，社会学的变量如职业声望、收入、教育水平和社会地位（如种族、宗教和性别）等会影响自尊，如果得到多数人的尊重和重视，就拥有高自尊。该取向的理论依据是库利（1902）的"镜像自我"（looking-glass self）和米德（1934）的符号互动理论和观点采择的观点。不过，实际的研究却表明，被诬蔑或者少数群体的成员比那些更具特权的人显示了更高的自尊（Rosenberg, 1979）。这样的结论让笔者想到案例老师程老师曾经讲述的往事，就是读中学时曾被同学欺负过，这促使他决意改名"挺毅"，以使自己变得刚强，这样的经历是否就是他自尊的表现呢？而关于自尊与性别差异关系的研究表明，并没有发现女性比男性的自尊低。

c. 就自尊的测量而言。罗森伯格（1965）的自尊量表被广泛应用于对整体自尊的测量（该量表笔者用于了对案例老师的自我的研究），即关注人们整体上看待自己的方式，而不是涉及一些具体的品质和特性。此外，还有一些测量特定领域自尊的量表或问卷。这些自尊量表或问卷，都属于自尊的自我报告法测量，对此鲍迈斯特、泰斯和哈顿（Baumeister, Tice & Hutton, 1989）指出，采用自我报告法测量自尊可能受到自我展示的影响，即人们为了在他人心目中创造一个特定的印象，而不是按照内心真正如何评定自己；温伯格（Weinberge, 1990）、韦斯顿（Westen, 1990b）还指出，防御过程也会影响自尊的自我报告测量，即人们可能防御性地报告比实际更好的自我感觉，以此欺骗自己（乔纳森·布朗，2004，第170—172页）。为了尽量避免学者们提出的这些现象，笔者在运用罗森伯格（1965）自尊量表检测案例老师的自尊时，说明调查意图的表头和评分标准的说明部分未呈现给案例老师。

　　以上心理学意义上对自我之主我和宾我及相关概念的理解对于笔者理解案例教师的自我非常重要。

第 5 章 CHAPTER 05
教师生活史研究的策略

在教师生活史研究中，涉及众多的策略与方法。而从资料收集与分析诠释的角度，笔者以为，以下方面是非常重要的。

5.1 教师生活史研究数据库的建立

5.1.1 以访谈为主渠道

1. 对教师生活史访谈的认识

访谈在笔者对教师生活史的研究中是非常重要的方法。不同的理论取向对访谈如何进行、访谈功能如何有不同的看法，了解关于访谈的认识论立场，对于笔者在访谈中到底关注什么具有关键的指导意义。

传统的实在论取向假定访谈可以看做是一种工具，可用来找出受访者对于某个特定主题（如自己的故事或叙事）所保持的信念、知觉或看法；而社会建构论取向，则将访谈看成是一个舞台，正在上演着社会运作和人际互动，在访谈的过程中，更为关注受访者对特定问题的回应所促成的社会功能（参见克罗斯利，2004，第163页）。

但是，正如史密斯（1995）的观点，这两种立场中还是有折中的立场（p.10）。那就是说，在访谈的过程中，受访者的回应的确会反映出一些重要意义，或是他们所认为的"真实"；但这并不是说在访谈的情境中，人们就不会表现出特定的社会运作或人际互动（克罗斯利，2004，第164页）。笔者以为，实在论取向更多关注通过访谈这个工具获得受访者关于特定主题的信念与想法是什么这一结果，而建构论则更多关注访谈过程本身的意义。

笔者在访谈中对这两个方面是兼顾的，既重点关注通过访谈受访者对于笔者提出的问题说了什么，也关注受访者是怎样说的，包括他的语调、神态、动作等。因为前者反映了受访者如何在生活史中建构了自我，而后者反映了受访者正在经验中建构着自我。

关于访谈作为教师生活史研究策略的重要性，哈莱和霍德森（Halai & Hodson, 2004）指出，生活历史法的核心是这个特殊的访谈过程，这个过程需要合作构建研究参与者的生活，访谈的目的不是为了验证假设而是要发展对教师实践以及教师赋予实践意义的更好的理解。

关于访谈的类型，一些学者早已指出，生活历史法，首先包括通常以口述和相对而言非结构化访谈的方式来收集生活故事（Woods, 1986; Goodson & Sikes, 2001）。访谈之后，是根据其他资料分析这些故事（Sikes & Everington, 2004）。在分析这些资料时，赛克斯和埃弗林顿指出，"教师关于学科的理念、实践及其职业哲学必须置于当前教育和与学科相关的潮流中，也要置于他们自身作为学生时的潮流情境中"；"不可避免的是，个体生活故事会显示一些与个体经验和自我意识有关的其他影响因素。这些包括作为男性和女性的体验、个人的性行为的体验、作为特殊年代的、种族的、社会经济的和社会文化团体的成员的体验,以及所具有的特殊的宗教的和学说的背景。所有这些因素与相应的社会的、经济的、教育的和历史的因素一起用于情境分析";"考虑被研究者自己关于发生在他们身上的事情的解释和分析也是非常重要的",而这样的解释包括在研究者与参与者的"交互作用"中。哈莱和霍德森(2004)则提出4个层次的叙事分析,第一层次是发生在访谈和观察时的非正式的分析和解释;第二层次分析是阅读和撰写访谈总结和田野笔记;第三层分析是开始比较正式的资料分析,其中资料被详细地审查挑选;第四层分析是对现象进行系统比较,这种现象或者来自对经验的回忆,或者来自文献,以促使概念的比较(Strauss & Corbin, 1988)。

关于访谈哪些问题,由于学者们研究的具体目标不同,也就提出了不同的访谈问题。如康乃尔(Connell, 1995)认为没有固定的问题(no fixed set of questions)。韦奇伍兹(Wedgwood 2005)则在对澳大利亚一位叫蒂姆(Tim)的男体育教师的生活史研究中列出了访谈中的4个方面的问题:①蒂姆教师的家庭背景(family background);②蒂姆教师的在与男人和女人联系的实际情况(the practices in which Tim's relationships with men and women are constructed);③蒂姆老师在职业、运动和其他业余方面的选择(Tim's choice of career, sports and other pastimes);④足球在蒂姆生活中的作用,以及他玩球的动机(the role of football in Tim's life, including his motivations to play)。从这4个方面的访谈问题可以发现,生活史研究中的访谈问题既涉及了参与者的专业方面,也涉及了私人的领域(如家庭、业余等)。

史密斯（2005）为研究早期生活经历对一位美国科学教师的信念的影响设计了教师生活史研究访谈提纲，包括科学（学习）阅历的访谈、教师的科学信念的访谈、教师的科学教学信念的访谈、关键事件的访谈4个大的组成部分，每个大部分又包括一系列具体的问题。笔者在此基础上曾于2007年3月尝试将其改编成针对语文学科教师的访谈草案，并进一步编制了更加详细的访谈提纲，其中问题作为笔者开放时访谈的引导。虽然后来笔者在编制访谈提纲和正式访谈时借鉴了其他学者的观点，但实际上史密斯（2005）的工作对笔者启发很大，笔者与案例教师的谈话内容以及在编制教师生活史问卷专题之学科学习、学科教学方面问题时的思路受益于此作者。

2. 教师生活史访谈内容主题的定位与访谈提纲的编制

笔者在对教师生活史的研究中，除了与合作教师进行非正式的谈话，还分别对其进行了正式的半结构式访谈。

访谈提纲则主要是在借鉴《我们赖以生存的故事：如何讲述过去的故事，决定了你的未来》（[美]丹P.麦克亚当斯著，隋真译，机械工业出版社，2019）。

麦克亚当斯在运用自传方法论中编制的访谈提纲，区辨出探索个人叙事的7个要点："生活章节"（life chapters）、"关键事件"（key events）、"重要他人"（significant people）、"未来蓝图"（future script）、"生活中的压力与难题"（stress and problems in living）、"个人意识形态"（personal ideology），以及贯穿所有生活故事的"生活主题"（life theme）。以下对作者在这几个方面的观点进行介绍和讨论。

（1）生活章节（life chapters）。这是访谈的第一部分，迈克亚当斯指出，这是一个概括性的问题。对此问题，他提供的访谈线索

第 5 章　教师生活史研究的策略

是:"我希望你将自己的生活历程想象成一本书,而你生活中的每一部分都将组成你这本书的章节。虽然这本书尚未完稿,但仍然有些已经完成的有趣章节。要有多少章节随你的意愿,但是至少要分成2～3个章节,而且至多不超过7或8个章节。你可以将这些章节看作是你生活书的概览,并为每一个章节起个标题,简述各章节的主要内容。然后简单地讨论一下各章节间的转变与过渡。访谈的这个第一部分可以慢慢进行,不过提醒你尽量控制在30～45分钟,简单叙述即可。所以,你不用将你所有的故事都说完,只要将故事的大纲——你生活中的主要章节提出来就可以了。"

（2）关键事件（key events）。这是访谈的第二部分,迈克亚当斯指出,该部分从前一概括性的问题转向具体的问题,请求被访者描述8种关键事件的细节。他提供的访谈线索是:"我接下来要询问你8种关键事件。关键事件是指在你过去生活中的某个具体的时间和地点发生的某些重要事件或有重要意义的情节。标志出关键事件可以帮助你厘清生活中具有意义的特定时刻。例如,你12岁时和母亲的某次谈话,或是去年夏天的某个午后你做了某个决定,这些都可以视为是你生活故事中的关键事件。特定的角色、行动、想法和感受都镶嵌在特定地点、特定时刻里。但反过来,一个完整的暑假——高兴或者难过,抑或在某种程度上非常重要——或者在高中时非常困难的一年,却不能算作是关键事件,因为这些都发生在跨越性的时期内（它们更像是生活章节）,针对每一项关键事件,最好能详细阐述事件中发生了什么事、你处在什么样的情况下、何人参与其中、你采取什么行动,以及你在此事件中的想法和感受。同时,别忘了试着表达关键事件对你的生活故事造成什么样的冲击,以及此项关键事件对于'你是谁''你曾是谁'显露了什么样的线索。这些关键事件是否改变了你？如果有，哪里改变了？这些方面都应该力求具体明确。"

这8个关键事件如下。

1）高峰体验（peak experience）。生活故事中的高潮点；堪称是你生活中最美好的时刻。

2）低潮体验（nadir experience）。生活中的低潮点；是你生活中最难熬、最坏的时刻。

3）转折点（turning point）。在此事件中，你对自己的认识与了解产生了重大改变。你只要在回溯当下觉察到这些事件是个转折就可以，即使事件发生当时，你毫无察觉也没有关系。

4）最早的记忆（earliest memory）。你能想到的最早记忆之一。在此记忆中有清楚的场景、人物、感受和想法。重点在于这是你的早期记忆，并不要求一定要具有什么特别意义。

5）童年的重要记忆（an important childhood memory）。任何你难忘的儿时记忆，正向或负向的记忆都可以。

6）青少年时期的重要记忆（an important adolescent memory）。对于叙说当下而言，是青少年时期任何重要的记忆，正向或负面都可以。

7）成年时期的重要记忆（an important adult memory）。21岁以后正向或负面的重要记忆（关于成年，迈克亚当斯指21岁以后，在中国18岁即为成人了）。

8）其他的重要记忆（other important memory）。最近或是很久以前所发生，重要的特定正向或负向事件。

（3）重要他人（significant people）。迈克亚当斯提供的访谈线索（p.260）是："每个人的生活中都会出现一些重要他人，这些重要他人对于你的叙事具有重大的影响,如父母、孩子、兄弟姐妹、配偶、情人、朋友、老师、同事、指导者等。试着列举出你生活故事中最重要的 4 位人物,并特别指出你(曾)和这些重要他人的关系,以及这些重要他人对你生活故事的哪些具体方面造成影响。然后,再试着谈谈你生活中是否有特定的英雄或崇拜对象。"

(4) 未来蓝图 (future script)。迈克亚当斯提供的访谈线索是:"你已经畅谈过去和现在了,那么未来呢?在未来的生活中,你有什么计划或蓝图?描述一下你未来的整体计划、纲要或是梦想。大多数人都有计划和梦想,这些计划和梦想使生活有了目标、兴趣、希望、激情及愿望。计划可能会随着时间而更改,反映出你生活中成长转变的经验。描述一下你目前的梦想、计划、纲要。并谈谈这些计划如何促使你①在未来有所创造;②对他人有所贡献。"

(5) 压力与难题 (stresses and problems)。迈克亚当斯提供的访谈线索是:"所有的生活故事都难免出现重大的冲突、棘手的问题、待挣脱的困境以及高压时刻。试着去思索并描述在你生活中的两个范畴,在这两个范畴中你至少经历过以下其中一项:值得注意的压力、棘手的问题、必须克服的挑战。针对这两个范畴说明压力、难题或冲突的性质,将这些压力、难题和冲突的形成来源罗列出来,并交待一下这些压力、难题与冲突形成的大概历程。而且,如果你已经有了解决的方案,也谈一谈你接下来打算怎样去克服这些压力。"

(6) 个人意识形态 (personal ideology)。迈克亚当斯提供的访谈线索是:"现在这个问题与你的个人的基本信仰和价值观有关。请告诉我这些问题你是怎么想的,并请你尽可能地详细地回答。①你是否相信有上帝或某些神明的存在,或者有某些力量主宰着这个宇宙?并请解释一下。②概括地介绍一下你的宗教信仰。③你的信念和你认识的大多数人的信念，有没有什么不同的地方？哪些地方有歧义？④你的宗教信仰如何随着时间推移而转变的？你的宗教信仰曾经面临重大急剧的转变吗？请说明一下。⑤你有没有特定的政治立场？请说明。⑥你认为生活中最重要的价值是什么？请解释一下。⑦你觉得还有哪些话题可以帮助我了解你对于生活及世界所秉持的基本信仰和价值观？"

（7）生活主题（life theme）。迈克亚当斯提供的访谈线索是："透过描述生活之书的章节、情节与人物，你已经回顾了整个生活故事，有没有觉察到贯串整个生活故事的核心主题、讯息或概念？在你的生活中，最主要的主题是什么呢？请解释一下。"

迈克亚当斯提出的自传访谈提纲为了解个人生活史提供了重要线索。笔者结合本研究之教师及其经验，做了一定的修改。在借鉴的基础上编制了如下的访谈提纲。

教师生活史正式访谈提纲

（一）生活章节（life chapters）

1. 试着将你的生活想象成是一本书，你能将你的生活分成几个章节？（至少要分成2～3个章节，至多不超过7或8个章节）你会怎样描述每一章？你想给它起个什么样的标题？

（二）关键事件（key events）

2. 说说你整个生活经历中，包括做教师前和从教后，你感觉最美好的时刻。

3. 再谈谈你整个生活经历中，同样包括做教师前和从教后，你感觉最难熬、最坏的时刻。

4. 现在请想一想，你整个生活经历的转折点是什么？哪一段经历（故事）改变了你的生活？这件事对你的生活又造成什么改变吗？这也包括你做教师前和从教后的经历。

5. 谈谈你最早的记忆吧，不要求一定要有什么特别意义。那些事是否对你产生了什么影响？

6. 谈谈你童年（学前和上小学时）重要的记忆吧，正向或负向记忆都可以，那些经验对你产生了什么影响吗？

7. 在你青少年时期（上中学时）有什么重要的记忆吗？正向或负向记忆都可以，对你产生了什么影响？

8. 再谈谈你成年时期（上大学和参加工作以来）的重要记忆吧，正向或负向记忆都可以，对你产生了什么影响吗？

9. 还有没有其他的什么重要的记忆了？正向或负向记忆都可以，对你产生了什么影响？

（三）重要他人（significant people）

10. 现在希望你能谈谈，你觉得生活中最重要的4个人（也可以再多），你（曾）和这些重要他人是什么关系？这些重要他人对你生活故事的哪些具体方面造成影响？

11. 再试着谈谈在你生活中是否有特定的英雄、崇拜对象或欣赏的人物？为什么？

（四）愿景（future script）（vision）

12. 在未来的生活和工作方面，你有什么计划或蓝图、梦想？

（五）压力与难题（stress and problems）

13. 可否谈谈在你生活中的一些领域，你最近遇到的一些压力、困境或难题。你打算怎样应对？

（六）个人意识形态（personal ideology）

我们现在来讨论一下你的一些基本价值观与信仰。

14. 你是否相信有上帝或某些神明的存在，或是有某些力量主宰着这个宇宙？请解释。

15. 请概括地介绍一下你的宗教信仰。你的宗教信仰如何随着时间推移而转变的？你的宗教信仰曾经面临重大急剧的转变吗？请说明。

16. 你的信念和你认识的大多数人的信念，有没有什么不同的方面？哪些地方有歧义？

17. 你有没有什么特定的政治立场？请说明。

18. 你认为生活中最重的价值是什么？请说明。

19. 你觉得还有哪些话题可以帮助我了解你对生活、工作及世界所秉持的基本信仰和价值观？

（七）生活主题（life theme）

20. 到现在，你回顾了你整个的生活故事，您能指出贯穿你整个生活故事的核心主题吗？

该提纲也包括了生活章节、关键事件、重要他人、愿景、生活中的压力与难题、个人意识形态、生活主题等主要部分。从时间流的角度涉及了教师的过去、现在与未来；从经验空间环境的角度，涉及家庭、学校、社会等各种领域；从牵涉的人群来看，涉及与教师个体有所关联的一切人，如父母、兄弟姐妹、配偶、有情人、孩子、朋友、老师、同事、领导及社会和历史上的人物等；从教师生活史的内容角度，则涉及教师的家庭生活、受教经历、教育经验、娱乐与社会等各种范畴，其中既涉及教师的思想、情感，也涉及教师的行动等；从教师感受的角度则既涉及愉悦的体验，也涉及烦恼的事情。

3. 教师生活史访谈提纲的应用

笔者依据上述访谈提纲进行了半结构式的访谈。访谈提纲只是为笔者在访谈教师时提供一个基本的纲要。具体到访谈时，由于笔者与案例教师的关系、案例教师自身的特点及访谈时间的充裕程度等的差异，在访谈问题的次序上不尽相同，内容上也有所调整。

如，对程老师的访谈，由于笔者与之是同学关系，加上对学习和教学研究也有相同的志趣，他便更能敞开心扉讲述他的过去、现在以及对未来的一些想法，这样对程老师生活史的访谈从 8 月份到 11 月份持续了相当长的时间，前后访谈达 13 次以上。尤其是在"关键事件"问题部分，每一类小问题，都可以激发生成程老师越来越多的故事以及这些故事给予他的感受和启迪，笔者也从中一次一次受到震撼。

而在对金老师的访谈过程中，对于"生活章节"这一问题，金老师多次声明自己不擅长作这样的概括，所以笔者不得不根据这种情况对访谈问题的次序进行了调整，改为从"关键事件"开始。对于笔者提出的这类问题，常能激发金老师讲述以往很多或悲或喜的经历，有些也许是金老师第一次讲给"外人听"，激动之处，老人家禁不住热泪盈眶。

又如，本来访谈最好选择在安静的环境，以便录音后转录整理与分析。可有时候，也不得不做折中地选择。因为，一来，受访老师没有那么多时间，他们白天要上课，上了课还要备课，而下了班还要匆匆赶回家里去照顾；二来，办公室里有时候有其他老师，恐怕会影响被访教师开怀畅谈。这样，有时访谈只好搬到饭桌上，找一家相对安静的饭店，边吃饭、边谈话，兼顾精神与物质。就是这样，也常常占用了受访老师本该休息的时间。对金老师的访谈和对台湾地区 TSF 学校龙老师、顾老师的访谈更是涉及了这样的问题。而且，由于时间有限，对问题的提出也不得不从简，甚至有所选择。

另外，受被访老师讲述个人经历时的启发，有时也会补充一些新用语或具体问题。比如当我问到"在你生活中是否有特定的英雄、崇拜对象"时，周老师说，"比较欣赏的人物可以吧？"我立刻觉得，"比较欣赏"这个词更好理解，也更符合人的思想实际，因此笔者访谈提纲中加上了这个词，以后的访谈中也使用了这个词语。

此外，在对程老师的访谈中，还补充了与古德森（1992b）生活史资料收集观点中的教师在学校内外的生活方式（life style）、教师的生活圈（life circle）等概念相关的问题。

总之，由于时间、空间和被访老师体悟的原因，访谈的安排、访谈问题的次序都不得不做出调整。所以说，访谈提纲，只是访谈的纲要，需要根据实际情况调整，能够实现的是半结构式的访谈。

4. 教师生活史访谈转录

笔者在进行对案例教师生活史正式访谈时，在征得被访老师的同意后，都进行了录音。采用录音方式的原因是："后续分析、撰写研究报告都需要这些访谈记录作为原始资料"；"采用录音的方式会比一边访谈一边记录的效果来得好且完整"；"访谈者也能够专注于访谈的过程，不需要辛苦地记录受访者讲了什么"（Smith, 1995）。

访谈后，还要必须将访谈的内容转录成文字稿，才能作进一步的分析。当然转录的工作并不轻松，也非常耗时间。关于转录的详细程度还有些争议。有些会话分析（如 Heritage, 1984; Hutchby & Wooffitt, 1998）很重视互动过程中的时间点和抑扬顿挫；也有学者认为，对许多研究问题来说，精细并不是重点，有时太过详细反而造成阅读逐字稿的困难（如，Potter & Wetherell, 1987, p.166）。克罗斯利（2000）认为，如果所欲探究的问题并不太过要求访谈的详细记录，基本上，只需要将访谈"内容"——包括问题和回答——完整誊写下来即可。并建议，誊写出来的文字稿，两边要多留些空白空间，以方便以后写下分析的重点与札记；而且逐字稿的每一行都要编号，这样便于在分析资料时比较容易回溯原始资料的出处（克罗斯利，2004，第135—136页）。

笔者在访谈录音和转录技巧方面吸纳了克罗斯利的上述建议。在对文字稿的整理和分析中对受访老师生活史及相关内容的访谈转录稿，分别按段落编号来呈现和引用的，即在所引用的话语后加括号，说明其所在段落的编号，以便于参照对应。

5.1.2 其他主要方法

笔者除了通过上述正式访谈获得的比较系统的教师生活史资料外，还通过其他途径获取了大量相关的资料，问卷（调查表）是常常用到的策略。史密斯（2005）的研究中：在研究的开始就要求参与者（科学科教师）先完成3个小的调查表，以用于快速获得对参与者的总的看法，包括①科学背景、教师教育背景和教授科学的经历（science background, teacher education background and experience teaching science）；②关于科学的信念（beliefs about science）；③关于科学教学的信念（beliefs about science instruction）。这些资料有助于促成后续的访谈和观察。

与上述史密斯的做法有所不同的是，笔者所编制的教师生活史问卷，不仅面向案例教师，还用于更广泛的教师群体。为了进一步从教师群体的角度对笔者的理论假设予以验证，笔者对由上海市（125 位）和台北市（2 位）共 127 位教师组成的样本实施了问卷调查。目的是了解教师生活史的一些私人和专业因素对教师自我（teacher self，TS）与教师实践性知识（teacher practical knowledge，TPK）形成产生了怎样程度的影响，以期为探明教师实践性知识形成机制提供支持，并据此为其发展与完善提供某些建设性的意见。笔者运用 SPSS13.0 统计软件，输入问卷调查所获得的数据，并进行统计分析。

5.2 教师生活史分析诠释的一般模型

克罗斯利（2000）指出，资料分析的重要关键就是要去了解自传访谈情境中所产生的意义内容，以及意义的复杂性（克罗斯利，2004，第 165 页）。但是，史密斯（Smith, 1996）认为，要了解这些意义并不是件容易的事，必须要仰赖"诠释"（interpretation）以及研究者投入于和逐字稿之间的"诠释关系"（interpretation relationship）；必须持续不懈地与文本奋战，投入于诠释的历程。

在文献检索和阅读过程中，笔者发现了关于叙事分析整体流程的理论和方法，也发现了如何对具体事件进行深入诠释的理论和方法。克罗斯利（2000）参考迈克亚当斯（1993）的理论与方法，研制了分析个人叙事的框架，体现了叙事分析的整体流程，为笔者对教师生活史的分析线索提供了借鉴。此外，厄尔本（1998）的传记研究阶段模型，则体现了对一个具体事件的解释的循环，其核心是关注个体与情境的不可分离性，对笔者分析个体生活史中的具体事件和理解个体自我的建构具有非常重要的指导意义。厄尔本（1998）的传记研究阶段模型及其诠释的理论和方法，已有详细的论述。此处主要结合本研究介绍对个体生活史这样的个体叙事如何进行分析的一般流程和方法。

克罗斯利（2000）参考迈克亚当斯（1993）的理论与方法，研制了分析个人叙事的框架所体现的叙事分析的整体流程，其中包括阅读与熟悉、找出待探寻的重要概念、交织成一篇脉络连贯的故事和撰写——研究报告[①]几个部分，其中的前3个步骤笔者将借鉴用于对案例教师生活史的分析。

5.2.1 阅读与熟悉

阅读与熟悉（reading and familiarizing）即要求反复阅读全部的逐字稿，以便能够熟悉文本资料，对于逐渐显现的主要的主题，能掌握大致的要义。笔者对案例教师的访谈转录稿进行了反复的阅读，并按照段落编号进行了整理，以便在叙事分析和诠释过程中加以引用。

5.2.2 找出待探寻的重要概念

根据迈克亚当斯（1993）的观点，找出待探寻的重要概念（identifying important concepts to look for），包括3个要素，即叙事基调（narrative tone）、表征意象（imagery）及主题（themes）。

1. 教师的叙事基调

叙事基调是个人叙事的最普遍的特征。从叙事基调表征来看，是透过故事的内容（content）及叙事的形式（form）或方式（manner）来传递的。从叙事基调类别来看，大致上有乐观的

[①] 撰写——研究报告（writing up-the research report）：研究报告的撰写是基于上述对个人叙事的区辨、分析和连贯。不过，克罗斯利（Crossley, 2000）指出，"对质性分析来说，硬要将分析和撰写报告分开来谈实在有点武断"，因为正如史密斯的观点，在撰写的过程中，其实还是一直在做分析的工作（Smith, 1995, p.23）。所以，在笔者的研究中，将"交织成一篇脉络连贯的故事"与"撰写——研究报告"合在一起进行。

（optimistic）或是悲观的（pessimistic），前者是因为故事中有好事发生，就算是有倒霉事掉到头上，个人也还是抱持希望，认为情况一定会改善；而后者，是因为遇上了一连串不如意的事件，或是用负面的心态来看待好事。从叙事基调影响因素来看，迈克亚当斯认为，最重要的影响因素来自儿童早期和重要他人依附关系的安全与否。区辨叙事基调的对策，包括仔细检视提到了哪些过去经验？又是如何说出这些经验的？如果充满了恐惧、失控和不安，显然叙事基调就是悲观的。

如案例周老师展示了非常乐观的叙事基调，他说，"只有学生满意，家长满意，当然，领导满意，那更好。这是我人生的终极目标。头衔、荣誉，到了我这个年龄，并不是考虑太多的了。超脱一点，心情好。比如发500元钱，有人说：'小气！'我心里说：'嗨，还有钱发！'对自己拥有的感到满足，没有贪欲。……自己教书，自己喜欢，学生有成就感就行了。快乐在我心！"（段166）。

研究中案例教师所表现的叙事基调与"生活定向量表"测量结果所反映的乐观程度是一致的。

2. 教师的表征意象和动机性主题

关于表征意象。每一套个人叙事都包含有一组特定的表征意象，通过运用表征意象，可以理解自己到底是怎样的人。通过阅读克罗斯利（2000）和迈克亚当斯（1993）的相关论述，笔者以为，表征意象体现了叙说者对自身的看法，可以认为与自我概念有关；从表征意象的影响因素来看，表征意象是可以被发现与被创造的，但这一创造行动本身深受文化中的原始素材（如语言、故事）所影响；也可能与家庭背景有关，有心理学家认为成年期的个人表征意象根源于家庭复杂的动力系统，尤其是人生的前3、4年为甚；也可能与社会的主流论述（如道德、价值观、信仰体系）有关；区辨表征意象的对策，是要注意用来描述，或是陈述生活章节、关键事件所使用的语言，顺着访谈的问题着手。

关于动机性主题。按照克罗斯利（2000）的论述，主题是叙说者所陈述事件背后的支撑性的东西，是叙说者无法舍弃或摆脱的。而迈克亚当斯（1993）在融会了许多心理学理论之后，认为，权力（对主动权、自主权的渴求）与爱（与他人有关联、依赖的渴求）是构成故事的两大支柱，因为他们都是人类生活中的主要的动机。笔者以为，这与自尊的情感模型是一致的，即自尊表现为两种类型的情感感受，分别是归属感（belonging）和掌控感（mastery），分别与迈克亚当斯所说的爱（与他人有关联、依赖的渴求）与权力（对主动权、自主权的渴求）相对应。归属感是指无条件地被喜欢或者尊重的感觉以及由这种感觉带来的安全感；而掌控感是对世界能够施加影响的感觉（克罗斯利，2004，第173页）。笔者认为，克罗斯利（2000）和迈克亚当斯（1993）所论的动机性主题，实际体现了叙述者的自我感受，即心理学家用来指人们感觉他们自己的特定方式的"自尊"。在动机性主题的区辨方面，克罗斯利（2000）建议，在诠释自传资料时，应该特别去注意这些资料透露出哪些具有动机性的主题；权利与爱的影响程度为何？更重要的是，权利与爱的需求化身成什么样的风貌出现在故事当中？他还指出动机性主题凸现的时机，包括当我们生病、丧亲或是面临到认同危机的时刻（如青春期），这些需求就会更加强烈；因为当我们注意到以前和现在的自我有所不同时，就会思考"我是谁"，继而会认真思考不同生活方式的可能性等问题（克罗斯利，2004，第167—168页）。

克罗斯利（2000）还建议，表征意象和主题最好是一起分析，因为它们常互有交集，而且特定的表征意象通常也会带出特定的主题，并需要系统处理逐字稿，分析叙说者在陈述生活章节、关键事件等问题时所使用的语言，将繁杂的表征意象和主题整理成简要的图表（p.169）。笔者对教师生活史之表征意象和动机性主题的分析正是接受了他们的建议。

5.2.3　交织成一篇脉络连贯的故事

按照克罗斯利（2000）的观点，交织成一篇脉络连贯的故事（weaving all of this together into a coherent story），即在将繁杂的表征意象和主题整理成简要的图表后，就要将这些资料全部交织成一篇脉络连贯的故事。依次分析生活章节、关键事件、重要他人、压力与难题、未来的计划与梦想以及个人的意识形态中的表征意象和主题性动机。该部分需要以逐字稿中的某些字词或内容的摘要来加以佐证。

以上分析模型对于笔者分析与诠释教师生活史与教师实践性知识的形成提供了指导。

> 本部分笔者探索了什么是教师生活史，为什么要研究和诠释教师生活史，特别是论述了可以按怎样的逻辑来诠释教师生活史，因此以比较浓重的笔墨阐释了诠释教师生活史的多元方法论，以便在内涵和章法上保障诠释教师生活史建立在科学的理论基础之上。

PART 2　第二部分
案例应用篇

在本部分，笔者借鉴上一部分论述的生活史分析模型和案例研究之证据分析的策略与技术，结合详细的教师生活史资料、课堂观察信息、问卷调查统计数据及其他相关资料等，在分析案例教师生活史之表征意象与动机性主题的基础上，对教师生活史与教师实践性知识的形成、自我的建构展开系统的诠释。

本部分共包括 10 章，即诠释教师生活史之生活章节，诠释教师生活史之关键事件，诠释教师生活史之重要他人，诠释教师生活史之愿景，诠释教师生活史之压力、挑战或难题，诠释教师生活史之个人意识形态，诠释教师生活史之学校内外生活方式，诠释教师生活史之生活圈，诠释教师生活史之生活主题，诠释教师生活史之自我。

第 6 章 CHAPTER 06
诠释教师生活史之生活章节

6.1 生活章节的表征意象和动机性主题

该部分笔者的引导性问题是：试着将你的生活想象成是一本书，你能将你的生活分成几个章节？（至少要分成2～3个章节，至多不超过7或8个章节）你会怎样描述每一章？你想给它起个什么样的标题？

程老师、顾老师对其生活章节具有如下的表征意象与动机性主题，见表6-1。

6.2 诠释生活史之生活章节

6.2.1 程老师生活史之生活章节

1. （初中以前）懵懂无知的少年时代，理想少年

在程老师看来，少年时代是充满理想的少年时代。程老师改名的事情，就是从这个时候开始的。2007年下半年新学期的第一节课堂上，程老师旧事重提，由此展开自我介绍，到激励学生如何学习语文。这样程老师的

表 6-1　生活史之生活章节的表征意象与动机性主题

程老师	顾老师
▫（初中以前）懵懂无知的少年时代，理想少年； ▫（从高中到大学）青年时代，立志青年； ▫ 师专两年求知做人； ▫ 师专毕业以后力做人师； ▫ 1991年上班后配备硬件； ▫ 寻求伴侣，经营爱情； ▫ 经营婚姻，经营家庭幸福	▫ 学前"应该算《诗经》"； ▫ 小学到高中"像诸子百家"； ▫ 大学时期"像五四运动"； ▫ 大学毕业去教书那年"应该叫电风扇时代"与自我掌控感愿望； ▫ 研究所到结婚前"专业上求学的时代"与自我掌控感； ▫ 在报社"应该是跟社会进一步接触"与镜像自我； ▫ 结婚到现在从自我变成一个母亲与自我归属感

生活史融汇他的人生感悟，走进了他的课堂。

程老师说，"给自己改名字，给自己起另外一个名字，这就是一个证明（证明他是个'理想少年'），比如说吧，初中的时候，我给自己改为程公道"，"那就是公道，追求公道"（段378）；"李桃云叫李无畏"（段384），"就是无私无畏"（段386）；"栗荣喜叫栗无私，无私无畏"（段386）；"刘学珍叫正直，公道正直"（段389，780），"那是充满理想的，理想少年，大家都是充满激情。"（段27，782）。

此外，在后续的访谈和阅读他的其他资料时还发现，他曾用过"公道""禾飞""清流""颈毅"，"听一"，最后在高中时改名"挺毅"。

那是在2007年7月暑假期间，笔者随程老师回河南老家，发现了他的中学时期的学习书籍和各种笔记、札记等，令笔者惊喜的是发现在他的中学英语课本上有用"颈毅"这个名字，还在课本中发现了他改名自励的夹页纸。空闲时，就这些资料程老师当面进行了解说，说明了所改用的几个名字的含义。

第6章
诠释教师生活史之生活章节

"公道",如他所言"追求公道";曾用名"禾飞","禾,和,民。飞,为禾、河、民","禾"一是因为他的姓"程"里有这个偏旁,是程家的延续,二是因为他的家在"北河村",因而他用"河"解释"禾",他也是"人民"、"老百姓"的儿子,为"人民"、"老百姓"而努力奋斗;曾用名"清流""为做人之道",这与他初中所改的名字"公道"所追求的意蕴是一致的。而"颋毅",他说,"颋"具有"正直"之意,改为这个名字,源于查字典,但很多人不认识这个字,又改为"朝廷的廷"。后来正式改为"挺毅","挺,挺拔,坚强有力也。""毅,果决,志向坚定而不动摇。"因为,他当时发现自己的性格中有"懦弱"的一面,希望自己更有阳刚之气。比如,他说,"初中好像是复习的时候,就是我跟你说的那个,我遭人欺负。高中的时候也出现过,为什么我说我性格中有软弱的一面呢,上初中的时候就出现过,有两个双胞胎孩子很赖皮的"(段845),"我个头也不算很低,那两个长得还不是很大,比较强硬。但是我觉得我性格当中是有一种软弱"(段851),"我觉得这是我性格当中的弱点。上了高中也有这种情况,包括现在学究气。但是当时我也要好好学习,一定要努力,要争气,受人欺负,总有一天我要显现出自己的"(段855)。自己取名"听一"是因为中考失落,所以渴望听到考上同学的建议,"听一听,善于倾听嘛。我没考上的时候我都给他们寄明信片,叫他们给我寄"(段993)。

这些都反映了他在成长过程中的自我认识、感受,一种源于他生长的环境、自身的遭遇的一种对现在与未来的追求,以此把握自己努力的方向(掌控感),并归属于他生长的源头(归属感)。可以发现,他在骨子里追求着正直的品质。而在这些自己改名之前,长辈们给他起的名字叫"拴林",笔者在程老师初中时同学史长松、相学、荣喜、树林、永献等的来信也发现,他们大多称呼那时的程老师为"拴林"。

另外在当时询问程老师在笔者的论文如何使用他的名字时,比如是用拼音"CTY"还是真名?他同意用他的真实名字,他说"要原汁原味的"。其实,也只有这样,笔者才能解读他改名的事情,并透过这样的事情和过程理解他在过去的日子里曾经对自我的认识、感受和追求。当然,程老师当年能够改名,也与当时改名比较简约有关,"那时候没有什么,就高中报道的第一天跟班主任说说,改名字就改了"(段792)。

2.(从高中到大学)青年时代,立志青年

由于程老师"考小中专、考省重点中学一中没考上,进了普通中学,那时候就是想我就是在普通中学我也要考上大学,那是受了谁的影响呢,那是原来时副班长,后来他考上了"(段31)。这说明了同伴对自我的促进。

程老师在中学立志考上大学,"志向呢,比如说考大学"(段29)。为此,程老师同他的同学党建栓形成了"像马克思和恩格斯一样"(段416)的友谊,程老师说同学党建栓把这段佳话写进了日记。2007年7月跟随程老师回他的老家河南考察之际,非常幸运,笔者见到了程老师的这位同学,并有机会坐下来谈起他们的往事,验证了他们为了高考而结下的"战斗友谊"。这表明,通过选择性的交互,程老师和他的这位同学,获得了积极的自我观念和学习行动的动力。

程老师说"那时候(上高中)也受了这样一句话的影响,雨果的话,比海洋大的是天空,比天空大的是人的心胸,专门在我的本子上贴了一个漫画,一个人有大的心胸,天空,下面是海洋,一个人非常大的心胸,海鸥"(段109)。说明名言警句对个体自我情感的——掌控感的影响。联系高中阶段的自我,程老师站在现在的观点,认为"从从政可能会有这方面的好处"(段109)。因为"你可以站在一个宏观的,宽广的视野上,等于说你就有容的心态,原来为什么会有那样的想不开呢?容的心不够"(段109)。这是他以现在对过去的诠释。

关于阅读,程老师说:"青年时代呢,其实也没怎么读书,高中阶段读的书很少"(段18)。但他看了一本《人性的弱点》,因为上高中"有几个问题也想不开"(段104),"看了《人性的弱点》那本书","觉得好多问题都豁然开朗啊,觉得有许多问题一直压抑着自己,好像是一些焦虑性问题啊,为什么而苦恼啊"(段106)。"学习不好就心里面焦虑啊,或人际关系不好"(段108),所以,"我要在学习上争一口气,我要让你看将来,我觉得人是要争一口气的,我要让你看将来,将来到底谁是,就是那句话,谁笑到最后,谁才能笑得最好。"(段110)。因为,"那时候大概我受欺负吧,"而《人性的弱点》说有些问题你要那么想,你把它想透,最坏的情况是怎样的?最坏的情况无非也就那样,所以你先把它想到最坏的情况,先接受最坏的情况,你接受这个最坏的情况以后,你力所能及的能做什么,你再慢慢地去改变,改变那样才能改变自己。但是我觉得这个过程,是个慢慢的过程,一个历史"(段110)。对自己来说,"只有长本事,才能被别人尊重,并且才能帮助更多的人,为家庭争光"(段25),因为"受到了一些人的冷嘲热讽吧","自己感觉到要有一个出路,生活出路"(段24)。表明阅读作为程老师生活史的一部分对其个体自我的影响。

程老师那时还有听收音机的爱好。如"听收音机那个'今晚八点半'的节目，还有小说连播《平凡的世界》，看孙少平那个人物形象。"认为"听小说连播，也是种激励，每天能感觉到好像是充满活力"（段24）。这表明了一些有意义的娱乐活动对自我情感的影响。

回首那个时代，程老师说"老师留下的印象不是太多"，但"感觉老师要有激情，激情感染学生，老师要有一种独特的个性"（段18）。笔者追问到"你就是说你在上高中和师专的时候，你对老师应该有这种愿望？"，程老师的回答是："愿望好像不是太强烈，那时候比较被动"（段22）。显然，程老师对老师的这种愿望，体现了他现在的追求——他是以现在来感悟过去的。

3. 师专两年求知做人

在程老师看来，师专是他"充满激情""充满诗意""求知学做人，读书炼真金"（段50）的时代。他对"求知学做人，读书炼真金"的解释是"这个真金就是一个人的素养吧。求知学做人，读书炼真金。把自己炼成一种真金之情"（段50）。"真金"可说是他所追求"素养"的隐喻。

"大学里觉得我一定要看书，那时候上了大学感觉扬眉吐气，不像在高中的时候受人欺负，扬眉吐气，多锻炼身体，多睡觉，多读点书"（段122）。

所以，"师专这两年我还抓地挺紧的"（段35），"那时候感觉，像写诗什么的，还是充满理想的"（段39），还有"跑步，跑步锻炼身体"（段39）。

程老师认为，"实际上我老早也受毛泽东的影响，十分喜欢毛泽东的诗词"（段39）、"来师专以后呢，买了一本《毛泽东诗词》，后来上班的时候又买了，买了好几本毛泽东诗词，也是受这个熏陶，后来我写的诗词有一种豪放派的那个"（段43）。说明榜样人物及其思想对个体自我的促进。

程老师从一个同学的留言中获得这个时期的价值感。"有一个同学，是我初中的时候复习那一年，高四，一个女同学，正好师专的时候我们分在一个班里，2年的师专生活过了以后，写毕业赠言，她写的毕业赠言。她写的赠言里面写到：'总觉得你变化好快好快'，她说，'两年时光，蓦然回首，自己感觉到空虚，可是总觉得你这两年变化很大，变化很多，感到你很充实'"（段37）。说明程老师从同伴他人那里获得对自我的认识，是"镜像自我"的表现。

4. 师专毕业以后力做人师

程老师职初的职业愿望是力做人师。他说："毕业以后上班的时候，人家说'经师易得，人师难求'，做一个经师仅仅是传授知识的，但是人师呢，是要培养学生做人的。实际上我觉得是我在讲课中努力想做一名人师"（段55）。

他的力做人师，表现在几个方面。

其一，程老师认为"我觉得老师对学生的影响很大，对人的影响很大"（段58），所以他"觉得自己做的每一件事包括说的每一句话，甚至写一张贺卡，学生写了信我都要回信，我觉得力所能及的要去帮助学生，去点拨，关键时刻要去点拨一下，这样的话也实现了自己的价值，实际上也帮助了更多人，因为你不可能用实实在在的金钱，物质上的一种鼓励，但精神鼓励能更长久的。"所以，既基于这样的自我认识和师生交往的"精神鼓励"的实践原则，程老师的实践规则包括"刚上班那两年我就给学生点播歌曲，也给他们写贺卡，每个学生都赠送一张贺卡，基本上到现在我教的每一个学生都这样"（段58），这些贺卡是程老师"自己买的，因为必须要自己买。一定要去选这些卡片上有些适合送给学生的，上面有些字"（段62）。

其二，"当时觉得自己必须还得再努力"，因为"感觉到什么呢，一上讲台呢，总是觉得自己知道的太少，真是以前说给学生一杯水要一桶水，现在变了，你要给学生一杯水，你要像小溪一样，是不断地流淌的，一桶水，是死水，远远不够了。要像一条源源不断的小溪一样，确实灌注了学生的心理"（段70）。"后来我毕业第一年，我就想学本科，好像是第一年不让我考，等于说上了两年班以后，实际上我是最早觉醒去考本科的"（段122），"等到我的那个同学去考的时候，学费已经不报销了"，"我就觉得一定要读书，那时候我在路灯下看书，真的有些如饥似渴"（段122）。这表明程老师初为人师之际，教育实践的自我危机感促进了他认识到获得自我价值感必须读书，必须以专业学习超越其生活史，然后才有可能在教育舞台上成功地自我展示，这实际上是笔者研究之初的假设：教师生活史→教师自我→教师实践性知识的新循环。

5. 1991年上班后配备"硬件"

程老师的配备"硬件"是为了自我"价值的实现"，也为了"提高生活质量"（段137），获得多方面的掌控感。

"硬件"的配备过程包括："本科三年，1993年到1996年"（段131），"然后就是评了中级职称，为了评中级职称嘛，要写论文，写论文嘛就那一次，后来获了一等奖，那是我始料不及的，但是当时我写好以后感觉还是不错的"（段133），"关于中学语文教学的反思与实践什么的。""职称应该是2000年。评上这个中级职称啊，才能报考教育硕士"（段138）。

对于职称，程老师的观点是"这个职称也是一个比较重要的部分，价值实现是吧。因为一个人要提高生活质量，不能空中楼阁，要体现人生价值也要有硬件的东西，就像我们现在读书来读博士，职称的事对一个人来说很重要"（段137）。体现了把职称评定，看作具有多元的功能，体现了他的多元的需求，这与马斯洛的自我需求层次说是一致的，体现了对自我物质的、专业发展、自我价值实现的多方面的需求和掌控感。另外，职级晋升也反映了他专业上的成长，是其专业生活史的一部分，促进了程老师自我的发展。

6. 寻求伴侣，经营爱情

"好像结婚也是大事。这是人生大事。"程老师这样说。

回忆他的婚姻历程时，他谈到那是"我跟我村上那个退婚以后"（段151），因为"我实际上不贪图她的家庭背景怎么样，我还是觉得两个人最起码有共同语言"（段182）。这体现了程老师的婚姻观。

后来就是有人介绍了艳玲，"这里面我就想啊，为什么这个叔叔（媒人），那时我也给他打交道，因为他也在安阳，经常上他那儿去，他可能也了解我的为人"（段151），"我那时候还类似于青苹果"，"但是后来吧，她感觉有变化，但是印象中不是太成熟的人"（段155）。

"我们成了以后，后来这个叔叔的儿子介绍对象。后来这个叔叔叫我陪着他儿子去跟人家见面，跟女方见的时候，他的嘴比我利，噢噢什么都说完了，不管对不对，有时候确实让人烦"（段156）。程老师，由过去又联系到现在，"有的时候经历一些事情啊，与人打交道啊，不一样的人会受不一样的影响，就像跟你（指笔者）交往一样，非常冷静理智，是吧？"（段160），"保持事情的理性，不轻易地做判断"（段162）。这表明程老师从生活史中的他人言行那里获得对自我的认识，是库利（1902）"镜像自我"和米德（1934）"观点采择"的体现。

7. 经营婚姻，经营家庭幸福

（1）与妻子

程老师婚后的认识："我有点优越感。为什么呢？（程老师的妻子，刚结婚时）工作是银行的，工作不错是吧，人也比较善于应对些场面，又是比较理解支持，人呢长得也还可以，后来发胖点，呵呵"（段234）。体现了詹姆斯的物质自我、扩大了的自我的观点。

但程老师也说："但是后来也有些矛盾，那是难免的"（段234）。程老师对妻子态度的回应是："每个人能做的事都是非常有限的，在别人看来你也能做得更好，你没有做到，你可能没有意识到，我就是不希望张艳玲在这一点上对我苛求，但是她偏偏，感觉到很痛苦，她不理解"（段244）。这些话彰显了程老师对自己命运的掌控感。

所以"我一直跟她讲幸福就在你手里，你要幸福就会有幸福，幸福决定着我们"（段234）而且"我觉得人应该超越家庭这种小范围的爱，因为这种爱是有限的，是不能苛求的，有时候甚至你也无法预料的，所以应该超越它，超越它也许你就做事情、建立友谊、教育孩子，许多方面拥有基础。许多方面拥有基础的时候，你才遇到什么不可预测的事情都可以。就像我跟我老婆，假如说她有一种心态，超越小我达到大我，小爱达到一种大爱，达到大爱以后人就不会对一些事情绝望。这就是我理解的什么呢，没有绝望的处境，只有对处境绝望的人"（段239）。这反映了程老师的幸福观，也体现了自我主题中归属与掌控感的辩证关系。

（2）与儿子

对于儿子，程老师的体会是："反正程益出生以后我就读研究生了，给我带来了许多快乐，确实是，有时候像张艳玲说的一样，可能现在大了一点也有些气人，小时候的确感觉到蛮可爱的。但是他应该说是比以前强多了，以前的时候有点急躁，现在有点好转，有时候反过来安慰我，从心态方面呢，我感觉他比我们两个人还要好，可能得益于什么呢，可能一个是看的书啊，看的报纸，看的有关的电视"（段259）。"程益生的时候我就想呀，男孩女孩无所谓，平平安安就行啊。我觉得人的幸福只要身体好啊，没那么痛苦啊。有些痛苦都是自己无谓造成的"（段284）。程老师谈他的儿子和如何教育儿子，是他的物质自我、扩大了的自我（James, 1890）的表现。

关于教育孩子的意象、基本原则和规则，程老师是常常把他和教育学生联系在一起的。他说："我认为吧，不管是学生还是孩子，不一定可以追求成为一个学习怎样的，但是我最希望的是一个有良好的行为习惯，另外就是一个良好的心态，心态好了以后，成才啊成功啊是迟早的。成功是相对的，成才没有严格的定义。像今天我们在路上碰到的一个学生家长，这女孩子的学习非常投入，以至于她在考试的时候发挥失常，不应该看重这个事情，数学才考了70多分，考一半儿，平常是怵数学，怕数学，考试的时候发挥不好。所以我觉得平常她也是有思想的，就是不善于跟别人嘻嘻哈哈。所以有时候要一种坦然的心态吧，或者以一种，就是毛泽东说的一句话，在战略上藐视它，在战术上重视它。达到这样一种心态，不要被吓倒，或者你就是认定，我就是不好，我就坦然接受它，我不可能达到一百分，我能不能拿80分，对自己定位，所以我教育程益呢也是这样,我说你就实实在在给自己定一条位,你能够做到什么,为什么没有做到。找到一个良好的感觉啊,状态好了以后,实际上有些事情它会越来越好,可能人的成熟就是一种心态状态"(段260)。此外,"就像我跟程益经常讲的,反正你去做这件事情,是痛苦地去做呢,还是高高兴兴地去做,你觉得哪个更合算?反正你得去做,不如高高兴兴地去做。所以我觉得有些话我在课堂上讲,懂事的学生就应该记住了,有这样一种感觉"(段287)。再有就是"人各有志。你像程益吧,自觉自愿地看报纸啊,包括百家讲坛啊,那现在我要强迫我的高中生去看不容易"(段307)。从对儿子的教育到学生的教育,认识不可强迫、不可一刀切。这反映了尊重学生个性差异教育理念,反映了家庭生活的教师生活史对教师实践的迁移和影响。

(3)与自己

程老师有过几次恋爱的经历。为此他认为"爱就是神经病,你知道吗?这个神经病是特殊意义上的,就是说人的,实际上是失去理智的时候。热恋的时候都是看到美好的一面。人是要经历这个阶段的,有的是要经历几次挫折的,经历几次恋爱的挫折,实际上人才会成熟。实际上我也经历过几次恋爱,这就是在反思一些东西,反思自己的个性"(段267)。此番话既可见程老师的恋爱观,也显示了程老师反思的内向型自我意识的特征。

关于内向型自我意识的特征,程老师自己也说:"我善于反思。善于反思的人很累,是不是?""我把事情都揽到自己身上了,所以我老是说什么的时候都怨我。所以我同学老说,你怎么一说自己就说自己不是,实际根本不是你的原因,不是你的错。这就是人的懦弱性"(段295)。程老师对自我(主我)的认识。

至于怎样做人,愉快地做人。程老师说:"人要知道拿得起,放得下。是吧。你放不下不要拿起来"(段262)。反映了程老师的较强的自我掌控感。"你就说你在困境当中,你知道你要死,但是你可以去享受这个过程,因为每个人注定都要死的,你可以享受这个过程,实际上你就不属于绝望了,是不是?"(段242)。体现了程老师的乐观的人生态度、享受生活的人生哲学和较高的个人控制感。"所以有句话讲,我们一直在努力,我很欣赏这句话,一直努力就会更好"(段244)。表明他积极看待未来。这些是迈尔斯和迪恩纳(Myers & Diener, 1995)幸福感观点的前提(参见乔纳森·布朗,2004,第241—242页),即具有积极的自我观念、很高的个人控制感、积极地看待未来是他们提出的幸福观的三要素。

除了自己愉快,程老师还表明了他大爱的立场。"我觉得人应该超越家庭这种小范围的爱,因为这种爱是有限的,是不能苛求的,有时候甚至你也无法预料的,所以应该超越它,超越它也许你就做事情、建立友谊、教育孩子,许多方面拥有基础。许多方面拥有基础的时候,你才遇到什么不可预测的事情都可以"(段239)。体现了自我主题中归属与掌控感的辩证关系。

所以程老师就"就觉得这个人要不断地修养自己,人生就是不断地修养自己,就包括你超越这个'忍'达到'容',你也是在提升自己的修养,是吧?"(段248)。提升自己,实现一种掌控感,显示了程老师积极的自我观念。

(4)手足情

"他(程老师的妹夫)这个人,你别看他是一个普通的农村人,他很有个性,也很有头脑的。但是我跟他谈起来觉得好多想法都是一致的。他说我妹妹怎么样,我也批评我妹妹,我说你必须对天栓的父母好,天栓才能一辈子对你好,就像你嫂子对待咱爹好一样,我才能对她好。你不要觉得嘴上你说了几句你占上风了,不好,天性就这,很难改变。我觉得我也有个优点,我基本上善解人意"(段295)。程老师认为自己有很多优点,根据"积极错觉"理论,"认为自己有许多优点的人,也认为自己能利用这些优点产生预期结果;认为自己能产生预期结果的人也会乐观地看待未来"(参见乔纳森·布朗,2004,第246页)。

6.2.2 顾老师生活史之生活章节

顾老师对她的生活章节的隐喻式表达,非常耐人寻味。

1. 学前

顾老师对学前的表征意象是,"还没上学前,应该算什么,应该算《诗经》吧"(段348)。顾老师喜欢诗歌,喜欢作诗,因而她用《诗经》来表征她的学前章节,体现了她精神自我的一面;另一方面,《诗经》是中国最早的诗歌总集,是中国文学之源,这就好比是顾老师生命的源头。《诗经》本身又是中学学习的内容。这样,顾老师对学前算是《诗经》的表征,就自然地把她的生活史、自我和教师实践性知识联系在了一起。

2. 小学到高中

顾老师小学到高中的章节表征为"诸子百家"。"小学到高中应该是个思辨的过程,学习把自己的思想作为一种酝酿,像诸子百家"(段348)。"诸子百家是说,从小学,初中到高中,人的转变应该是思想上的转变,如果细分的话,就像诸子百家,你会听到不同的见解,老师会给你课本的东西,同学的建议,因为会撞击,所以不可能会统一。就像战国时候诸子百家争鸣,有儒家、墨家、法家、道家、阴阳家，这几家都在争辩，它的优点，这时代的优点，就是没有统一的见解。它们彼此之间占有一席之地。每个都很重要，可是哪一个比较重要，后来才知道，哪一家才有延续下来的机会"（段350）。而在她的生命之中，在大学之后，她觉得延续的最主要的是"是儒家和道家，两者交替，而且儒家占的分量大"（段352）。"应该是从小到大，学的东西，老师给你的东西，你不知不觉，应该是去芜存精吧，突现出来就是儒道交替。所以我会没有宗教信仰，因为儒家力量在我身上太强了"（段354）。顾老师巧妙地把自己从小学到高中来自生活和学习中的多方面的影响以及自我的变化以"诸子百家"的隐喻概括出来，也体现了中国历史文化的影响。而在注重思想文化中，对它影响最深的则是在中国历史发展中，处于支配地位的儒家和道家思想。这实际上说明，无论是大陆的子民，还是台湾的同胞，我们有着相同的历史渊源。这都体现了生活史因素对自我的影响。

3. 大学时期

顾老师把大学时期，比作"五四运动"。她说，"大学时期，应该像五四运动吧，比较强调自我人文的奔放，不爱上课，逃课，然后上美术课，自己在家写词"（段348）。因为顾老师"幼儿园、小学、初中、高中我都是念私立的"（段165），"后来大学我就念的公立大学，就是自己念，就不是很用功了，因为没人管，就开始写作，也开始学画画，那种学都是自己有兴趣"（段167）。顾老师的隐喻至少有两种意蕴：①顾老师觉得这一时期的自主学习，是自我极大觉悟的表现，这种觉悟就好似历史上的五四运动一样具有思想启蒙的意义。因为进入公立大学，顾老师从私立学校中松绑，可以追求自己的创造、"强调自我人文的奔放"了！这样也就可以理解顾老师在"教师生活史问卷"中，对于大学教师教育项目的学科学习的形式四种选项——a 教师讲授，b 自主学习，c 师生研讨，d 实践演练——所作的回答，她选择了 abc 3 个选项，按五级评分标准，对自我的影响，她分别选择了 3、5、3，对教师实践性知识的影响，她也选择了 3、5、3，就是说，她认为大学时期的自主学习对她的自我和现在的教师实践性知识产生了最积极的影响。②五四运动，在中国历史上具有划时代的意义，因而，大学在顾老师的生命中也具有里程碑的意义。

4. 大学毕业去教书那年（实习一年）

顾老师把大学以后实习那一年比做是"电风扇时代"。这种自我认识，是其生活体验和自我省思、沉思默想的结果。"大学毕业去教书那年，应该算是一种自我怀疑吧，应该叫电风扇时代"（段348）。为什么称之为"电风扇时代"呢？那是顾老师大学毕业后第一年在中学（实习），"因为比较疲，又是第一次教，有天下午整个办公室都在上课，就我一个人，天花板有个电扇一直在转，然后我就在改作业，一直改不完，那时我才22岁，我就想说我一辈子要这样吗？觉得那个电扇是我老师（当时对教师的隐喻），就像电扇一样都知道以后要干嘛。我不要这样，所以我就自己去考研究生（动机性主题）。也没跟同事讲，我父母也很赞同，就考了四所，下定决心一定要离开这"（段246）。由此，表明了顾老师比较强的情感自尊，她希望有一种对自己命运的掌控感。

5. 去研究所到结婚前

顾老师"去研究所到结婚前，学术开始扎根，在专业上求学的时代"（段348）。是她的自我掌控感实现的过程。

6. 在报社

顾老师把研究所时干副刊编辑的兼职也列为一个章节，表明这段经历对顾老师来说的重要性。"在报社，应该是跟社会进一步接触。看到教学之外，跟人接触更复杂"（段348）。这种社会经历，是促进其自我建构的重要组成部分。而这种与人交往的经历也练就了他与同事、与学生的自然交往。是生活经历影响自我，继而影响教师实践性知识的很好说明。

7. 结婚到现在

顾老师的生活章节除了涉及学校这样的教育部分、社会交往较多的报社，还有她的家庭，"结婚到现在，从自我变成一个母亲，开始我自己分支出来，开始不太懂得爱别人，爱自己多，后来懂得爱别人"（段348）。这是她自我的不断扩大，除了自己，也包括与自己亲近的家人、学生等。这又说明了私人生活史体验对顾老师的自我和爱学生的教师实践性知识的影响。

6.2.3 小结

以上通过对案例教师生活章节的分析诠释，可以发现其私人或专业的生活史对其自我进而对教师实践性知识的影响。

第 7 章 CHAPTER 07
诠释教师生活史之关键事件

7.1 关键事件的表征意象和动机性主题

程老师和顾老师对其生活史的关键事件具有的表征意象和动机性主题见表 7-1。

7.2 诠释生活史之关键事件

7.2.1 程老师生活史之关键事件

1. 感觉最美好的时刻

（1）考上大学、结婚、儿子降生、交到知心朋友

程老师认为在他的记忆中，"最美好的时刻一个就是考上大学。考上大学，让我有一种成就感。所以我也觉得考上大学，这是我一生中的转折点。为什么我很珍惜呢？这个是我原来考虑的"（段313）。这表明，通过成功的体验，程老师觉得找到了自我价值感，所以感受到了自尊，在心理学上，被称为状态自尊（state esteem）（乔纳森·布朗，2004，第168—170页）。

第 7 章
诠释教师生活史之关键事件

表 7-1　生活史之关键事件的表征意象和动机性主题

相关问题	程老师	顾老师
感觉最美好的时刻	▲ 考上大学与成就感或自我价值感； ▲ 结婚、儿子降生、交到知心朋友与自我归属感； ▲ 学生在课堂上活跃创新与成就感或自我价值感； ▲ 学生给自己来信的时候与成就感或自我价值感、归属感	▲ 父母的爱与自我归属感； ▲ "大学里就喜欢开始写诗了"与自我价值感、自我掌控感
感觉最难熬的时刻	▲ 失恋挑战归属感； ▲ 教课失败挑战自我掌控感； ▲ 母亲生病与悲痛而无助感或挑战自我掌控感； ▲ 母亲去世挑战归属感与自我掌控感愿望； ▲ 父亲的情绪、家庭不和挑战安全感、归属感、自我掌控感； ▲ 跟学生发生言语冲撞挑战归属感、自我掌控感	▲ 小时候"我爸爸就和我妈妈争吵"挑战自我安全感； ▲ 谈恋爱与自我掌控感愿望
整个生活经历的转折点	▲ 读师专、考上硕士研究生与成就感、自我掌控感； ▲ 到 JDE 中学以后上公开课与集体归属感、成就感或自我价值感； ▲ 结婚成家与自我归属感	▲ 学业"读博士班影响也很大"与自我价值感； ▲ 旅行"我可以拿方向盘来掌控自己"与自我掌控感； ▲ "外公过世"挑战自我归属感； ▲ "我当妈妈我从我孩子讲话中得出，我孩子喜欢什么样的老师"与自我归属感、自我掌控感愿望
最早的记忆	▲ 大姑与自豪感、归属感； ▲ 弄翻他人墨水瓶挑战自我掌控感、安全感	▲ "家境不好，所以我们经常搬家"与自我安全感愿望； ▲ "虽然家境不好，但父母还是愿意花钱让我学钢琴、画画"与自我归属感； ▲ 家教老师"很凶""穿得很随便"挑战自我安全感

续表

相关问题	程老师	顾老师
童年（学前和上小学时）时的重要记忆	▲父母吵架与压抑的心情挑战安全感； ▲学习英雄人物的自我价值感和掌控感愿望	▲父母"为了学习搬家，后来还是租房子"与自我归属感； ▲"大概三到四年级""我还被罚跪"挑战自我安全，伤害自尊
青少年时期（上中学时）的重要记忆	▲作文受老师鼓励与自我价值感、归属感； ▲语文老师诗歌没记准与自我掌控感愿望； ▲大会发言与自我价值感； ▲想象作文课与自我掌控感愿望； ▲阅读《人性的弱点》与自我掌控感； ▲听广播《平凡的世界》《青春年华》《八点半》《午间半小时》等与自我认识、自我掌控感； ▲同伴游戏中获得归属感； ▲没考上高中的自我危机感挑战自我掌控感； ▲选择性交往与自我价值感、归属感及自我反思； ▲同学互助与归属感、价值感； ▲参加诗歌创作活动与自我展示、自我价值感； ▲与父亲下棋与归属感、自我价值感	▲初中男女分班与自我归属感愿望； ▲高中同学交往与自我归属感； ▲高中英文教师"开启我对英文的兴趣"与自我掌控； ▲高中国文老师鼓励与自我归属感、自我价值感、自我掌控感愿望； ▲高一数学老师"作风比较开放"与自我归属感、自我价值感愿望； ▲高二数学老师"知道我高二的时候喜欢那个男生，有跟老师提过，还把我叫过来，说她觉得我很有眼光"与自我安全感、归属感
成年时期（上大学和参加工作以来）的重要记忆	▲（1）师专 ▲和同学共创班报——铁塔报与自我价值感； ▲同社会普通人文学交往与自我价值感； ▲恋爱与归属感愿望； ▲同学通信交往与自我认识、自我提升动机、归属感； ▲欣赏大学同学的包容品质与自我反思	▲TSF学校前 ▲大学毕业后实习一年挑战自我掌控感； ▲研究所学习与自我掌控感、自我价值感； ▲日报社做副刊编辑与镜像自我； ▲结婚与自我归属感

第 7 章
诠释教师生活史之关键事件

续表

相关问题	程老师	顾老师
成年时期（上大学和参加工作以来）的重要记忆	▲（2）上班后 ▲ 老师激励话语与自我掌控感愿望； ▲ 与社会上的普通人的交往与自我价值感； ▲ 和大学研究生同学的选择性交往与自我反思； ▲ 和中学时同学的联系交往与认识自我； ▲ 和笔者交往与认识自我； ▲ 不被理解及挫折与自我掌控感愿望； ▲ 自觉的专业学习与自我价值感及掌控感愿望； ▲ 学习教育界知名人士钱梦龙与专业自我认识、自我掌控感愿望； ▲ 听公开课与专业自我认识、自我掌控感愿望； ▲ 自身教学实践与专业自我认识、自我掌控感； ▲ 教研员品质与自我认识、自我掌控感愿望； ▲ 试讲历程与自我展示、自我价值感、自我掌控感； ▲ 带教有实与自我价值感；带教无名挑战自我归属感； ▲ 师生关系挑战自我归属感、自我掌控感； ▲ 语文学科教学实践与自我掌控感； ▲ 从前老师给自己的评语与自我价值感、归属感； ▲ 自己作为老师给学生的评语与自我认识、自我价值感； ▲ 诗歌《晨跑》与自我掌控感； ▲ 体验生活与自我掌控感、社会归属感	▲ TSF 学校后 ▲ TSF 学校应聘经历与自我掌控感； ▲ TSF 学校的印象： ✂ "学校的自由风气"与自我归属感； ✂ "教书累了，也空了，所以后来我又去考博"与自我掌控感； ✂ 同龙老师的"革命情感"与自我归属感、镜像自我； ✂ "作为一名校长要学习人和了，人和很重要，人和才能办事"与自我归属感愿望

99

"还有是结婚,找到了一个比较如意的伴侣是吧,这个也是好事。儿子降生也是美好的事。再说一点交到知心朋友是吧,这就是从小学初中高中包括大学包括上班以后,包括现在所面对的(指笔者)"(段313)。所以,从程老师这里可以看出,自我不仅包括了自身,还包括与亲近的人,如他提到的伴侣、儿子、知心朋友等,这便是詹姆斯(1890)的扩大自我的概念。另外,显而易见的,学习的、工作的等生活史体验对自我情感体验的重要影响。

当然,程老师尤其强调了好的标准的问题。他说:"我觉得那句话是有道理的,没有教不好的学生,只有不会教的老师。只有教不好的老师,老师水平不够,一个是宽容,一个是本身的业务,各方面素质。每一个学生都可以教好,至少可以在他的基础上提高他吧。教好的标准是什么,你不能说都教到大学就好了,或者说都考上大学就好了,关键是这个评价体系,什么才是真正的好?"(段315)。这里既可以看到他关于教育标准个人哲学的教师实践性知识,还有蕴含了他的教师观——教师的专业素养,他的学生观——个体差异性。

(2)学生在课堂上活跃创新

程老师积极的自我情感体验还来自于他的课堂教学学生的状况。他说"还有很快乐的事情就是老师让学生在课堂上活跃创新,有思维火花"(段336)。"比如《假如我是××》的作文,学生假如我是一位大学生,我一定到天山去建一个蘑菇屋,我一定要让全国人民吃上美味的蘑菇;假如我是一个驯马师,我要到天山,把天山的野马都驯服。""真的是很舒畅的感觉,那是因为我给他架设了一个平台"(段336)。课堂上学生表现是程老师掌控感重要来源,也说明程老师透过学生的反映来审视自我,学生在课堂的思维活跃与创新，构成程老师自我的组成部分，同时也验证了库利（1902）"镜像自我"的观点。

（3）学生给自己来信的时候

此外，程老师还觉得收到学生给自己的来信也是很美好的。因为，"学生给自己来信的时候，来信的时候，说老师讲过的某些话对他的影响，这个是很高兴的，是吧？还有就是给老师贺年卡的时候，贺年卡上写了一些非常真挚的话语，包括送一些小礼品啊，工艺品啊，凝聚了学生的真情"（段364）。程老师更看重的其中的寄语，寄语又承载了他的教育思想与汗水的价值，承载了学生对自己的理解，产生了理想自我实现的美好感受，找到了归属感；当然，也透过学生及其言语的"镜像自我"的作用，进一步认识了自我。和学生的这些真诚寄语，说到底，是因为程老师对学生的鼓励，联想到2007年暑假笔者随程老师赴河南考察的时候，他的学生李平（化名）（河南安阳市程老师原来的学生，搞安利产品推销的）讲过，对老师来说很重要，"鼓励和赞美是语言的钻石。"这鼓励和赞美就是程老师师生交往的基本原则，是其实践性知识的重要组成部分。他源自于师生交往的生命历程，也在师生交往的现实中。

2. 感觉最难熬的时刻

（1）失恋的时候

程老师有过这样的经历，所以他说："最困惑的时候是什么时候呢？一般就是说，失恋的时候，找不到好的对象的时候"（段327）。按照自尊的情感模式，不能被爱，即缺失了一种归属感。这说明了生活中的一些重要事件对自我情感的影响。在程老师这里，归属感和掌控感的需求又是辩证统一的，所以他说"但是我不会让这个事情持续太久。"

而这种掌控感的自我又是与他通过阅读了解到的榜样人物有关。用他的话说,"受到《人性的弱点》,美国卡耐基的影响。"

(2)教课失败

关于教课失败,程老师认为"失败是自己预想的没有产生效果,预想学生应该表现非常活跃,有创新的思维,思维火花,但是没有出现"(段332)。一方面,可以发现,程老师关于教课失败,并未定位在既定的具体目标,他的目标是生成性的,这是他教师实践性知识之课程观和教学观的反映。另一方面,当他的理性自我和现实自我之间出现距离时,他"产生了焦虑",说明,自我是构成教师实践性的基础,而实践行为及其效果也进一步影响着自我,是相互作用的关系。

(3)母亲生病、去世

面对病魔和死神在母亲身上的降临,程老师悲痛而无助。

在1994年8月5日的日记中程老师记下了悲痛的心情:"母亲,每一时每一刻都在遭受着癌魔的侵蚀,白天或许可以安静一会儿,晚上却是最难熬的光阴。父亲随时得起来帮助母亲减轻痛苦。可怕的病魔把母亲折磨得不成人形,而她还在死亡线上苦苦挣扎着,多么可怜啊!她多想在这个世界上流连,哪怕难得的愉快的一分钟。可是死神不允许,死神是多么残酷呀,我诅咒你!"

在1994年9月2日,回首亲人的离世,程老师记下伤感的心情:"秋天是一个令人忧伤的季节。虽说秋季硕果累累,可无人采摘,更无人享用去不更是极大的可悲吗?前年的秋日的一个夜晚,不知什么时候,爷爷告别了人世,没有打扰任何人,静静地走了。而那时,母亲正在与命运的死神搏斗,终究积郁成疾,沉疴难挽,今年秋天的一个傍晚,经受了百般痛苦的折磨之后,永远安详地睡

第 7 章
诠释教师生活史之关键事件

着了。我的最亲的两位亲人,就这样先后不辞而别,死前对我爱之深难于言表,死时竟未能在床前守候。"这一段前,程老师写:"一个人要能够永久地战胜自己是了不起的。"

克罗斯利指出,有动机性的主题——权力与爱的需求,当我们生病、丧亲或是面临到认同危机的时刻(如青春期),这些需求就会更加强烈;因为当我们注意到以前和现在的自我有所不同时,就会思考"我是谁",继而会认真思考不同生活方式的可能性等问题(克罗斯利,2004,第168页)。痛苦病魔对母亲的折磨、伤感亲人的离去,程老师的确是在思索生命的意义,思考如何才能战胜自己,战胜自己就用了掌控感。

(4) 父亲的情绪、家庭不和

家庭的事情,是程老师自我感受的重要因素。除了访谈,也从阅览他的日记中了解到。母亲去世,父亲之后如何生活,老人自己、儿女们在想法上出现了分歧,乃至矛盾重重。生活在父亲、妻子纠葛之间曾经让他痛不欲生。程父再找老伴的事情一直没能。现在老人一个在家。如何照顾呢?每个人呢脾气秉性不同,合得来也不是容易的事情。程老师要上班,不可能每天守着父亲,接来呢又恐公媳矛盾。老家妹妹那边呢,程老师的妹夫天栓也说了,"原来我是这么想的,你拿钱,我在家就可以了。现在有时候我觉得他也很难受"(段341)。在这种夹缝中,他常常感到无可奈何。缺失了掌控感,于是"我就这么想,我在世界消失"(段340)。这些都表明,家庭关系,是影响程老师自我情感的重要的因素,读他这部分的日记时,笔者心情也异常沉重。不过,好在父亲也渐渐想开,妻子也渐渐缓和,程老师心情也日暾渐朗。

（5）跟学生发生言语冲撞

除了家事，程老师说，"作为教师你感觉最差的，一个是上课，学生没有出现预期的那种课堂氛围，另外一个就是自己不理智的时候跟学生发生言语冲撞"（段373）。

为了实现能够对课堂运筹帷幄的掌控感和能够被学生接受的归属感，程老师运用了自我反思的策略，"这里面我有反思啊，就是要讲究一定教育技术技巧。尊重学生是教育的意义，教育的意义在于尊重学生，这句话很厉害！"（段374）。通过反思，形成了他师生关系的实践原则——尊重学生。这表明专业生活史，以及自我对教师实践性知识形成的作用。

3. 整个生活经历的转折点

（1）读师专、考上硕士研究生

程老师认为，自己人生的转折点首先是与专业学习有关。他说："师专是一个转折点，考上硕士研究生又是一个转折点。前面的是最兴奋的。如果没有前面的，后面的就上不来了"（段358）。

因为，"考上教育硕士。一个是用哲学的眼光看问题，看《教育哲学》这本书"（段359）。

因而"硕士以后视野开阔了。以后面临一些新的挑战，我有时候好像喜欢一些挑战一样，想证明一下自己，试讲啊，感觉自己还是比较有信心的，因为我一直在尝试着用一些新的方法，我还是比较关注新的教学理论，课程改革啊，教学改革"（段474）。这段话，说明了生活史事件（读硕士的专业学历程）对自我的影响，而对自我的认识——自我展示的愿望，进一步影响了程老师的教师实践性知识——"尝试着用一些新的方法，我还是比较关注新的教学理论，课程改革啊，教学改革"，不断形成他关于课程与教学的个人哲学。

（2）到 JDE 中学后上公开课

程老师认为人生的转折点，"另外呢，就是到了 JDE 中学以后，我参加了几次讲课"（段 678），"有一次是 JDE 中学区青年教师优质课评比，在跟 JDY 中学和另外两个学校讲课过程中得到了 JDY 中学教研组长的肯定"（段 678），题目是《前赤壁赋》。"后来学校经常有一些华东师大校长培训班、骨干教师培训班，他们来听课，我讲课。这个经历促使我一个是反思，一个是增强自信"（段 682）。

笔者在阅读程老师的日记时，也发现了这部分他用了很浓重的笔墨，是札记反省法的好案例，因而笔者对程老师说："读日记的时候我看到这一点，那一段你很有收获，越来越自信的一种感觉"（段 683）。实现了他的"更多的是刚到一个地方来证明自己，用些东西来证明自己"（段 688）的目标。

这说明感觉良好的专业生活经历促进了程老师积极的自我，增强了自我价值感——状态自尊（state esteem），反过来又进一步促进了程老师的教师实践性知识。而在上公开课期间，同侪间的交流和碰撞，作为专业生活的一部分，也影响着程老师对自我的认识和感受，及其教师实践性知识。如，程老师谈到，"试讲以后，作为金老师，他还不太满意。为什么呢？因为这个课呢，教师作为主要，就是失败。自己说得多就是失败。更多的应该让学生动起来，让学生去思考。因为这件事情吧，金老师对它印象比较深，他说'当时我说那么激烈的话，你也一点没生气。'他对这点比较欣赏。我说要的就是说真话。金老师说'我自己也意识到我这个毛病是很难改的，实际上你是有水平的，有能力的，你稍微转变一下你就可以。'也给了我一些自信吧"（段 686）。

（3）结婚成家

关于人生的转折，程老师还说："结婚成家应该也算转折点吧。"因为，"张艳玲也帮了不少忙，她也是很鼓励，也极力地创造条件。包括上教育硕士，她也是在极力努力"（段699）。显然，作为生活史因素组成部分的家庭因素，他的妻子，在程教师的专业发展中具有非常重要的影响。

4. 最早的记忆

程老师说："最早的事情应该是我大姑经常上我家去，而且是开着吉普车"（段622），"那可就早，反正是很小"（段624），"那是很荣耀的事，这个事情我记得很荣耀"（段626），"我姑父是新乡市委司机班班长嘛，他有吉普车他自己开着一天就回去了，他就不在外面过夜"（段628），"他老是回来以后放大队部。所以那个事情呢，我觉得很荣耀"（段630）。"别人羡慕我！"（段633），"我只能羡慕我表姐！"（段635），"我羡慕她当年在城市里面，他们是城市的"（段639），"可能潜意识里会有向往。我们也想成为城市里的人"（段641）。程老师赞同我说的"这可能也是你后来努力的一种力量"（段642），他说，"潜移默化，潜意识里面，潜藏的。那个时候要考学嘛，总想大城市。"（段645）。儿时的程老师因为自己的姑姑可以坐吉普车从城里来，在他人面前"觉得很荣耀"，这是詹姆斯（1890）论述的物质自我、扩大的自我表现，即物质自我"不仅仅限于我们的身体，还包括其他人（我的孩子）、宠物（我的狗）、财产（我的汽车）、地方（我的家乡）以及我们的劳动成果（我的绘画作品）"，这样，当年的程老师便"沐浴在他人的荣耀下"（乔纳森·布朗，2004，第33页）了。因为亲密的他人，同时又产生了一种归属感，成为当年他人羡慕的对象。另一方面，对亲密人物的羡慕，又激发程老师本人产生朦胧的掌控自己未来的情感，向往大城市。

还有"就在小学二年级啊，小学一年级的时候，那时候我们教室里就坐小板凳，上面有块大木板。有一次呢，我要从前边过来，墨水瓶让我给弄翻了，掉到地上了，墨水瓶大概是同桌的，所以当时我就很害怕。唉。墨水瓶是别人的，很害怕，很伤心。但当时很害怕被打"（段586）。"后来这些东西可能会有些影响，就是面对一些事情的时候，还是要沉住气，不能说被一些事情惹恼"（段592）。说明一些消极的事件，可能也能反过来迫使自己形成积极的自我，但这个过程可能是比较艰涩的。为什么害怕呢，程老师说，"总要赔偿别人吧，赔偿家里穷啊，家里穷，赔偿这是一种。为什么有些人就是什么都不怕，还是因为财大气粗。财大气粗，有些人不怕，大不了赔你，是吧？"（段742）。这说明家庭的经济状况也影响在一些事情发生时的自我感受。

此外，程老师说，小的时候，对于母亲"当时主要感觉还是比较勤劳啊，比较繁忙啊"（段595）；"弱是后来才感觉到的"（段594）；"好像对我要求也比较严，我比较皮的时候打我很厉害的"（段596），"我老是被我母亲打，裤子一撩就打屁股，打一句骂一句，气死她了。调皮啊，不听话啊"（段598），"应该是斗鸡啊，回家吃饭啊，顶嘴或者是。这些事。毁了啊，家里面珍贵的东西，不能说太珍贵吧"（段600）从此可见，程老师儿时也曾经比较活跃的，而他的母亲留给他的是多面的特征，"这是个矛盾体"（段616），"弱者爆发起来不得了！"（段618）。

5. 童年（学前和上小学时）时重要的记忆

程老师说，"再早的记忆就是父母关系不好，我不知道那时候是不是已经上学了"（段725），"基本上我母亲和我父亲一辈子就是，直到我母亲去世"（段729）。对此，"我有时候也是很痛苦，可能上学了，甚至上高中的时候，我有时候大声喊叫，'你们不要这样了！'"（段729）。这使得程老师感觉有些"压抑"。从当时自己的心情，程老师也常常反思自己的行为，他说"所以有时候我跟张艳玲生气，我对程益说，程益你不要学我。有时候我马上反思我自己。我跟程益讲，这个实际上爸爸做得不对，我知道是不对"（段731）。这样的事情表明，父母的关系是孩子自我感受的重要因素。这是生活史对家庭及家庭教育的重要启示吧！

　　大姑给程老师留下了极深的印象，除了她嫁到了城里，大姑这个人还非常好——程老师说："上学前，就是去大姑家比较多，跟着我爷爷去大姑家"（段765），"去大姑家是上学之前，为什么呢，如果不是上学之前不可能有那么多的机会去"（段774）。"什么感受，应该说比较自豪吧，大姑家城市里的啊。咱都是农村的"（段769）。"哦，跟你说过他老是开着吉普车上我家去，每一次都停到大队部，我父亲也说过，那时候大队的人去新乡，总要去找我大姑家，我们同样的一个村上有两家都在新乡，但那一家就不行，那一家呢，他们不喜欢人去，再一个就是说这说那的，大姑是一个非常热心的人，我觉得我受大姑的影响也比较多。大姑非常热心的一个人，非常乐意帮忙，帮助人"（段770）。大姑这个亲密的人物，成为程老师当年扩大的自我的组成部分，因而他自豪；大姑的品质，也似乎潜移默化地影响着程老师的自我品质的定位。2007年7月，笔者随程老师赴河南老家，专程拜见了他的大姑，姑侄俩见了面，都激动得眼里噙着泪，手拉着手。足见她们深厚的感情。大姑有一个儿子三个女儿，一大家人其乐融融，我们去的时候，堂兄特意把家里的人召集到一起，以示庆贺，笔者也受到了他们热情的款待，难怪大姑成为程老师的自豪。

程老师讲："小学高年级啊，那时候就是看小人书啊西游记啊，三国演义水浒传啊，什么的。那个小人书啊，看得很多很多"（段946）。"很有意思，对。有意思，希望自己能变得神通广大吧，而且我们也学刘关张桃园三结义，大概我们也受了这个影响，所以我们四结义，四个人"（段950），"我觉得也受这个影响。三国演义，变得像诸葛亮那样充满智慧，像孙悟空那样神通广大啊，自己有孙悟空的能耐"（段952）。说明心目中的英雄人物对自我的影响，寻求自我掌控感和自我价值感。

6. 青少年时期（上中学时）的重要记忆

（1）老师

"我有一次不记得是小学还是初中一年级的时候，我们有个老师去代课，他讲课的时候好像是对我有一次作文的鼓励"（段746），"比较欣赏！"（段748），"鼓励了以后就比较积极"（段750）。由此，程老师找到了一种自我价值感。学生时代的老师作为程老师的生活史因素，不仅影响当年程老师的自我感受和行为，而且对他现在的教师实践性知识也产生了影响，为此他说："你看我现在教的这届学生跟上届完全不一样。上届学生我总能看到他们可能也是现在不当班主任的问题，总能看到他们不顺眼的地方，现在我忽略这些，等待花儿开放吧"（段752）。这里体现了生活史中的他人透过"镜像自我"，形成了程老师在教师实践性知识中，他对学生的"花儿"的隐喻性认识。

程老师还拿出一份中学时代的作文，"高中的时候一篇作文。你看啊，我就是讲我和我的一位同学，这是高中的时候吧？大概。

老师这次看了以后写了个'甲',那儿又写了个'好',说明非常欣赏,很真实的。'前几天我收到一封信看到熟悉的字体,仿佛看到一位捷足先登的登山者'"(段967)。仍可看出他为此而自豪。说明了教师的鼓励对个体自我的积极影响。

对中学时一位英语老师的印象是"比较和善啊,亲和力比较强的老师,也是愿意学的课,我们的英语老师,女的,那时候英语也比较好,学英语比较投入","好像英语教的我们最长了。我的英语应该是最好的。比语文要好"(段1066)。程老师也从这位老师的魅力,反思自己的教育实践,"所以我在写的时候,刚才那个调查(指我请他填写的关于自我的量表),我就觉得我自己还没有形成什么自身魅力,在学生心目当中"(段1068)。"现在我就知道了,不要轻易批评学生"(段1070)。说明程老师的受教育经历中,教师的积极正向的一面,促进了他对当前的教育实践的认识,是形成了尊重学生师生交往的实践原则一种来源。

"语文老师的感觉,高一的时候有一个语文老师他对我没什么大的影响。不过第一次叫我们出黑板报,叫我们分的学号,好像我是第一个出黑板报的。第一次出黑板报对我来说是个挑战,我还从来没有做过这样的事,我就写了一个'举头望明月,低头思故乡',后来他说好像不会都是'头'吧,'举首望明月,低头思故乡'吧?实际上应该都是'头','举头望明月,低头思故乡',都是头。他讲的也有点道理,估计他是不熟悉这个诗,要不他怎么会说是'首'呢?所以我也是深恐自己懂得少,这个老师啊,尤其是语文老师,一定要读书,一定要读大量的书,不然的话你怎么去驾驭课堂"(段1076),"我办黑板报对我影响非常大,要查点东西的"(段1078)。程老师此番经历,表明了参与活动,对促进自我认识有重要作用；而且，程老师从这样的经历感悟到语文老师知识渊博的重要性，是其教师实践性知识中的关于教师的信念之一。

另外，"我们高二的时候语文老师，有一次让我在大会上发言"（段1098），"是欢送我们上一届毕业生，毕业典礼，让我作为在校生发言，那时好像我朗诵比较好，因为我早就注意啊！"（段1100），"主要是觉得我朗诵比较好，我喜欢听收音机，所以朗诵比较喜欢"（段1102）。在此种课外听广播的经历和校内朗诵的活动的生活史经历中，程老师有种自我价值感，而产生了良好的自我感觉。

"到高二的时候，就是张喜栓教过我们"（段1079），"他原来教我们历史。后来带过我们两天语文课"（段1081），"他叫我们写过一个作文，《2000年回母校》"（段1083），"想象一下2000年你回母校什么样子"（段1087），"当时是1987年不到的，是1985年或1986年"（段1089）。笔者问"这个作文为什么对你印象很深呢？"程老师说，"想象作文吧，对未来充满理想的一种色彩吧"（段1091），"我当时感觉很难，写不出来什么东西"（段1093）。联系到2007年9月了解到的程老师布置给学生的想象作文，笔者问，"你现在也常常让学生想一些天空啊，树啊，有一些联系吗？"程老师的回答是"应该说有一些联系"（段1095），"有联系。应该让学生想象一下未来。想象一下未来什么样子"（段1097）。显然，程老师关于作文教学的教师实践性知识与高中时的这位语文老师的想象作文教学有关，或者说暗暗受到启发，2007年9月笔者在对程老师进行校园观察和谈话中了解到当时，程老师正在布置学生去做想象"天空""树"的作文，而且对学生的每一篇作文都作了真诚鼓励的反馈，激发学生继续想象的欲望。

(2)阅读、听广播

程老师再次谈到高中时读的那本《人性的弱点》。"上了高中以后就看那个书,跟你说了《人性的弱点》,当时自己也确实感觉有许多问题。可能现在学生也有,尤其像这些学生他们也知道学习,埋头学习,没有更多的机会去跟人交往,一下子要遇到这么多困惑啊,焦头烂额"(段956)。"偶然发现的,不知道谁的一本书"(段1034),"当时如获至宝啊,觉得一下子像找到一个救星一样,许多的困惑,自己的问题豁然开朗,迎刃而解。你应该如何看待眼下的挫折,困难。所以对我的影响蛮大的。如果我遇到一些问题以后,比如说遇到一个挫折以后,不会长时间地沉浸在里面去,就像不要为打翻的牛奶瓶哭泣,在积极的基础上把这个现有的现实接受下来,遇到一些事情以后往最坏处想,想到最坏的时候,往最好的方面努力,想到最坏,那么就坦然接受他,然后往最好的方面去努力"(段1044),"这本书还很值得看看"(段1051)。一方面反映了在程老师个体自我发展过程中,出现的青春期的"同一性危机"("同一"感就是一种自然增长的自信)(埃里克森,1963,1968)现象;为了能够形成稳定和统一的自我概念,程老师在《人性的弱点》一书中找到了良方。这样的生活史经历,程老师又把它和教育实践联系起来,反映了生活史、自我与教师实践性知识的密切关系。

听广播是中学时候程老师的爱好。"高中还有一件事情,就是我听收音机,听《平凡的世界》"(段1194),"我是听那个小说,对我影响非常大。我在听《平凡的世界》这个小说的时候,当时就感觉到每天充满力量。感觉自己就像主人公—孙少平那样。孙少平从那样的家境,那样的底层,孙少平也有他的魅力,他能让地委书记的女儿爱上他。这就是他身上有一种坚忍不拔的精神。我听过之后就感觉到，这个小说不久就会拍成电视剧，果然拍了，那时候拍成电视剧没有看过，是家里没有电视还是咋回事呢"（段1196）；"另外就是听小说，《青春年华》《八点半》《午间半小时》呀。感觉高中时期也很丰富"（段1210）。"实际上回想我成长的道路，为什么我能及时理解，有些事情能去帮助别人，我觉得听了收音机这些文学作品的形象，看的书比较少。现实当中主要是我大姑。再一方面就是与同学交往，觉得还是受听收音机影响最大"（段1212）。看来收听广播，在程老师的自我建构过程中，发挥了重要作用，这与他现在喜欢收看《百家讲坛》的电视节目旨趣是一致的，实际上，这也是程老师与外界交往的重要途径，在交往过程中认识自我。而像《百家讲坛》中的一些内容，程老师下载后用于教育教学中，比如笔者从程老师那里复制了他下载的关于苏轼、关于论语等的视频。程老师把这些也作为课程资源，从而体现了他对课程的理解，是一种生成取向的，体现了他的教师实践性知识中课程理念。从综观的角度，程老师这种实践性知识也具有其生活史之通过视听途径自觉学习的烙印。

（3）同学和伙伴

同学史长松，程老师印象深刻，这位同学初中后来考上大学、在事业上也有作为。"初中毕业以后复读，复读的时候我们那个同学，史长松考上高中了，考上我们的省重点一中了，我没考上嘛我就复习，我就给他写过信，他就给我写信鼓励，同学之间的鼓励啊，开始的时候我们老是讽刺人家，人家学习不跟我们玩，老是就说风凉话"（段796），"他现在在河南省人民医院"（段797），"人家没有太在意，这个人不错的，他没有什么坏心眼。我看过他写的病历，最后写的名字很清晰的，不像很多医生的字潦草得很。他的字写得很清晰，你应该看过他的信"（段801）。笔者的确看过他们当年的往来信件（这些程老师还都留着，笔者看到从程老师在中学到进入师专共12封史长松的来信，有5封还是全英文写的），史长松的字很清秀，他在信中说："往事的回忆，初中的生活是美好的，时间永是流逝，转眼间已是几个年头过去了，我们在一起度过了小学、初中时期，进入高中，这也是我们生活中的一个转折时期，虽然我比你早一年进入高中，但并不影响我们的共同目标，我知道你也正在为这个目标而努力，而奋斗！"（落款：史长松1984年11月21日晚）。除了史长松的来信，笔者也看到了中学同学相学、荣喜、树林、永献等的来信。按照克罗斯利（2000）的观点，"动机性主题凸现的时机，包括当我们生病、丧亲或是面临到认同危机的时刻（如青春期），这些需求就会更加强烈；因为当我们注意到以前和现在的自我有所不同时，就会思考'我是谁'，继而会认真思考不同生活方式的可能性等问题"（克罗斯利，2004，第168页）。程老师没有考上高中，在和同学的对比和交往中，透过"镜像自我"，在感受自我危机感的同时，也在试图重新获得掌控自身未来的自尊情感。说明了同学间的交往对当年程老师的自我产生的积极的影响。

程老师跟史长松的交往已经很久，"初中小学也经常在一起玩吧，玩的时候，我们经常参与就是那个蹦杏核，一撒开后，这个和那个碰"（段803），"那个时候，天天中午就玩那个东西"（段809）。而之所以玩这种游戏，"这就是那个阶段，就像程益（程老师的儿子，初一）他们一样，渴望跟别人的一种交往"（段822），"一种交往的方式，在一起这样玩的时候，比如说你要赢了吧，能体现出来自己的优势啊，长处，能够显现出来自己"（段824），而且，"我们很讲规则的，不能耍赖，一耍赖就要受到攻击"（段826），"游戏对孩子来说非常重要，要有游戏"（段830）。而那个时候，"女孩子跳绳吧，女孩子也就是抓这个（杏核）"（段832）。这印证了米德和皮亚杰关于儿童游戏对自我省察能力发展的重要性，在游戏中通过讲究"游戏规则""观点采择"发展社会自我。另一方面，也反映了男孩子女孩子在游戏的类别上存在一定的不同，比如，与上述女孩子主要玩"跳绳""抓杏核"等不同，男孩子象程老师他们，初中时"在一起'顶拐'"（段836），"就是搬起来一个腿，一个脚蹬着，两个人看谁能把谁扳倒"（段838），"有的比较厉害的，在下面挑，一挑就跌倒了"（段844）。这就是一些学者认为的男生在游戏中更注重冒险、往外跑、竞争、规则的一面，而女生则比较需要合作（Gilligan, 1982）（参见克罗斯利，2004，第22—23页）。

还有一方面，程老师说："上初中啊，晚上去玩，去打架。""那就是小孩吧都要参与吧，我后脑勺这儿一个大疙瘩，就是小时候打架留下的淤血，现在都变成硬骨头了。""教训，不敢打了吧。""小孩子，好像有一种归属感吧，小孩子总看什么电影地道战啊，男孩子是不是总要显示自己的力量啊，好胜心啊。""看的电影，那些打仗片比较多嘛。""地道战，地雷战，铁道游击队，奇袭，红色娘子军，火车司机的儿子，印象很深的。""我觉得是受那个影响。""媒体的影响是巨大的"（段887）。这表明，孩子常常在初级团体中寻找归属感（Cooley, 1902）（参见克罗斯利，2004，第20—21页）。也说明文化因素对个体自我的影响。

初中时，程老师说"在我们村的时候也跟一些大孩子交往过，比我大好几岁"（段891）"最起码大三四岁"（段893），"可能都属于比较平和的人，比较平和？借借书啊，小人书啊，什么的，借我的看"（段897），"我一个是想跟他交往学习，交往学点东西"（段911），"实际上我们队里面有好几个比我大两岁的，都跟我关系很好"（段919）。通过这些选择性的交互，当年的程老师获得自我认识，提升自我价值感。而在交互对象的选择方面，除了品质上的"平和"，也反映了地方组织因素，更深推的话也是经济因素的影响，那就是建国后的公有制经济体制下，互助合作的生产方式，以及相应的生产队的形成，在程老师上初中那个年代继续存在的，这样，他所交往的人就涉及了他所说的"我们队里面"的几个。

在访谈时程老师还饶有兴致地翻阅、诵读着中学时同学间往来的书信和留言，"高中同学写的，'青山抱翠，云雾笼罩中你安然屹立，用你那永不屈服的人格和意志，山花烂漫绿叶欢迎，预祝你的前途顺利'"（段990）；"董海林，我跟他交往了不到一年吧，他写的，'我们相处很短，但你却给我们留下了难忘的印象，你为人的热忱，处事的谨慎，品格的坚毅，尤其在过去的艰难岁月里，你能不为环境所影响，不为别人所干扰，朝心中的理想不急躁不气馁，一步一个脚印走去的。那些都给我留下了深刻的印象，是值得我永远学习的朋友'"（段994）；"师专的另外一个同学，这个同学也很有个性。他好像对我有点看不惯，但是我还对他好，最后他给我写了一句话，'程挺毅，我最服你了'"（段1000）。程老师在与同学的交往中，获得对自我的认识，并从同学的赞美和鼓励中获得自尊，是库利"镜像自我"的反映。

关于与同学交往的影响，程老师认为："好同学对我的影响，应该说是积极的影响。有时候使我感觉到人生的价值，你自己还有点用处，有什么用处呢？就是能帮助别人解决一点思想上的问题，自己尽管也有问题"（段1113）。比如，"像党建栓的性格是比较刚强的，你像我们俩性格不一样，他家里曾经出过一种事情"（段1113），"和邻居发生了一种纠纷，房基地的问题，党建栓他敢于去说，他跟我讲，他到派出所里找派出所所长，跟他理论。我觉得这种精神值得我学习，该说话的时候要敢说话，不要怕权威，不要怕有势力的人"（段1115）当然，"不要怕事的前提当然是自己做得对，行得正"（段1121）但是，程老师也感慨同学党建栓的状况，"他本来是块很好的料子，但是他没有遇到很好的土壤"（段1158），"他这几年把自己的身体也毁得差不多了，所以觉得很可惜"（段1156），"张艳玲也经常说，的确，能看得出来，这个人这样下去的确就毁了"（段1158）。对此，程老师说，"有一句话是这样说的，你能自救，上帝才能救你。我是非常相信这句话的，你如果不能自救啊，上帝也救不了你"（段1158）。表明在与同学的交往中，当年的程老师也在反思自己的不足，希望能学习他人的优点；也在感慨人的时候，增强了自我掌控的情感。

谈到和高中的好友牛瑞喜，程老师说"像牛喜（化名），他主要是心眼特别好，我们家盖房子，那时候是1985年、1986年的时候，借给我90块钱，你想想1985年的时候90块钱是什么概念，1991年上班一个月才不到100块钱啦。借我90块钱，也不说什么时间还，无所谓的。当时说10年以后还吧，可能没有达到10年，还给他了"（1122），"像他犯了病，就是犯了精神病以后，我到他家里去"（段1123），"高中的时候，我要走差不多10里地，要走过去，那么，就是感觉到自己能帮助朋友解决问题"（段1125），"我想着我应该有作用，朋友应该说是思想上的问题，我觉得我有这个能力，应该去帮助他解决这个思想"（段1127），"我很乐意去帮助那些思想上处在困境中的人，我觉得这种帮助好像能感觉到自己的价值一样。所以，这种思想的交流，那种愉悦是无以言表的"（段1131）。程老师实现着获得帮助、被人关爱的归属感和能够帮助他人的掌控感，找到了这种自尊情感，实现着自己的价值。所以，帮助他人，在程老师看来，是快乐的！

（4）活动

程老师在念中学时，通过参与一些活动，来展示自我，获得自我价值感。他说，"自己参加了一些活动，参加过什么活动呢？在高中的时候是因为有一次写过一篇文章，写过一首诗，因为学校有一个橱窗嘛，但是那次形式比较大，放到了大街上，大街上一个大的墙上，用的是大毛笔字写在上面，我写的一首诗"（段1058），"就是放在大街上，应该是校门旁边"（段1061）。这让程老师当年觉得自己很有成就感。

（5）家长

此外，程老师与父亲也通过下象棋交流。程老师说"跟我父亲下棋，我是在初中了吧"（段912），"棋艺开始不行，就像我跟我父亲下棋不行，后来就好了，对棋艺比较感兴趣"（段916）。所以说，家庭因素，特别是家长与孩子的主动交流，对孩子自我有重要影响。

7. 成年时期（上大学和参加工作以来）的重要记忆

（1）师专。

在师专时程老师与室友"小4岁的，叫魏洪涛，现在在濮阳市建行"（段479），通过"班建报纸——铁塔报"（段482）结下了深厚的友谊，这位室友"在毕业赠言本子上只写了两个字'兄长！'"（段479），以"一种比较含蓄的表达方式"（段481）表达了对程同学的敬意。而"铁塔报"的命名，则是由当年的程老师定下来的，他说"铁塔报有一种象征意义,塔嘛就是高大,坚固,巍然耸立,高大正直啊。一种向上啊,这种有目标啊,有追求啊!"(段488)。看来,班建报纸的命名与他的自我再次结合,与他的名字"挺毅"意蕴相一。表明了自我概念对行为的重要影响。在对班建报"铁塔报"命名解释的时候,程老师联系到伟人的名字,说,"一些人呢,很好听的名字确实是名副其实,泽东,泽被东方,恩来,给人家送来恩惠啊"(段489),这是程老师自己对伟人名字的解读。这不仅反映了程老师对自己的价值定位,因为他的名字也有深刻意蕴;而且也反映了伟人对程老师自我的影响。

程老师通过与普通人的交往获得自我价值感。比如,在师专读书时程老师说,"去安阳师专团委的时候,我们团委的一个老师说有这样的事情,煤矿工人来信,来想学习古代文学"(段464),这位林州大众煤矿的工人武圣廉虽然"没考上学",但是"酷爱古典文学,他也发表文章"(段468),"然后我给他回信,他非常高兴。往来书信写了那么长"(段470)。另外,上班后,一个修车的人(刘建新)因为"没考上学"去修车,但他"酷爱文学",程老师与之进行过交流,"实际上他还给我一本书。我借了他一本书"(段455)。这些都体现了社会交往行为对自我的影响。

在师专程老师也有过恋爱的经历。对此,程老师说,"大学里边主要就是,一个是看书,我跟你说看莎士比亚的书,抄了也不少,莎士比亚的诗,对爱情的理想的描绘。那时候大家都在谈恋爱嘛,自己也想在这方面有所作为,我在这方面还是不太擅长,也有一些挫折,也促使自己反思,要提高自己"(段1255)。而挫折呢,"就是恋爱不成啊!"(段1257),程老师认为"恋爱的人都是疯子和神经病"(段1258),"这些事情就是促使我要努力积极的改善自己、提高自己,增强自己的实力"(段1261),"人生大事也不能强求,也不能将就,我还是相信缘分吧"(段1265)。这反映了人在情感上,有一种归属感的需求,程老师也不例外。

　　同学交往也是程老师的读师专时的主题。程老师说:"大学里另外就是和一些同学通信,和外界通信,互相鼓励,互通信息。我考上学以后经常给没有考上学的同学写信啊,寄个明信片,鼓励他们"(段1266),"帮助别人才能够延长友谊吧"(段1268)。"毕业留言可以说是别人感觉到的自己的一个方面"(段1268),"尤其两个女生写的,因为在女生眼中感觉到我还是比较活泼的一个人。那个时候我给你讲的一个,复读的时候,一个叫杨彩春,她后来婚姻也不幸,杨彩春,看到我们毕业赠言里边有她写的,'我总觉得师专两年变得好快,好多。'而她自己感觉这方面惭愧呀……另外一个就是现在也是我们的语文专家,鲍智慧,是我们一个小班的,她现在是初中那一块,那个时候人家是安阳人,安阳市里边人,人也长得不错,给我写得也不错"(段1268)。从别人的欣赏中,程老师获得一种自我价值感,如他所说,"就像你(指笔者)来鼓励我一样。"之所以有这份期待,程老师还是认为自己"其实骨子里有点自卑"(段1270)。另一方面,"从别人给我写赠言,我还可以从别人那学到东西呀"(段1272)。这又使程老师通过与他人交往,即"镜像自我"的作用认识自我,获得自我价值感的重要表现,并希望在他人的鼓励中,获得自信,克服自卑。

　　程老师善于学习同学的优点,反思自身的不足,在谈话中他也时而联系自身的教育遭遇、实践及认识。程老师说,"另外一个同学,就是我们上下铺的,他也是林州的,现在是安阳日报社的记者,叫刘剑昆。他就是林州人,驻林州记者站"(段1312),"这个

第 7 章
诠释教师生活史之关键事件

孩子比我还有毅力。而且我也从他身上感觉到一点什么呢？他的包容心非常强，我至今没有学到他的这种包容，他不会跟别人发生冲突，你想他作为一个记者啊，在林州来说，方方面面都要应对到，都要应对"（段1316），"当时我们班里要自荐做班委，班干部，他是自荐的，自荐以后而且任劳任怨，他这个人最大的特点就是任劳任怨。这个任劳任怨啊，我是没法比"（段1318），"他（刘剑昆）说，'我也没啥吃亏'，我认为这个刘剑昆啊，他就是有些事情不怕吃亏，就去干，哪怕没有回报"（段1318）"我有时候反思啊，我在JDE中学，没有耐得住寂寞，而我有时候受了张艳玲的影响，但是这话不能这么说，她也可以理解，有些事情太着急了，归根结底是怨我这个个性，我沉不住气，有些事情要沉住气，我觉得沉住气非常重要！"（段1318），"哪怕你吃亏呢，你就吃亏，那么别人呢，实际上作为任何领导来说，还是希望你能照顾到就照顾到，你吃亏了以后总有什么时候对你有弥补的，就像我们当老师也是一样的，是便宜常自吃亏来"（段1318）。"所以为什么我说人得学会吃亏，学会吃亏。有的人是争的很！这个社会呢，你要说不争也不行"，"你像那时候，我怎样去给学生加班啊，骑自行车去家访，做了那么多事情。校长把我定为荣威奖第一个，他也知道"（段1319），"那就是他看到了你工作，他知道，领导也都在看着你，实际上，你做的事情他都在看着"（段1312），"所以呢还是那句话，不要太功利了，人不能太功利！"（段1323）。"我经常跟学生讲，年轻的时候要学会主动吃苦，如果年轻的时候你要不主动吃苦的话，那么年老的时候必将被动吃苦，因为人生啊，每个人都要吃苦，有些人是把苦吃在了前面，有些人是将来要吃苦"（段1323）。显然，透过"镜像自我"的作用，程老师从大学同学那里，对自己进行了价值定位，

"不怕吃亏""任劳任怨""不要太功利了,人不能太功利!"在自我认识的基础上,又形成了程老师的教师实践性知识的某些方面,如对校领导的理解,"领导也都在看着你,实际上,你做的事情他都在看着。"也反映在了他对学生的意象,"学会主动吃苦"。这是教师个体生活史,影响教师自我,继而影响教师实践性知识的典型的事例。程老师正是基于对大学同学的印象,和自身教育现场中与校领导的交往,形成了关于自我的意象——"不要太功利"。

大学时集体活动是人际交往的一种形式,程老师也借此进行反思。"我们小班里面跟女生都一起去逛公园"(段1330),"不过我总认为我这个人不太合群"(段1334),"这个不合群好像是老早就意识到了"(段1338)。所以,程老师现在的自我意象如他所说,"我现在是敬业乐群两方面"(段1338),即敬业和乐群是程老师当前对自我的意象。"我一直在反思怎样乐群。我可能有个毛病就是什么呢,有时候想突出自己,想突出自己就容易招来别人的嫉妒"(段1346),"在这种自我展示过程中没有太好地处理好与大众的关系,所以有时候我反思自己,应该学会自我解嘲,有时候自我解嘲反而能增添自己的魅力,这种自我解嘲不是做戏"(段1348),"自我解嘲就是对自我的一种比较淡漠的认识吧,有些事情看淡一点吧"(段1350)。由自我的意象程老师又联系到他的教育现场中人际关系中的意象,"你比如说现在,你看那个老师见了我说:'程老师,一班二班学生说你太幽默了,但是他又加了句话,但是他们不知道是好还是坏!'"(段1352),"但是我就淡然一笑"(段1354)。从前的以及教育现场的经历是程老师再次自我建构,"我以前的时候因为一个事情争论,现在忍不住也还会这样。但是现在呢有时候我更多的想一想,去争这个没有什么意义,为什么呢?你争来争去,也显

第7章 诠释教师生活史之关键事件

示出来自己太在乎一些事情,所以有时候别人对自己开玩笑呢。以前的时候为什么别人开玩笑自己老是受不了啊,现在想想开玩笑就开玩笑,人家还是看得起你。所以在别人开玩笑的时候我就想,那时候跟程益讲,当别人说你什么的时候,就说,'哎呀,我就是傻,傻帽',有时候跟张艳玲说,'我不对,我有罪,我傻帽,我检讨!'(笑),是吧?解嘲嘛!解嘲呢可以获得一种释然,把比较严重的事情淡化处理"(段1356),"是处世哲学!"(段1358)。以上说明了程老师的生活经历(大学时的集体活动),影响了他对自我的认识,而自我的认识,又影响着他对教育现场的行为和态度;而对这一切的反思,又实现了程老师对自我的重构。通过这样的事实反映出来的逻辑,验证了笔者开篇的研究假设,即教师生活史—教师自我—教师实践性知识。透过生活史和自我反思,程老师形成教师实践性知识中的自我意象——敬业与乐群和个人的处世哲学——解嘲。

(2)上班以后。

1)与老师。

上班以后,程老师还继续与中学、大学时的一些老师保持联系。在与中学时的历史老师(后转经商)张喜栓的交往中深受其语录精神感染。"张喜栓呢,到师专里我就找他,他对我也不错,后来我去找工作的时候住在他家,他不穿的衣服还给我"(段562),后来做到"后来做公司老总,公司顾问什么的"(段554)而张喜栓的文章标题用语"被拉直了的弯钩!"(段548),墙壁的标语"一直努力就会更好!"(段541)、"化腐朽为神奇!"(段1926),在程老师看来都"很有思想!"(段551)从先前老师那里,程老师也在暗暗地定位着自己,促使他产生掌控自己命运的情感。表明了生活史经历中社会交往中，对自我认识和情感的重要的倾向。

大学里两位老师的赠言，对程老师当时尤其后来的震撼很大。"两个老师给我写的赠言我就开始越来越理解他们的话了"（段1281），"当时的时候还不是太深刻的"（段1283）。"一个老师写的话就是'环境万变，意志永恒'，环境不管怎么变，意志永恒"（段1283），这位老师叫陈才生，教中文的，"他研究李敖的"（段1297）；此外，"曾经借过他的钱。遇到一些小事的时候去找他帮帮忙，他一般都不回绝"（段1301）。从这位老师身上，程老师说"更增强了原来的那种信念"（段1301），"原来就是自己改成毅嘛，意志毅力，不能懈怠"（段1305）。"因为他也是我们林州人，他也是从农家走出来的，从他身上我也感觉到了那种坚韧的力量"（段1305），"就是当时也有感觉，后来越来越感觉到"（段1307）。所以，"我也在想到他，研究他，就是什么呢，他也是非常投入，他才能有今天的成绩"（段1307），"有思想，是蛮有思想的！"（1311）。另外一位老师的留言是，"'以出世的精神做入世的事业'，这个话当时我还真的不理解，但是现在越来越理解了，无为而无不为"（段1283）。

笔者发现，作为程老师生活史之职前的这些经历，对其教师的教育实践产生了重要的影响。其一，两位老师的留言和帮助，不仅使当年的程老师获得被关爱的归属感，而且使其思考未来的人生方向，增强了自我掌控感；另一方面，两位老师的留言、也包括同学间的留言的这种帮助他人、鼓励他人的交往方式，直接影响到了程老师的教师实践性知识，成为程老师与学生交往的方式与原则："我就是想跟学生写点什么。比如说我以前做的一件事，给学生赠送贺年卡。赠送贺年卡吧，我要对每个学生写一句话，然后让任课老师签上名，鼓励学生。包括对学生的评语，写评语，我觉得还是要真正能够触动学生，对学生起一个长效作用，而不是简单的应付一下，应付一下就是冠冕堂皇，都是一些官话，热爱集体啊，团结同学啊，尊敬师长啊，这些话是不痛不痒的"（段1277）。程老师给学生的贺卡笔者难以见到了，但是，程老师给学生的评语笔者阅读过2002年他在上海亭林中学时的八篇，正如程老师所言，"希望能起到积极的影响。真的啊，这教育是源于一种爱，我觉得我悲天悯人的情怀是最浓的，怨天尤人是比较少的。我觉得你差不多也是这个，就是不去太多苛求外界环境，尽自己的力量去做一些力所能及的事情。每个人能力有限，但是还能起点作用，尤其在你有这个思想有这个意识有这个能力的时候，你不去做，实际上也是一种浪费"（段1279）。

2）与同学好友。

与研究生同学的交往对程老师的影响也是很大的。程老师在与东北师大读教育硕士时的同学刘玉春等交往中自我反思。"他可不是像我这样的文弱书生"（段1132），"他有刚强的一面，作为领导，场面上的事，他不管是谁，他要是想说你的话，那说得你自己抬不起头来。那时候在东北师大的时候，晚上我们要上电脑房做电脑作业，有一次因为什么来着，我本来没有这个意思，他说了我一大堆"（段1132），"说我瞧不起他呀，好像是我眼中没有他"（段1134）。"就像党建栓他有一次跟我着过一次急，但是我说你根本就是误会，这是不可能的事情"（段1134）。"一个人比较在意这个事情的时候，就说明他心中有你，是吧？你像刘玉春，我们经常是大半夜地聊"（段1134），"在师大我们俩交往是最多的"（段1136）。那时，"还有一个孩子呢，开始关系很好，后来很糟"（段1136），因为程老师觉得"这个孩子比较庸俗,讲他爸做过县里教育局长什么的,他也比我长几岁,他对我倒是挺好的,老程老程怎么的,他比较庸俗,庸俗到什么地步呢,净是讲一些低级趣味的东西,男人之间,到一起,不讲这些东西也不可能,也正常,但是他有时候卖弄这种东西,甚至拿我取笑。有一次我跟他着急了"(段1140)。

程老师感慨,"这个世界非常大,60亿人,但是有一个能谈得来的,像金老师说的一样,能够找一个说说话的人,就是幸福;能够找一个说说心里话的人已经非常不容易了。"谈及同事金老师(后来也是笔者的案例老师之一)"他说我什么都知足了,能够有人说说话。金老师他比我长了20岁,但是他愿意跟我说话"(段1158)。此番话,表明通过社会交往,包括要好的同学、忘年交金老师,也包括笔者,发生在程老师身上的反射性评价。这些交流由于直接与教育相关,因而必然对其教师实践性知识产生促进。无怪乎对于笔者的介入,程老师说:"你像在跟女子交往里,比如你是,可以说,是最近地走进我的生活的,甚至你比张艳玲还要理解,还要了解"(段1160)。程老师的鼓励之词,真心话,让笔者感觉到,我们研究者的确应该放下高高在上的架子,多去倾听教师的声音,探索相互促进的新模式。

面对一时的可能不被理解,程老师表示,虽然"她(程老师的妻子)不一定能读懂,我们价值观不一样。所以这个,我觉得不去苛求,而是随着时间来证明。以前我就相信一句话,时间是真理的法庭"(段1164)。程老师有这样的积极自我态度,乐观的人生观,得益于他是个有心人,"有好多话我都是从别处看到的,但是我会永远记住它,当我记住的话,会一直在我生活当中起作用。"如,他所说的"一个失败者并不是说他没有能力,而是说你遇到了比你能力更强的人"，"我就是看了一句话，今天我给学生讲的，我经常这样讲：一个人，要使认识你的人和你相处的人因为你的存在而感到快乐"（段1166）。程老师在面对暂时的不被理解和挫折时，表现的乐观的态度，名言警句对他产生了积极的影响。而来自生活的这些告诫，在程老师认识自我的基础与同时，也影响着他的教师实践性知识，把握这些基本的理念也传给他的学生，构成其个人哲学的重要组成部分。

3）自觉的专业省思。

程老师常常通过各种途径自觉地专业学习。对照自觉学习，程老师说，"我发现我过去犯过一个错误，就是自己话太多。最近我看到过一篇文章，我们当老师的最大的毛病就是说话太多。我现在在这一届学生身上我努力做到不说、少说、说到点子上。所以，你瞧，我每节课都怕一下子伤害学生"（段1176）。这段话，表明自觉的专业学习作为教师专业生活的组成部分，是教师自我认识的重要源泉，也是教师实践性知识的重要源泉；也表明了程老师教师实践性知识中，教师对学生的基本原则，那就是"我努力做到不说、少说、说到点子上"，以免"伤害学生"。

程老师还感慨地说："我有的时候真是深切感受到我们真是在'毁人不倦'。我有看到一篇文章，说我们老师自认是诲人不倦，真正是'毁人不倦'。为什么呢？把学生天真的思维，活跃的思想给慢慢销蚀掉"（段1180）。程老师又联系到"上海搞过一项调查，小学生没有幼儿园想象力丰富，中学生没有小学生想象力丰富。"认为，"一个失掉想象力的民族实际上是一个很可悲的民族。爱因斯坦讲过一句话：想象力比知识更重要"（段1180）。这番话，透过程老师自觉的专业学习，反映了他教师实践性知识中对教师的认识，那就是说，教师应该注重培养学生的思维和想象力。

"说句实在话，我们现在教育有识之士已经看出来了，教育的确存在很多很大的问题。就是为什么一直在强调二期课改，而许多教师就是在抓成绩抓分数，实际上美国的教育不一定要求学到多少真正的知识，而这个学生寻求知识的过程，发展学生的思维才是最重要的。当然这个是高考的局限，但这一点要牺牲了学生长远的发展而为了眼前的利益。你想，为了那点分数而牺牲了学生独立思考的，本身应该拥有的权利。所以我一直在反思教育的这个问题"（段1182）。

透过自觉的专业学习生活，影响到程老师对教师实践性知识对课程和教育的认识，即教育是为了"学生长远的发展""发展学生的思维才是最重要的"。而在程老师的课堂上，他也的确把话语权让给学生，启发学生的思维。这样启发学生的思维构成他的个人教育哲学的组成部分。

4）与教育界知名人士。

在谈话中程老师谈到他对教育的新认识，"大概是我也犯了急功近利的毛病，就是想让学生做到什么都规范，现在我就要求是宽泛，当然宽泛到规范慢慢来的。开始要求的如果太多，可能要求面面俱到，反而面面不到"（段1190）。之所以有这样的认识，是"受了钱梦龙的影响"，"钱梦龙一开始教那个学生的时候，那个学生什么都不会，写作文格式都不懂，但是他讲，你能不能把题目写到第一行的正中间，我都给你们一百分。第二次的时候，你们能不能开头第一段空两格，第二段空两格。所以他是一种鼓励型的，他不去求眼下一下子把学生的积极性压制了"（段1190），"他讲这个事情，我就越来越感觉到什么叫务实，什么叫从实际出发，我对这句话理解越来越深刻了。实际上从实际上出发才能有效。不从实际出发，理论再好，实际上也是无效的。重要就是要研究实际"（段1190）。这反映了作为专业生活史的一部分，结合对自身教育实践的反思，对教育界的知名人士教育思想和实践间的学习，形成了教师实践性知识之关于教学的原则，即"从实际上出发"。

5）听公开课。

程老师谈到刚上班第一年的听课经历：1991年上班"工作以后还在初中教了一年"（段1469），"我们那里有一个初中语文教师，讲得非常好"（段1473），"当时我毕业以后24、25，他也就那个年龄，他甚至可能还比我年纪小"（段1479），"男的。现在在一个学校做校长了"（段1481）"叫许庆堂"，"这个人好像一种天生的本领一样"，"他对学生鼓励性教学。在我们学校上过一节课，那节课好像是《果树园》，《太阳照在桑干河上》，讲小说嘛。《果树园》选自《太阳照在桑干河上》，他对学生的那种鼓励啊，包括友好的那种言语啊"（段1483），"在别的地方也看到他和学生的那种自然的交流，点拨启发"（段1489），"那时候我学魏书生确实比较多啊，他好像学得很透"（段1489）。这说明，作为教师生活史一部分的专业生活史——公开课，以及学习他人的教育经验的交流活动，是教师专业成长的重要源泉，应该在教师发展，和超越原有生活史的行动中，继续发扬光大，当然前提是切实的交流。

他第一年上班时听到的另一节公开课，安阳市的公开课，《死海不死》，他认为，"这个课的形式倒是挺新颖的"，"给我印象最深的就是，她让学生讲故事"（段1537）。而在现今的课堂上，程老师让学生发言也是主题。应该说，这是专业生活史的印迹的表现。程老师希望以此，"给学生机会——展示的机会"（段1552）。

6）自己的教学实践。

2007年下半年，高一年级语文教材第一课是毛泽东的《沁园春·长沙》，程老师在谈话对照伟人毛泽东认识自我，他说："毛泽东写《沁园春·长沙》那是在1925年了，他讲的是1913年，也就是十多年前的事情，他们的确还是书生意气，我想有一个人写这个评论，就认为毛泽东写《沁园春·长沙》，实际上也就为他的书生意气画上了一个句号，他已经不是那个书生意气了，毛泽东为什么能由一个知识分子转变为一个政治家，他背后也有许多事情影响着他。但是我没有完成这个转变，所以我要具有政治家的一些，他们的，不能说是手腕、手段，一种策略，可能我会更好一点，可能会更富有一些人格魅力"（段1372），这是指他自己，"就是到现在还没有完成一些策略性的东西，在人际交往当中运用一些策略性的东西"（段1374）。所以，在他看来，"我理解这个政治啊，不是那种争斗啊，更有点社会的味道，反正我的书生意气比较浓一些"（段1400）。为此，他对自我的意象是，"现在我就少说为佳啊！"（段1377）。他也把该种意象扩展到夫妻交往，"淡然的对待，实际上这就是营造一种和谐"（段1402），"比如说我以前讲我和张艳玲的交往，有时候我就是特别在意她的话，实际上我认为还是没有放下，为什么要特别在意她的话呢，她讲那些话也不一定要怎么样，怎么样，而我完全可以采取另一种办法，沉默一笑了之，或者是说一些好听的话，这就是没有完成一个大男子汉，一个大男人的"（段1386）。程老师的这种自我认识和意象，显然也体现在他的教师实践性知识中，对师生关系的意象，那就是"我现在在这一届学生身上我努力做到不说、少说、说到点子上"（段1176）。这说明，在专业生活经历——教学实践中，看到毛泽东的转变，促成了程老师的自我意象，而自我又进一步影响到了他的教师实践性知识——师生关系。

不过，程老师认为，自己没能实现这个转变，"可能与自己性格中的缺陷有关系，比较固执倔强"（段1378），"固执就导致什么呢，我一定要按照我的意志去要求学生，以至于跟学生之间造成一种不必要的对立，也是实际上是心理学研究不够"（段1382）。这是教师自我影响教师实践性知识的表现。

7）与教研员。

初来上海，程老师是从一位教研员和一次杭州观摩课中获得了启迪。程老师2001年在上海一家私立学校——江海学校兼课期间结识的一位教研员，那便是松江的杨老师，"比我大一岁"，"杨老师那个时候对我鼓励不少"（段1583），"那时候我在那个学校呢，他们叫我做教研组长了"，"我算是教研组长去教师进修学院开会"（段1591）。就是从这个教师进修学院程老师获得了杭州语文观摩课的通知，"规格是比较高的"，"魏书生、于漪、程红兵、陈钟梁，这些人都去了"（段1587），"课呢，主要是程红兵上的，还有个杨浦高级中学，叫朱振国上课了。其他人呢做报告的"（段1591）。但那所私立学校并不是很支持程老师去参加这次观摩课，"我就跟学校说，'我要去，你们只管请假，一切费用我来出。'他们挡不住啊！教导主任说'有什么好听的啊，都是那个比较……'我说'我要去！'，然后就去了"（段1597）。这样一来，程老师就结识了几位同道中人，"我是跟他们一同坐火车去的，松江二中的2个，松江一中的1个，松江三中的1个，还有那个杨××"（段1597）。旅途中交流时程老师增长了见识，"路上杨××就是谈了很多，当时她谈余秋雨，我对余秋雨还不是很了解。她看了不少书，看了好多"（段

1599），程老师不仅得到了专业的提升，也在教研员和大家的关照中找到自我的归属感，"当时我们就去了，我们不是在一起吃吗？她就不让我拿钱，因为知道我是自己出。然后住宿呢，就把我安排到二中两个男老师的房间，我也不花钱，住宿也省了不少钱"（段1613）。现在"杨××是师训部的主任"（段1604）了，但可贵的是，程老师与这位教研员的交往在持续中。从这位教研员身上，程老师也受到她精神的感染，"她很努力，真的很努力！"（段1609）而且，从杨××的话"我院长找到我，就非要让我干，别人想争都争不上，我不争还反而就成了"（段1607）中感慨，"说明别人就是看上你不争，争就可能私利性太强了"（段1609）。由此可见，程老师初来上海之际，教研员杨××等是程老师自我建构的重要的因素，至少是一种能够得到关照的归属感，也从该教研员以及杭州会议期间的魏书生、于漪、程红兵、陈钟梁、朱振国等人身上寻找着自己努力的方向，即一种对未来的自我掌控感。由此，便产生了自尊的情感。这种自我，是程老师后续专业努力的力量来源之一。

可贵的是，程老师是冲破阻力，自费参加专业观摩会的。这让笔者又联想到2007年暑假笔者随程老师河南老家之旅后，他带着儿子自费赴北京参加作文评优课的观摩的事情，在那里，他又结识了天津的徐江等名人。这不能不让笔者钦佩程老师专业学习的自觉性，他觉得这样做，即便是自己花钱，也是值得的。这应该也是他"敬业"意象的真实表现。可见，教师个体的价值立场，也是教师实践性知识的重要组成部分，是教师实践性知识中个人哲学的组成部分。这样，对程老师而言，便形成了教师专业生活史→教师自我→教师实践性知识的良性循环。"说明别人就是看上你不争，争就可能私利性太强了"的感慨，也再次体现了他"不要太功利"的自我意象。然而有一点,算是笔者的建议,那就是作为教师的家园,学校、辖区对这种但求希望在专业交往中实现敬业意象的老师,给予更大力的支持,岂不是更能让老师获得更美好的自我归属感和愉快的心情,进而更能促进对教育实践的认识和行动。

程老师还谈到正式进入上海以来两位印象比较深的教研员——胡××和沈××,并进而谈及目前的两位同侪——金老师和顾平(化名)。"在金山的时候一个教研员,和现在的一个教研员,尽管我感觉现在这个教研员也蛮有能力的,也是能够八面玲珑的,但是金山的教研员我跟他相处一年,我们两人话题谈得比较深刻一点,叫胡××,华东师大的教育硕士"(段1406),"胡××这个人呢应该说这个人也是有头脑的,也是有头脑的,但是他也是有时候深藏不露的,作为教研员嘛,他有一个最大的特点,他包容性比较强,能够包容各种各样的老师啊"(段1408);而"现在的沈××,身上社会的一面好像比较浓一点"(段1406),"沈××呢,我倒是听过他几次讲座,我感觉每一次都是有收获的,也是有能力的"(段1408),"他比较善于应对一些事情,做一些面上的事情做得比较好,也需要面上的,这一点实际上也对我有影响,我想学习这一点"(段1416)。从两位教研员给自己的涉及为人之表里的启示,程老师还联系到同侪金老师,"面上的事情,金老师也跟我讲了,面上的东西需要的,实际的东西也需要的,你现在做的实际的太多,面上的东西你做得太少,你做了事情,你就要大张旗鼓地去宣扬,为什么不宣扬,是你做的,而且你做得很投入,很有成效"(段1416),"我觉得金老师的转变可能他也有个过程,他也不是天生的,他原来可能也有像我这样的一面,但是后来他因为吃亏吃得比较多了,所以他要给自己革命"(段1418)。金老师告诫程老师"说你要树立自己的无形资产,你要让无形资产丰富起来,然后你把它变成有形资产"(段1420),"无形资产那就是你现在在学校的名声、地位、说话的分量"(段1422)。但相比之下,程老师更注重内在的东西,他说,"我实在是在这方面懒于去努力"(段1422)。为此,他举了两个日常的例子,"你看我骑摩托车,我骑摩托车呢,实际上外在的东西我去洗车啊,这些东西不是太重视的,但是我很注意里面的机油,机油嘛就是润滑油,我非常注重润滑油,我要用非常好的润滑油,因为我觉得润滑油好了以后可以保证这个摩托车耐用、好用、久用。包括现在我注意穿衣服了,以前不注意穿衣服,但是我对吃呢是比较讲究,吃说讲究也没什么讲究的,后来我就注重保证喝牛奶、吃水果"(段1424)。但是,显然,程老师也意识到表面的东西也是重要的,正如他说,"现在我走起路来,步子是比较快捷的"(段1431),"相对展示给学生是比较阳光的一面,不是虚伪的一面,因为我本身就是往好的方面去想去努力"(段1433)。

以上反映了程老师透过专业领域内的社会交往,通过"镜像自我""观点采择"对自我的认识。体现了他的身体(对吃比较讲究)自我、社会自我(快捷的脚步来自我展示)、精神自我(内在的追求)的特征。当程老师试图通过快捷的脚步展示在学生面前的时候,又表明,这种自我同时也是其教师实践性知识的组成部分,他反映了在师生关系方面的态度。

8)试讲。

为立足上海,程老师一路试讲,一路歌,在实践中锤炼自我。

首先是在2001年读硕士期间的兼职,那是在松江区的江海学校,一所私立学校,"当时上海的这个学校刚刚开张啊,我们是第一批,元老"(段1703),"我在南通试讲的"(段1701),因为"教育集团在这里"（段1705），在试讲中，程老师感到比较得意的是"我非常善于联系实际（教学原则），我看了课本之后就能马上的联系这个学校的实际环境，标语啊，校训啊，我都用上这些东西"（段1707），而且"当时我提到当时他们的董事长，是叫陈明宇"（段1711），对此程老师说，"反正是一种经历"（段1712）。在这次试讲中，表明了程老师教师实践性知识中的教学原则之一，即如程老师本人所言，"善于联系实际"。

在江海总不是长久之计。于是程老师在江海期间，还曾到崇明中学、亭林中学试讲。"在崇明讲《沁园春·长沙》。讲过之后，教研组长说不错。但是两个老教师有争议，他们说'那样讲不行啊！'"（段1669），主要争议是程老师在试讲时让学生填词一项，"他们说你这个教学生填词，这个词不是随便填的啊。词要有平仄的，你这样不把学生教坏了？"（段1674）。不过"后来教研组长说，你可能是教学经验还不太足，实际上，你要到我这个年龄，你就可以给他马上反应过来，你可以给学生说，不过呢，同学们，我们这个填词主要是锻炼大家的思维。不过真正的填词不是这样的，要讲究平仄的。把这个话圆回来就好了"（段1676），特别是，"教研组长又给我讲，他说你这讲课方式非常好，你叫学生来讲，学生啊，讲得非常精彩"（段1676）。后来，鉴于争议，校长又没有亲自听，加上程老师的硕士学位还没有拿下，这事就没有定下来。但程老师为"刚来上海的时候想找一个落脚地"（段1678）进行了一次尝试。崇明的试讲，尽管在如何填词上有争议，但反映了很重要的一点，那就是程老师的教学原则之一，那就是让学生行动起来，因而得到了那里的教研组长的肯定，这与他2001年攻读硕士学位期间学习到的时下倡导的教改新理念是一致的，也是程老师在访谈中强调的教学原则。说明，新的课程理念，已经体现在程老师的教育实践中，因而可以说，一种基于内驱力的专业自主学习，好的课程理念是可以与教师的教育行动整合起来的。从而说明了自我、专业实践经历、扎实理论学习经历都构成了程老师教师实践性知识的来源。

后来，程老师，又到亭林中学试讲，"讲的是《邓稼先》"（段1683），"邓稼先是杨振宁写的，作者就是杨振宁"（段11693）。后来当程老师到亭林中学上班的时候，试讲那个班的学生见面时谈起这堂课还记忆犹新，说"你给我印象很深的啊！"（段1687）。之所以有这样的效果，是因为程老师在试讲中把握了以下几个方面：①学生活动，"在亭林讲邓稼先，我也是分了6组，学生来讲"（段1686）；②"开头创设情境，我说'这个世界上谁最厉害啊？'学生说'美国。'，我说'同学们，我们在国际上要想有地位，要怎么啊？''要科教兴国。'"（段1690），"基本上我的预设呢都是顺理成章生成的。我说'科教兴国我们就要重视什么，重视人才。好，我们就来学习。两弹元勋邓稼先。'"（段1691）；③"最后我又搞了个什么，自己写一个对联或者诗，来赞扬邓稼先"（段1693），"当时在课上写的，当时有一个同学写的，'一个稼先倒下去，千万个稼先站起来。'我说道，'一个同学坐下去，40个同学站起来。'学生就哈哈就笑了"（段1695）。此外，"我把这个亭林和顾炎武先生联系起来，顾炎武的号。我为什么知道呢？当时我刚刚看到一本书上介绍的"（段1695），"后来讲课的时候用了，但是我当时不知道顾炎武不是那个亭林的，实际上他是，学生刚刚学过的课文注释有：顾炎武，号亭林先生，实际上就是昆山的亭林。昆山有个亭林镇，而且还有个亭林园，亭林中学"（段1699）。该次试讲，再次体现了程老师的教师实践性知识之教学原则的两个主要方面，那就是

第7章 诠释教师生活史之关键事件

让学生动起来和联系实际,让学生动起来的教学原则,又表现为让学生分组活动和学生写诗或对联这样的规则;联系实际的教学原则,不仅表现为联系国际社会实际现象、联系校名实际这样的规则,还表现为联系学生实际让学生发挥的规则。这与他在安阳教学期间第一年上班时听到的另一节公开课,安阳市的公开课,《死海不死》,记得最深印象"让学生讲故事"(段1537)旨趣相近。

由于在亭林中学期间,程老师家属工作的问题一直没能解决,他又不得不另谋出路。因此随后又有程老师在松江二中《谈白菜》的试讲,因为与同时试讲的人员水平相差无几,加上要解决家属工作问题,未果。之后,又有同赴杭州会议期间结识的"松江三中的教研组长推荐",但松江三中校长担心程老师是将该校"只会做一个跳板"(段1619),没敢要。还有一次,是到"松江一中"说课试讲,"题目是《邂逅霍金》",但是,程老师说"那个说课我就没有说好"(段1641),因为,"我认为他们完全是两码事,说课呢,等于我过去的时候也没有太在意"(段1641),"感觉我说课是弱势"(段1645)。对于说课这样活动,程老师一方面认为,"我感觉生成永远大于预设。生成你是无法预料的,凭说课呢,其实看不出什么真正的效果"(段1645);另一方面,也承认"应该说说课还是有一定价值的"(段1647)。访谈之际,程老师还拿出一份刊登在《语文教学参考》上的他复印的文章,是余映潮的《沁园春·长沙》的说课稿,因为访谈的这个学期刚好教材的第一课是《沁园春·长沙》,程老师阅读这篇关于说课的文章作为其教学的参考。针对这篇文章,程老师说,"余映潮,也是非常有名的一个老师,他的这个说课太厉害了!"(段1648)。程老师此次说课的经历,自认为不理想,感觉是自己的弱项,对于说课,似乎还没有找到感觉。但在教学实践中，程老师把自己说课的经历同余映潮的很"厉害"的《沁园春·长沙》的说课稿联系起来。这样，自身说课的实践经历与自觉地专业学习——对他人的说课稿结合起来，对程老师的自我建构、对教学实践发挥着影响力。

再后来，程老师便联系了现在所在单位 JDE 中学的试讲。"讲的三首词，《明月几时有》《水调歌头》，还有一个宋词，张孝祥的作品《念奴娇·洞庭青草》"（段1729），是高一第二学期的课，他讲了两首。程老师记得这节课"方法比较新鲜，全体起立，读，想象，进入情境。站起来有庄重的感觉，读词"（段1734）；另外，"还有当时我让他们自己把它变成一篇散文，但是这个难度挺大，学生做不好"（段1736），"后来我让他们想象《明月几时有》的最后"但愿人长久，千里共婵娟"，表达了人们的一种团圆，让他们想现在我们这个世界，哪些人在中秋不能团圆"（段1736），"但是有的学生一想象就是边疆站岗的军人，但我让他们想到处于战争中的伊拉克平民。有一个学生提到了，就是与现实的联系"（段1736）。对此，程老师说，"我觉得讲课的精彩之处就是与现实联系起来"（段1736）。进而程老师联系到他刚刚上过的一节课《诗经·蒹葭》，那天，刚好辖区督导团来听课，在这节课上，程老师也注意了引导学生与现实的联系，他说，"最后都联系到和谐社会了"（段1737），在讨论中"就是因为有个学生说《蒹葭》是招纳贤才，但是贤才却找不到，一直在执着地追求；但是另外一个学生说这是一种可望而不可即的理想境界，他说想到陶渊明，就像《蒹葭》中的主人公一样；我说今天看来站在大河旁边看到'蒹葭苍苍，白露为霜'这个人的应该就是陶渊明了，可惜陶渊明晚生了几百年。他是隐士，盼望这个多灾多难的世界能够平安和谐，我们追求了几百年几千年,到现在我们还在构建和谐社会,这就是我们几代人都在努力追求的境界。'"为此,程老师认为"这下课文就升华了,所以上午课讲到这,某种智慧,教学机智就出现了"(段1737),所以,"生成大于预设"(段1738)。

程老师在 JDE 中学 2003 年的试讲和 2007 年区督导课还是体现了他教师实践性知识中关于与现实联系的教学原则,除了以他长期以来在讲课中的锻炼、经验,以及在此基础上的自我认识有关,程老师也认为这与个体的教学智慧有关。但不能不说这种教学智慧是程老师一路走来,一路锤炼的结果。

说到这种在教学中注重联系现实的做法,程老师还联想起他在 JDE 中学评职称时一节出彩的课《非攻》,当时校长和各组的教研组长都参加了,"校长马上就站起来讲:'程老师,你这课如果能这样讲,绝对能拿出去和他们比'","他当时听完这个课就不相信这个课能这样讲,不相信原生态的课可以是这样的"(段1740)。可见,程老师联系现实的教学原则的运用,不仅一再让学生实现自我价值感,程老师本人也在其中提升了自我价值感。

程老师 2003 年在 JDE 中学的试讲得到了领导的肯定。这样,2003 年 8 月后,程老师便进入了这所学校,至今。但是,校领导换了几任,家属工作的问题几经波折仍然没能落实。家属的忧虑乃至怨言、单位领导对此事的冷漠,在某种意义上成为程老师心头的痛。这又迫使他几度外出试讲。除了希望能够改善状况,他也在经历中继续自我锤炼,他亦有几多得意之时与笔者共享。

七宝中学的试讲,程老师"先过笔试关"(段1661),"笔试考分析课文,写教案","还有答辩,面试","笔试面试都过了,过了之后讲课","讲了《一碗阳春面》"(段1663)。对这节课,程老师觉得"没有放开，讲得比较拘谨"（段1663），而且，"还是犯了一个错误，面面俱到"（1667）。程老师在试讲的经历中，对自我展示进行了可观的反思，获得一种自我认识，即"面面俱到"的不足，这将有益于他后续的教学实践和教师实践性知识的完善。

在行知中学的试讲，程老师讲的是"一组作文题"，"我以前没讲过这个"（段1662）。程老师还保存着当时的作文题目纸页，谈话时他拿给笔者看，上面还有他的备课，"当时我就在上面划了划"，"我是先把方法讲了，然后讲这个构思，思维方式，阐释思维啊、原因思维啊、功能思维啊、措施思维啊，然后让学生在这个方法下面去构思"，"实际上当时这个效果非常好，而且那个班主任呢，他也是语文老师，他说'我们班上课很不活跃的，像今天这个课这样活跃是很少见的。'这个班是化学班，所以比较死气沉沉的"，"讲完以后有个老师在听课，是谁呢？是宝山区的首席教师，估计语文方面首席教师宝山区只有一个两个。在吃饭的时候他说，'程老师你来吧，这个学校比你原来的学校好多啦。'那个班主任也说，'程老师我们这正需要你这样的男老师啊，女老师太多了'"（段1622）。该试讲显示了程老师关于作文教学的实践性知识，基本的原则是，先讲方法、然后讲构思。由于得到了肯定，自己也感觉效果不错，程老师获得了一种自我价值感，一种自尊。而其中关于作文构思的几种思维方式——阐释思维、原因思维、功能思维、措施思维，则是程老师从书中移植学习领悟的结果，是专业理论学习作为教师生活史的一部分影响教师实践性知识的表现。

曹杨二中的试讲，讲的是《扇子崖》，程老师解释道，"泰山上不是有一个叫扇子崖吗？"（段1715）。关于准备的情况，"当时就是花了一两个小时准备了一下，也没有给我参考书，就给了一些复印的东西",在教学中,"我还是让学生来说的,前面我给学生讲了这么几点:'我说要注意,我用了8T教学法。''我让同学们打开一篇文章,先看标题。这篇文章肯定讲了一个话题。它一定有一个主题,它是什么文体实际上就,看标题,定文体,话题,主题'"(段1717)等。程老师说"8T教学法","不是现成的模式,是综合别人的。因为我也研究了一些文章,是综合了别人的一些"(段1721)不过,"人家只要一个人,那去的人太多了,后来也没有什么结果"(段1725)。在该次试讲中,程老师所强调的"8T教学法",是其教师实践性知识之教学规则的重要表现。该种规则的形成,如其所言,也是"综合别人"移植学习领悟的结果。这种移植研究在施良方的《教学理论 课堂教学的原理、策略与研究》(第401—406页)一书中有论述,其中谈到了"经验移植"和"概念移植",作为专业生活史的一部分,加上自身的感悟,这也是程老师教师实践性知识的来源之一。

程老师自进上海以来,试讲的经历还不止这些,在谈话中,笔者问程老师,"一路走来试讲这么多有什么感受?"(段1744),程老师说,"经历就是财富"(段1745),"每次讲课不怵了"(段1747)。而在这种经历中,程老师更增强了一种教学意象,那就是"我认为这个课要返璞归真,不在哗众取宠"(段1747)。另一方面,结合自身的不足,程老师也表达了一种教学原则,即"把思想内涵怎么通过对文本语言文字的解读自然引导出来"(段1759),规则是"讲什么都可以,但要讲出来道理而且紧扣文本"(段1759),而这样的追求,在程老师看来,都是为了实现一个基本教学效果的意象,那就是"我首先要做的是让学生满意"(段1771),为此,就需要一条从学生实际出发的教学原则,"我越来越意识到一句话,从实际出发"（段1773）。关于"从实际出发"的含义，程老师说，"我意识到从实际出发的内涵太丰富了"（段1775），"没什么最好的办法，也没什么最差的办法，只有最有效的办法。就是要切合学生实际，学生需要什么，学生需要你讲，你讲；学生需要你动，你动"（段1777）。

为了实现这样的教学原则，程老师以作文教学为例，其规则是"包括写作文啊，我不去强求字数啊什么的，就一条，你真的去看了观察了，真的有一点点触动，就写出来这一点就行了。"因为"现在有的学生大话、套话、空话，这是现在的恶习"（段1777）。在课堂上，从实际出发的基本原则就是"启发学生"的原则，"让学生满意"的意象也是"尊重学生"的意象，为此，基本的原则，就是"要倾听，学会倾听"，"要以真诚换真诚"（段1780），而程老师的规则就是"现在我绝不会指责学生"，而是"商量的口气"（段1783）。发现程老师的这一规则恰恰印证了康纳利与克兰迪宁（1988）指出的"我们常常在一些表示绝对意义的词语中发现实践规则的口头表达"（第64页）。当然，程老师的尊重学生的意象、倾听的原则、决不会指责学生而是商量的规则等教师实践性知识的形成，是有一个过程的，也是与其专业的和私人的生活史经历密切相关的：其一，从专业生活的角度，他说："以前是觉得学生什么都不懂，我自己讲话有点太理想色彩化，讲些大道理，学生不爱听的"（段1780）；其二，从私人生活的角度，他说："有时候家里就是对我没一点尊重的意思，说话真的让我很伤心的，所以我想我说话应该是非常小心非常谨慎的，她（指他的妻子）没什么恶意的，但就是这样"（段1785），"她有问题的时候都找到我身上来，孩子也很让我头疼。问题出现了就怨，不找原因。没有哪天不发火的，你说她这样有什么用呢？"（段1792）。显然，程老师正是基于个体的生活史经历，和自我的感受，对自我的再建构，形成了他的教师实践性知识的意象、基本原则和规则等。再次验证了笔者最初提出的假设：教师生活史—教师自我—教师实践性知识。而程老师"经历就是财富"（段1745）几个字，恰恰可以用来概括笔者本研究的价值。

9）带教之实与名。

程老师曾经感慨甚至"感到痛心"，因为"现在年轻人就不善于向前辈学习。不善于，不屑于，不愿意"（段1494）。但又欣慰"有一个年轻教师，原来我们交流地非常好，他在我这里受益匪浅，叫张晓华，那时候我们在一个年级组，我给他讲了好多方法，好多东西"（段1496），"有个叫毛敏的，那天我们去，他不是在旁边备课吗，他也经常跟我联系打电话，问问题，交流"（段1500）。但非常遗憾的是，"学校安排每个年轻教师，教龄不到5年的，都要有一个带教老师；我也没说这个事情，我是高级教师吧，但是我是从来没有带过的"（段1494）。尽管"金老师不断地在各种场合里说，'程挺毅是真正投入做事的人'"（段1501），但面对于这种"有意排斥"，程老师说"我不苛求什么东西。"还是抱着一种"顺其自然的态度"（段1507）。进一步，程老师还反省自己的不足，说"这个事情是这样的，有些事情是什么呢，实际上就自己来说呢，自己的分量还远远没有达到真的对人震撼的那种地步，实际上你还真的没有达到这种地步，如果达到这种地步了，那根本不是这么回事，现在能做的事情就是说还是要增强自己的实力"（段1509），"我认为这个是根本出发点，你要是怨天尤人，那实际上是毫无意义的。而你所能做的就是现在改善自己，提高自己，就是增强自己的影响力"（段1511），"找到的更多的是属于自己的原因，人活的意义就在这儿"（段1513）。程老师就是这样一个如他自己所说的"善于反省"的人。当笔者问，"你常常自我反省有没有一种累的感觉，焦虑的感觉？"程老师说"有。经常睡不着觉。""经常是躺在那里想半夜才睡觉的"（段1515）。这表明，程老师可能是一个内向性自我意识强的人，这一点是与程老师回答"内向型自我意识量表"的结果是一致的。

反省对程老师的专业发展来说在一定意义上是非常重要的，而且程老师也把对自我的反省以及对自我反省的重要性，运用到他的教育现场，比如，他说，"我曾经在班里贴过一个标语，叫什么呢，八个字，'问题在我，自救自强'"（段1519），"这八个字啊，也是就自己的经历，也是看到一个地方，看到一本书"（段1527）。"实际上好多问题就出在自己，好多人呢，怨天尤人，所以导致永远不可能进步，总是怨天尤人，自己不会进步，所以我写了这句话，问题在我，自救自强"，因为，"你能自救，上帝才能救你！"而且，程老师说，"实际上我这个反思呢就是这个自救的过程，这样你才能变得自强"（段1527）。这再次说明，源自生活史的自我，又直接影响了程老师的教师实践性知识，即他对学生的意象与对自己的意象是相似的"问题在我，自救自强"。

10）师生关系与语文学科教学实践。

"以前我还犯的毛病是把自己的思想强加给别人，现在我想呈现一些东西，让学生自己去选择"（段1851），程老师如是说。在实现这样的转变过程中，他提到了一段与学生的经历："今天我去一个学生家，这个学生我在高三的时候狠狠重创过他，可能是我高中阶段冲突最厉害的一个，我把他赶出教室，我要把他的书扔出去"（段1851），"他对我还有点记恨"（段1853），尽管"他父母挺好，包括他亲戚，说语文分数挺高"，但这位学生却"目中无人，语气很不屑"，"我亲自端起杯子祝贺他，这时他有一点缓和了"（段1855）。这种"恩怨"是因为，"那时候（上学时），总是看他不顺眼，他爸爸也看他不顺眼"，但是，"后来他爸爸说想通了，不能把自己的思想强加给孩子，要学得开明一点，尽量给他宽松的环境"，毕竟，这位学生的爸爸"是公安局的支队长"（段1855），"研究犯罪心理学或侦查心理学"（段1859）。现在，程老师注重在学生身上"情感投资"，比如，对一位学生，"只要交了作业就一百分"，"鼓励嘛，给学生一个改过的机会"，"现在上课从来不批评学生"，"我深切地感觉到，教育是一种管理"，"把各方面管理好，管理作业管理课堂，我现在不做记录，只管批改作业，课代表作记录，把总结公布出来"（段1861）。显然，对以往专业生活的反思，是程老师教师实践性知识的重要来源。

程老师认为，曾经发生的师生对立，与自身"犯的毛病是把自己的思想强加给别人"有关，反思后，其教育的意象是"教育要顺其自然"，其对待学生的基本原则是"让学生自己去选择"，师生关系的基本原则是"情感投资"，为此，程老师的规则包括，对一个学生"只要交了作业就一百分"，"上课从来不批评学生"等，其在师生关系的意象则是"唯一的希望就是能让学生满意"，为此，基本原则包括"更多的是备学生""课上用适当的方法诱发学生发言"，程老师关于这样的意象、原则，还与他对教育界的知名人士魏书生的了解和学习有关，他说，"魏书生曾组织过'课堂发言敢死队'，我老早知道这个"（段1875）。

此外，基于类似上述的生活史经历和自我认识，程老师还提出"以生为本"的个人哲学,具体到教学上,包括"学生的问题就是教学目标"(段1877),"真让学生活起来,首先要让学生投入进去",并把这样的个人哲学以隐喻的方式表述出来,"我经常说的一句话是,要把战火烧到学生那边去"(段1881)。程老师在教师实践性知识的个人哲学,还与他在同侪之间的交流密切相关,"我以前只是朦胧地感觉到,后来金老师说了以后,我就有意识地实行了",程老师举例说,"比如这次布置作业,我就这样,我一定要看到蓝色笔,红色笔,红色笔就是你改的,让我看到你出错的过程,必须让我看到问号,有问号说明你有问题,不可能没有问题"(段1885);又例,"比如,有一个学生跟我讲《种树郭橐驼传》说'而卒以祸',说老百姓为什么不起来反抗呢?"(段1889),对此,"我把这个问题交给学生回答,有学生说老百姓有顺其自然的心态,我说这种顺其自然好不好?不好。柳宗元的《种树郭橐驼传》中的郭橐驼是不是无所作为,不是,后来顺其自然又回到郭橐驼种树的顺其自然,顺其自然就是按规律办事,后来我就问,老百姓为什么没有反抗呢?你怎么知道没有反抗呢?结果怎样呢,结果是两方面的,成功与失败,失败了还是没有按照规律办事"(段1891)。

但是,当"把战火烧到学生那边去"的时候,由于学生的思维是发散的,会提出各种各样的问题,笔者当时举了语文教学中这样的事例"朱自清的《背影》,有学生说朱自清的父亲违反了交通规则,假如在你的课堂上出现这种情况的话,你怎么应对呢?"程老师说"首先是肯定,就说你能联系现实",但"现在语文他是一个整体,这篇文章反映出来的,有作者要表达的意思,就说违反交通规则放到文本当中去理解,作者肯定不会去表现父亲要违反交通规则,你拿到上下文当中没地方能看得出来作者是要表现父亲要违反交通规则"(段1901),《背影》就是表现父子感情的"(段1891)。不过,"最好让学生之间互动,老师不要先下结论,生生互动,师生互动,生本互动,也叫生命对话吧,我现在才感觉学生思维的碰撞"(段1910)。所以由"以生为本"的个人哲学,程老师还生发出"以本为本"的教学中文本解读的基本原则,按照他的说话:"一方面,'以本为本'就是你能根据上下文,根据整体,得出一个观点"(段1894),"主张联系这篇文章的整体,把握文章整体的思路"(段1894),因为,"你孤零零地来看的是现象,但是你要看它的本质"(段1901),这就需要"把学生引导到正题上来"(段1891);另一方面,"文本可有多角度理解,作者意,还有教参意,编者意,还有一种读者意","文本是有意境的,意境散发出来的东西太丰富了,它不是唯一的,不能用唯一来框定学生","就像《沁园春·长沙》'看万山红遍,层林尽染',如果你讲的有道理,想到了十月革命,1917年,25年之前,这是合理的解读。你也可以说不是,说感觉到生命的价值,也是有道理的"(段1895)。

而具体到文本背景的处理,程老师的基本态度和规则是"了解背景有好处也有不好的地方"(段1893),有些时候,"背景完全没有必要给学生讲","就像《诗经·蒹葭》一样","课后的思考与练习,有3种解释,关于其中的'伊人'"(段1894)。结合课堂教学,程老师例举说明了"以本为本"的文本诠释的基本原则:关于《诗经·蒹葭》,"我得出了其中站在河边想念的人有一种执着的追求,他在追寻一种目标,不管这目标是意中人,还是一种境界,隐士,这都不妨碍你去解读他,他们都有一种共性,就是执着追求的精神。这就是以本为本"(段1894);"那天孟老师讲的那个《再别康桥》,不要说这是徐志摩第二次来康桥,有什么特别的感受,学生会依据文本从整体来把握"(段1893)。

程老师教师实践性知识的这种"以本为本"的教学文本诠释原则,按照他的说法,是与其专业学习的生活史及自我反思有关的,他说"解读文本就是钱(钱梦龙)老师讲的'以教师为主导,以学生为主体,以训练为主线','三主'","它是有顺序的,不能先是'以学生为主体'。主体的解读,是带有个体色彩的,会发生偏差的"(段1906)。比如,"那天讲课(《诗经·蒹葭》)我有一个失误,就是有一个学生讲,就是浪漫情绪,他说'蒹葭苍苍,白露为霜',苍苍是深青色,而白露是洁白的,青色,白色,浪漫色彩,我认为浪漫提不到,应是孤独的,怅惘的,带有一种茫然的情绪。所以在这种情况下,我就希望其他学生能够提出反对意见,这就是我老师的不成熟"(段1906),"学生说有浪漫情绪,我只说你说的也是,就停止了,但是我要反问一句,真的是这样的吗?有没有整体把握呢?你读一读?"(段1908)。

正是基于个人的专业学习与实践的生活史及自我反思,程老师在思考一个语文教学中非常重要的问题,他说,"我曾经听一个报告,说'有人教了多年语文,还没摸着语文的大门!'我就思考,语文教学的大门在哪里呀?到底在哪里?"(段1913),"后来我悟出从品位语言入手,来解读文本,以前架空了语言"(段1915)。这就是程老师教师实践性知识中关于语文学科教学的个人哲学。

11)从评语思考人生。

给学生的评语,程老师是非常重视的。笔者从程老师那里收集的2002年上海市亭林中学班主任对学生评语集,其中,收录了程老师的评语8篇。评语虽然是写给学生的,其实在一定程度上也体现了老师自我,是米德(1934)"观点采择"的一种变式,如在评语

第7章
诠释教师生活史之关键事件

中,程老师写道,"培养坚毅耐挫的品质""愿你昂头挺胸,做一棵真正的天松!""是金子迟早会发光的""你不能左右天气,但你可以改变心情"等,这些都与程老师自我有关,说明,教师的自我直接影响了程老师如何写学生评语的实践性知识。

在研究过程中,笔者常常运用相机记录的方式,包括拍摄下他给学生作文的评语。笔者发现程老师非常珍视他中学老师给他的作文评语(那篇作文他还保存)。那一次,笔者在谈话中对程老师说,"在我收集的资料里,有你的老师给你留下的评语,有你给以往学生的评语,有你给现在学生的评语,这就是你人生轨迹的一部分"(段1556)。

说到这里,程老师又联想到他的一首诗《晨跑》,刊登在1991年12月13日星期三的《安阳法制报》上(程老师保存此报,笔者获得复印版),他说,"对。是这样的,就是我写的那首诗:去锻造生命的链条。实际上每个人都是生命长链中的一节,生命的链条"(段1557),然后,流利地朗诵起来。

由此谈及真正的人生,程老师认为"许多人把自己包裹起来","我基本上保持了自己的本色"(段1565),"实际上人生就是相互支撑的,真的是,别人支撑你,你支撑别人。我们喜欢人字的结构。那次我讲课你没听是吧,人字的结构就是相互支撑"(段1565),而且"要呈现一个真实的我,实际上一个真实的、全面的人才有价值,是吧?我认为每个人都不是完人,是因为人有缺点才显得更有魅力。有缺点但不能是致命的缺点"(段1570)。程老师怀着一种心愿,"去锻造生命的链条",这表明程老师对自己命运的自我的掌控感和人与人之间友好交往、相互支撑的自我归属感。这种对自我的情感愿望表现在他与笔者,以及其他朋友交往过程中的坦诚交流中，也表现在他在教育场阈中与金老师、与他的学生的交往中，该种理念作为一种个人哲学构成其教师实践性知识的组成部分。

12）体验生活。

上班后，程老师曾经蹬三轮，做生意，炒股。他讲，"为什么我要蹬三轮，做生意，炒股，就是不断地要自己的生活丰富些，跟各种人打交道，会有收获"（段1842），"1991年上班后"，"曾经蹬过三轮"，"三轮车是借我们同事的，他就是附近村上的"，"主要是想体验生活，接触各种人，挣钱不是第一位的"（段1796），对此，他"有一种愉悦感，凭自己劳动挣钱是很愉快的事情"（段1804）。

程老师还"曾经做过生意"，"从安阳买牛皮靴，拿到乡下去卖"（段1812），"实际上靴子没卖掉，自己家人穿了，有的送给别人了"（段1813），"主要是想体验生活"，结果感觉到"做生意不好做"（段1819）。

此外，"1996年到1999年"（段1828）在安阳还"炒股"，"本来是想要动员家里人炒股，够疯狂的"（段1829），但"2000年要考教育硕士了，要学习了，不能炒了"（段1829），对炒股的感觉是，"感觉还是要做点实实在在的事情，炒股感觉很空虚，要去上学，去见识外面的世界"（段1831）。联系到现在人们的炒股，程老师则认为"现在的股民没有受挫的经历，他们总觉得股市一片辉煌，钱谁都可以随便赚！"（段1822）。但他也预言，"将来中国要全民持股"（段1834），因为，通过听广播，他得知"新加坡就全民持股"，"全民持股才能关心国家经济，谁也不希望国家经济波动，经济波动，股市就会波动，自己的利益就会受损，所以国家的导向是希望全民持股"（段1836）。

程老师也把"捕捉社会的热点"推及对教育热点的捕捉，"抓住热点才能把握大方向,就像教育一样,为什么我能感觉到《素质教育在美国》(个人教育哲学)那本书将来要红,我预先把这本书买了,没多久,就红遍中国了"(段1840)。这是程老师1997年在安阳上班时的事。而且,"十年前我就意识到,教育要创新,只有创新,这个民族才有希望"(段1842)。程老师通过参与蹬三轮,做生意,炒股等社会活动,试图实现"不断地要自己的生活丰富些"的自我意象,并在关注社会热点中,获得对自身生活掌控的情感。这样的生活经历及自我感受,又促使程老师又关注社会热点,到关注教育热点,体现了他在教育方面的个人哲学,"抓住热点才能把握大方向"。这再次说明,程老师的生活史经历以及自我与其教师实践性知识相关的。

7.2.2 顾老师生活史之关键事件

1. 感觉最美好的时刻

(1) 父母的爱

顾老师首先谈到了对父母的印象,"我觉得对我影响最大的,印象最深的,大概就是我还没结婚前,跟我父母,跟我弟弟的生活啦"(段11)。拥有的这份归属感,促进了顾老师自我的建构,"因为我是现在往前回忆才发现,我现在人格的养成啊,或者说我做老师的某些特质啊,跟自己小的时候父母给予我的那种比较无私的爱是有关系的"(段11)。而这种自我又促进了教育现场中与学生的坦诚的交往,"所以我就会很自然地在我的生命中有一种,觉得好像跟人交往啊,或者说把我所知道的给予学生"(段11)。"这些事情,其实是很自然的事情,就是因为我觉得我以前的幸福"(段11)。顾老师认为正是父母的这种爱影响了她对学生的爱,"我父母给予我的那种爱,其实是很包容的,然后是很直接的。他们喜欢你,爱你,对你的赞美都很直接,很有情(关于父母的表征意象)。所以我现在好像对待学生依然是这种状况(关于师生交往的实践性知识)。""所以应该是那种以前长辈对我的那种关爱到后来变成我生命的一部分,所以我在面对学生的时候,我也不需要,好像不太直接从教育的学理上去得知这些,我好像大部分凭直觉去对学生,我觉得这对我影响很大(师生交往的教师实践性知识归因)"(段11)。"以前,我在自己的生命里,在我的家庭中,就像鱼在水里嘛,不会感到水的存在,可是你自己这样回头去看一看,然后看一看你周围的人。然后你就以前有某些特质,这种特质就是所谓的那种原生家庭,原生家庭给予你的那种(关于教师特质的归因)"(段13)。以上顾老师本人的叙述,恰恰表明了教师生活史的家庭,"原生家庭"对其自我建构的重要影响,而这种自我又影响了她与学生交往的实践性知识。这验证了笔者研究之初理论假设的合理性。

对于教师特质的观点,顾老师还说"所以我常想说当老师应该不是把它当职业,当老师应该跟他的特质有关,他可能好为人师啊,他可能与其他人的接触啦。这些部分,比较符合当老师的角色"(段13)。

顾老师以亲身经历来说明这种观点。就顾老师本人而言,她认为"其实大学不太容易确定吧(对大学抉择的表征意象)"(段21)。

一是,"选择师大国文系","不是因为我想要当老师",而是因为,大学联考后,顾老师"上了榜之后,隔了大概3个月,我们考试的那个地理的考题,有一题答案有问题。被发现了,所以我的分数又加了两分。所以当时我们的政府就等于让大家决定,你要到你原来分发的清华大学去念书,还是你要加了两分,你到师范大学国文系去念书?你可以有两个抉择,不是因为我想要当老师,我的原因是因为我在高中的时候在我们班上认识了一个男生，他就在台北念书，所以我决定留在台北，所以我就选择师大国文系（成为教师的表征意象：偶然因素；同学因素）"（段15）。

二是，大学毕业实习了一年后，顾老师又念了3年研究生，为了挣钱，去报社当副刊编辑，但是，"我在副刊编辑工作的时候，我慢慢回忆起我教书的那一年（对编辑的表征意象），我实习的那一年，我跟学生的那种关系其实是我比较乐意去面对的人生（动机性主题），所以后来我又决定从研究所毕业，从研究所毕业后我就把副刊一个编辑辞掉就再去找一个教职一直到现在（动机性主题）"（段17）。因为，"报社所处理的工作跟老师不一样，报社处理的都是比较及时的东西啦！就是马上要及时处理，否则第二天就被人家炒便当了。然后我们作为副刊编辑啊，我经常会想，我在那边待了一年半嘛，我就觉得一年半对我来讲，我去接触都是别人的好文章，我访问的都是别人的智慧。我当时问，那我自己呢，我去记录别人的东西，我去整理别人的东西，那我自己有什么？然后我再看有些长辈他们可能做编辑，做到后来，从这个报社换到那个报社，其实他有他的成就感。可是在当时对我来讲，我觉得好像不能满足我（对副刊编辑工作的表征意象）"（段37）。这说明，做副刊编辑这段经历和自我认识，对顾老师选择做教师以及她的为师观产生了影响，而她对个人经历体验和认识，还影响了她对学生工作选择建议方面的教师实践性知识，"就是选择工作，我就跟学生讲，其实你们不要以为选择工作是一个太严肃的，有的时候选择工作常常是错误，其实你可能选择错，然后你再去试，到最后你可能会选择这一次，它不会说第一次就可以选择对（自身择业的变迁与学生选择工作的教师实践性知识）。"（段29）。"不是你人生第一份工作就是最好的工作,我是建议他们尝试不同的工作。然后最后你确定了那个工作,你就会很认真,很认命地去达到一个你人生的顶峰。(副刊编辑工作对教师实践性知识的影响)"(段41)。

(2)专业

顾老师专业方面的美好时刻跟她的创作兴趣联系在一起,而创造的兴趣这方面的自我,又直接影响着她的教师实践性知识,包括她的教学内容和节奏,她的教师观,课程观。"我的教师这个职务是我的职业,但是我一直觉得要跟我的兴趣结合啊"(段85),这是顾老师的关于教师的个人哲学。这一实践性知识与她做副刊编辑的经历乃至更早的大学时写诗的生涯,以及这些经历对自我兴趣的增强密切联系在一起的,"在副刊当编辑时候,对这个创作有一份兴趣,所以我就把这一兴趣连接到我的职业上去。"(段85)。"我大学里就喜欢开始写诗了,写诗的话有我学姐带着,所以后来我在创作的话有一些兴趣嘛,所以说这些兴趣影响到我现在"(段85)。这样的自我,在教师实践性知识方面表现为,"在我教书教古文的时候,就会特别加重创作部分。所以像今年我带3个班,我就自己在暑假做一套教材,这可以用一年,主要是教他们怎么写诗,所以每个礼拜就让他们写一回我的感悟"(段85)。"自己喜欢创作嘛,所以有时候带学生诗歌朗诵啊,我就比较能够进入那个角色"(段90)。以上,再次表明顾老师的社会与专业学习的经历,对其教师实践性知识的影响。

2. 感觉心情不好,很难熬时候

(1)家庭

顾老师说:"第一个可能在家庭上,我父母虽然很照顾我们很爱我们，可是我父母之间也是有问题的。因为我爸爸是从大陆过来的，但是他父母没有过来。所以他从小是从战乱过来的，从小没有培养嗜好和兴趣，所以高中毕业大学毕业后就开始去工作。工作回家就不知道去干什么，晚上就去找朋友去打麻将，很晚才回来，所以我爸爸就和我妈妈争吵（成长的家庭的表征意象）"（段97）。

这样，"所以我跟我弟弟长大就不想跟人争吵，也是觉得人和为贵（生活史对自我的影响）"（段97）。"因为他们两个人争吵让我们心里难过，我们也希望这个家庭很和乐嘛，我妈妈也难过，爸爸是做男人的，在外面打牌，其实也是纾解自己，也是一种人际交流，可能也是没有什么嗜好，然后排遣他自己。然后我妈妈每次按时下班，按时回家照顾我和弟弟，每次看到我爸爸在家打牌或者很晚没有回来，但她还是没有忘记照顾我和弟弟。她也很少在我们面前有怨言。所以小时候其实很痛苦，真是想自杀啊！（生活史对自我的影响）"（段99）。

"我觉得我们多少都有一点，不喜欢，很讨厌和人家吵架，比较求和。所以在人群中我不太会把我的意见凸现出来，我可以心里不高兴，可是我不会跟你正面冲突，对我来讲两方争吵我就很不愿意接受，也不能处理这些东西。我可能会先哭（对人际关系的表征意象）"（段105）。

"这也影响到后来我文学的敏感度吧"（段101），"因为我比较能够体会别人的痛苦，因为那一点点转折为什么有的人过不去，为什么有的人不了解你。不能原谅你，其实人都有精神上的那个结（生活史对自我偏好的影响）"（段103）。

"我来当老师的时候，我来面对学生的时候，我刚开始会有困扰。问题是学生是我要教的学生，他看到你不会生气他会爬到你头上。刚开始教书的时候,我当导师的时候,我常常会哭,回家会哭,或者忍不住在学生面前会哭,蛮失败的老师,因为我不太懂得在学生面前要坚持自己的某种理念,不要让学生看到你的懦弱,然后后面慢慢懂得教师这个角色跟你这个人的角色不要叠合在一起,要学会区分(自我与初任教师时的体验及对自我的认识与发展)。""我在家对我的影响让我学得比较和,然后在学校让我懂得要学会理性去处理这些职务上的事。那个人的情感又是另外一回事"(段106)。

"也是慢慢达到一种协调,理解到一种程度,还是要有一种规范,不能一直后退,老让学生往前,总要到一个边界,给他一个圈,当他超过一个范围就要制止他(教师自我认识的历程)"(段112)。

以上表明,家庭关系对教师自我的重要影响,由于自身的经历,在社会自我方面,形成了顾老师"觉得人和为贵"这样积极的自我意象。但是,这种自我的形成却是以不愉快的情绪体验为代价的,"很爱哭"(段116)。这一自我,影响到顾老师初为人师时的教师实践性知识,比如她会在学生面前掉眼泪。直至对挫折的再度省思,"慢慢达到一种协调"才对师生关系的教师实践性知识实现了提升。

(2)恋爱

顾老师说:"谈恋爱时候有时候遇到比较难解决时候也很容易啊。实习那一年,认识一个比我大5年的,谈了两年,有时候会争吵。那段时间对我来说人很复杂,在恋爱时候你会认识到人性的那一面。可是后来觉得两个人太像了,就不在一起了(对恋爱的表征意象)"(段116)。

这段恋爱的经历，顾老师认为间接地影响到她的教育实践，"我有跟学生分享这些事情，比如我有时候讲这课可能会跟学生分享一下。因为你看现代文学，或者古代文学。比如说今天我上课我讲了一首诗，《陌上桑》，中唐一个诗人，写过一首诗《洁妇吟》，是写一首诗给一个男生，这个男生送给他两个明珠，我接受你这两个明珠，我把它绑在衣服上，可是我也有先生，我对我先生也想忠心，所以我还是把这两个明珠还给你，在泪光中还给你，很可惜啊，为什么这不是在我未出嫁的时候呢？"（段118）。"所以我会特别跟学生讲文学不单纯地是道德的问题。不是像《陌上桑》那个秦罗敷啊，我守着我的先生，对别人没有二心，可是《洁妇吟》的感情就是比较人性化"（段119）。

"所以我就跟学生说感情与道德不是画等号，如果画上了等号人就等于机器，所以人在道德的包围下，还要懂得守礼，你要能够不逾矩。这就是文学有意义的地方，文化不是探讨哪个对错，而是探讨那个过程，人性幽暗的那一面，我想我以前感情的经历有一些帮助，所以比较有体会这个部分，所以我就比较加重"（段121）。

显然，顾老师自身的恋爱情感经历，即对人性的思考，作为其私人生活史的一部分，影响到了她对学生情感教育的教师实践性知识。

3. 人生转折点意义的事情

顾老师说她人生中的转折"主要是学业家庭，还有我比较喜欢旅游，我的外公过世，我结婚离开我的父母，再有我有了自己的孩子"（段126）。

外公过世之所以被顾老师视为转折之事，是因为，"外公是对我影响最大的长辈之一，我爷爷奶奶都是后来才过来，我外公一直跟我在一起,我的外公很照顾我们,他去世对我影响很大"(段128)。而她"爷爷奶奶都是后来才过来",则是由于1948年战乱的后果,她的父亲离开上海逃难到台湾的时候,她的爷爷奶奶没有。这样外公,在顾老师的心中必然占有极为重要的地位,可以获得一种归属感。

另外,"在我学业上大学对我影响不算大,读博士班影响也很大。对我来讲也很珍惜"(段129)。这是因为,大学期间是她追求自我,喜欢作诗创作的阶段。

旅行对顾老师来说有着特别的意义。"旅行时候,我学会开车对我影响也很大。""因为我可以拿方向盘来掌控自己(动机性主题)。""我不参加旅行团,我开车或者跟认识的不认识的一起去,所以看地图认识地图,看到新的世界。""第一次去泰国,比较常去欧洲,然后是巴黎,去过3次,西班牙、荷兰、比利时、德国啊、瑞士啊。然后几个朋友租车自己去,其中一次是30天多,去德国啊、瑞士啊、法国都是开车。我有学生在那边,去美国去过两次,一次去看我舅舅,一是带我孩子去游学(旅游经历)"(段135)。"游学就是没有学历,你去买他们那的一个语言课程,买20天的语言课程,20天结束后你可以去别的地方玩"(段137)。重要的一点是,旅游,因为可以"拿方向盘来掌控自己",由此获得了一种掌控感的自尊情感。

这种自我又极大地影响了她的教师实践性知识,比如,"后来对我一个影响,学生会以为我好像在国外念过书,跟学生一种开放的思维"(段130)。说明旅游的经历对顾老师自我、教师意象的实践性知识的影响,即受学生欢迎的教师应该是具有"开放的思维"。

还比如,"有旅行做事就不怕困难,然后我做事比较有计划。

然后我跟学生说，你每次到新的学校3年，你第一年初一、高一就要为自己的学习画一个地图。就好像旅行一样，就要让他们看到3年他们要学习什么。不要说懵懂什么都抓，迷路了没关系，其实还有一种正路在走。然后鼓励他以后要走下去，开始有第一份薪水的时候，那钱要省下来，要去看这个世界，印证你的知识。这是我觉得我比较特别的地方"（段133）。说明旅游经历对顾老师师生交往、学习节奏等教师实践性知识的影响，她会告诫学生做事要有计划性，鼓励学生坚持，提醒学生花钱要用在有意义的地方——看这个世界。

而做妈妈的自我的变化，对顾老师的教育实践来说也具有特别的意义。因为"其实我当妈妈我从我孩子讲话中得出，我孩子喜欢什么样的老师。然后我体会学生到底能接受多少，学生喜欢什么样的老师。自己当了妈妈看到学生从不会到会是一点点累积的，所以你下次不要给太多，你一次给他一点点他熟了后，他不怕学习他才会学习。可是我以前没有孩子或者孩子很小的时候，我讲的你就要听啊，我都以为我说的都是为你好啊。可是自己当了妈妈心肠更柔软，更能体会学生在想什么"（段132）。说明，做妈妈的私人经历，对顾老师教师意象的教师实践性知识有重要影响。

4. 上学前特别的记忆

顾老师学前时父母的教育和无私的爱联系在一起的。

"上学之前，在家里，我父母对我们的教育。因为我们住在孙中山纪念馆，但我们常搬家，我爸爸妈妈都是公务员，家境不好，所以我们经常搬家，比较不安定，所以我比较渴望安定的环境（动机性主题）"（段143）。"还有虽然家境不好，但他们还是愿意花钱让我学钢琴、画画，所以兴趣就是那个时候培养的，我印象

> 诠释教师生活史
> 自我的建构与超越

很深"（段143）。顾老师在"自我检测问卷"中写道"喜欢美好和平"，大概除了不希望前辈们饱受过战乱创伤的重演，也或许与自己幼时的不安定有关。有一点是非常重要的，那就是早期家庭教育对孩子自我情感、兴趣的重要影响。

但是顾老师对儿时钢琴家教老师的印象很差。"我就学了2年，虽然父母给机会，但小时候不知道这个以后对自己帮助很大，我学了2年，就觉得很辛苦，因为老师很凶，那对夫妻会打我们，传统的教育方法"（段145）。在顾老师看来，作为教师应该"衣着要端正，那个钢琴老师穿得很随便"（段149），"他是不在乎，像那个男老师，很多时候他就穿着内裤。男生内裤比较宽，就当成他的家居裤，穿这样就教我们弹钢琴。我印象很深，他胖胖的、粗粗的，讲话很大声，你感觉不到音乐的气氛，就觉得很苦，就不停地练。后来我就跟妈妈讲，妈妈就让我继续，后来还是学不来，就半途而废。很可惜！"（段151）。顾老师对儿时家教老师的消极印象，也许与她的外向型自我意识的高得分有关，顾老师是很注重自己的衣着仪表的。对于这段学习经历，顾老师认为"主动学习还是很重要，我就比较缺乏，就放弃。但我其实对音乐很感兴趣，我上了大学会自己去学古筝啦，弹吉他啦……（对自我的表征意象）"（段147）。从顾老师的讲述来看，家教老师的形象与教育方式是顾老师放弃学钢琴的重要原因了，也应该是顾老师对教师意象的反面的经验。

顾老师很是感慨父母无私的爱，"我现在想我父母很伟大哦，家境不好，那时候钢琴要4万（元新台币），那么一点薪水他们把钱都存下来去买钢琴，你现在问起来，我发现我父母对我们的无私感情（对父母的表征意象）"（段147）。"后来我们对自己的朋友、学生也会这样，有机会教育就要教育，他们能学就学"（段147）。

表明父母对孩子的爱也同样给顾老师的教育信念和原则——有机会教育就要教育，带来积极的影响。

顾老师也有点遗憾当年没有坚持。而且"家里那么穷还花那么多钱买钢琴，后来卖掉了，卖的钱4万块拿回来放在家里，第二天就遭小偷。还没来得及去存银行，很心痛，所以后来学什么都要很专注"（段151）。但父母"他们那时候比较不会责备，他会要求，很仔细地要求，会说吃东西要很小声啊（家长的表征意象）"（段157）。说明了儿时体验对顾老师自我的影响。

5. 小学时候特别的记忆

顾老师上小学时的记忆仍然与父母的爱相关。顾老师说，"我爸爸妈妈很重视我和我弟弟的教育，所以幼儿园、小学、初中、高中我都是念私立的。私立的就是学费贵，设施比较好，管理比较严，学生比较少。他们为了让我们有个好环境，我们从很偏僻搬到现在这个地方，有个很好的小学。我们为了学习搬家，后来还是租房子（对家长、学校教育的表征意象）"（段165）。"因为他们逃难来，没机会学习，我爸爸来台湾后很努力念到大学毕业，我母亲就是高中毕业。现在其实我觉得他们很重视教育，他们给我影响很大，一定要我在私立学校念书"（段167）。这不能不让人想到"孟母三迁"的典故。

顾老师对小学的另一深刻的记忆是她生命中几乎最黑暗的体验。那是"大概三四年级"（段171），"小学有个老师会打人，用竹条啊，竹板。（对小学老师的表征意象）"（段159），"我还被罚跪"（段161），"跪讲台上，然后打我"（段163）。这位老师让顾老师"受伤啊，就老是拿这个羞辱我，就比较自卑（小学老师罚跪对自我的影响）"（段169）。

"所以我大学之前都比较害羞不敢讲话，体罚当然也有关系；可能跟个性也有关系，比较拘谨；还有私立学校比较保守封闭有关系（自我本质归因）"（段171）。"如果我个性比较开朗，为什么我去报社，然后又去教书，当然教书的环境比较保守，还是守着传统的道德规范，还是比较适合我的个性吧（关于自我的表征意象——内向性）。"

由此，顾老师说，"其实老师影响真的蛮大的，一句无心的赞美可能会影响人一辈子（对教师言行的表征意象）"（段172）。

由此可见，老师对待学生的言行对学生自我的影响是多么大啊！虽然，因为这段经历，顾老师在自身的教育实践中，具有尊重学生的师生关系的意象，但这一实践性知识的形成，却是以顾老师灰色的心情为代价的，这与在得到老师赞美的自我情感基础上形成的实践性知识是截然不同的。

6. 中学时候特别的记忆

（1）初中

顾老师的父母很重视子女的教育，所以在大学前所接受的学校教育是很有特色的，她说："我的幼儿园、小学、初中跟高中都是同一所，都是叫光仁"，这里不仅条件好，而且"我们是天主教的学校哦，都是很爱心的、正面的教育"（段240）。所以除了小学打过他的那位老师，"像我们以前私立学校，也有很多很好的老师，比较开朗，鼓励你主动学习，那个叫我们跪着的老师只是个别的，其他都很好（对受教期间教师的表征意象）"（段174）。

顾老师上初中的时候，大概和"跟青春期有关，那时候有点情窦初开"有关，加上男女分班，有些特别的体验。"初中是男女分班"，"我们学校是男女合校，但是男女分班，所以女生会注重打扮，可是我不会，就有点自卑。所以女生会打扮，走过男生教室就会被吹口哨啊，但是我就不会，我有点驼背"（段212），"那时候有点自责"（段216）。笔者访谈的时候并没有发现顾老师的这一缺陷，她说，"因为在发育"（段216）。"初中都很平平常常的。老师也没特别对你不好，因为我不是特别不好或特别好的学生，我都很一般守规矩，老师也不会打，学校气氛也很好，因为我们是天主教的学校"（段240）。

在台湾地区，中学男女分班是很普遍的，这应与自日据时代就实行男女分校（钟安西，1994）有关。笔者访谈的台湾TSF学校就是这样的。笔者访谈的龙老师、顾老师所教的班级就全是男生。对于高中现象，华东师范大学教育学系教授郑金洲说："中国在19世纪初期设立女校，是维护封建礼教和给予女性受教育权两者妥协的产物，而今天的女校更多的是从男女的性别差异出发，是一种教育方式改革的尝试，不涉及男女平等的概念"。

（2）高中

顾老师高中时自我体验比初中转好。她说："上高中后男女合班，稍微开朗些，但是功课紧张，所以话比较少。然后喜欢一个男生，也不会主动表白，就在旁边看他欣赏他，到高三彼此才有对话"（段216）。她还说："这跟教学好像有点关系，同学相处啦，还有客气啦，我对学生比较客气，我不会直接骂，还是会比较站在希望他先讲，然后我去帮他"（段216）。这表明作为生活史的一部分，学校教育期间的男女生之间的良好体验，也对顾老师当前的师生交往的教师实践性知识产生了积极的影响。

不仅如此，在高中的一些老师也给顾老师留下了正面积极的印象，也产生了较积极的影响。

"比如英文老师，他开启我对英文的兴趣，让我看英文小说，我就觉得对老师专业的就很放心，所以我都没有补习过，老师的认真都让我比较专心在学习上。然后负面的，你会觉得人很奇怪，有些不好的东西我就会忘记（对中学教师的表征意象）"（段218）。这表明，教师工作的积极认真的态度、真诚的指导会有助于学生积极自我的形成。

顾老师还说，"高二高三时有个语文老师对我影响很大的啊。他是我们导师，他教学非常认真，我们讲元宵节，猜灯谜的时候他自己设计灯谜，挂在教室，把我们同学的名字放在里面，你要猜同学的名字，从题目猜哪个学生。他不教我们的时候说想去当编辑，所以他可能有影响到我，每次成绩好的同学他会送书给我们，所以我送书给学生也是他的影响"（段220）。"他不是自己写的，他也是挑一些写得好的。因为我们学校还是比较封闭的，大部分都是父母买给我的，一些知识性的书，我记得他还送我一本《岁月是一个球》，我开始看第一本，老师送我帮我题字，那时候好感动，那时候经济不好，老师薪水也不多，他用自己的钱买给我，鼓励我们，所以我觉得这个到后来很影响我"（段222）。正是由于这位高中语文教师使顾老师当年形成了积极的自我，所以也影响到顾老师评价、鼓励学生的教师实践性知识。这一点，笔者在课堂上有所察觉，就是笔者在听顾老师《陌上桑》这节课时，顾老师在讲课前赠送给了在段考中成绩较好、进步较大的同学一些书籍，与顾老师高中老师不同的是，此次赠书是顾老师自己的作品。

此外，顾老师的这位语文教师还有其他让她感动的举动，"老师会把作文贴在后面，他也贴过我作文，跟我讲过高中生能像我这样生活很丰富！可是我想哪有生活很丰富，我就很感动，老师能够夸奖你，你就会努力做到他讲的程度，如果他骂你很低，你就会低到那个样子。所以我后来自己当老师，我就会比学生做的称赞更多，他就会感动（高中语文教师的表征意象，及其对教师实践性知识的影响）"（段224）。这样，顾老师的记忆中的这位语文教师的言行，就演绎了皮格马利翁效应。作为自身接受学校教育的生活史的一部分，使顾老师获得了积极的自我体验，也影响到了顾老师教师实践性知识中师生交往实践原则，那就是"我就会比学生做的称赞更多"。

"高一还有个男老师，对我影响很大。他是个男老师，是数学老师，他作风比较开放，带我们出去玩，跟男生说你们出去玩好奇想抽根烟，老师就给你们，不要禁止你，他觉得好奇就去尝试一下，但要适可而止，总比尝试前就先禁止好，那这样反而更好奇。他的思想比较开放，所以影响我胆子大一些"。表明高一数学教师对顾老师的自我产生了积极的影响。不过令顾老师遗憾的是，"可是他后来高二没有教我们，因为他比较开放的作风，后来被学校赶走了。可是我们很喜欢，他的作为不是开放到随便，给我们的思想是老师很放心你们，相信你们的做法，你去尝试这个事情，可是你尝试之后要进一步思考这个好不好（对高一数学教师的表征意象）"（段228）"我们同学会时别的同学见到，因为后来别的学校不太接受他，所以后来他就去外面开补习班"（段230）。尽管这位老师的风格没有被学校认可，但是他给顾老师最深的体会是老师要信学生，这是教师实践性知识中，师生关系原则的重要方面。

高二的数学老师"是女老师，还管生活常规。她知道我高二的时候喜欢那个男生，有跟老师提过，还把我叫过来，说她觉得我很有眼光啊，就很好玩。她让我知道老师知道我们，你们要互相勉励哦。回头想想，有些事情是无形中影响到我，所以后来我去做她学妹哦，她是师大毕业的，我后来也去念，多少有她的影响"（段230）。对高中生的朦胧的感情问题，这位高二数学老师的巧妙处理，对顾老师当时自我乃至后来自我的实现都产生了积极影响。这启发顾老师在教育实践中，"我比较放得开，比较不会说你怎么会谈恋爱啊。好好讲，大家正式地、很健康地交往，不会跟你父母说，但如果你做到一个程度让我必须干涉的时候，那就是你们的问题，你不要弄到大家都不祝福你，反过来你能够认真，大家都高中生，那老师不会干涉"（段232）。为什么要对高中男女学生的情感采取放得开的实践原则呢？顾老师说："现在你必须接受越来越开放。所以你现在访问我们学校，我们学校算是比较高等的，可是你如果到那种乡下偏远的，结果肯定不一样"（段234）。"我们这学生很单纯，成就感很强，会专心于学习中。乡下的小孩，我之前带过初中，带过一年，已经很久了，我第一年教，那是实习，念硕士前的第一年。那个初中，到了庙会，跳舞的时候父母会抓他去跳舞，家里让混帮派，初中学习就是赶快把这3年念完，所以感觉差距很大（对实习学校的表征意象）。这边可能成绩很好，教育上没有这方面困难，比较就不担心我今天讲的会听不懂，大致都会听得懂。老师教起来比较轻松，所以为什么我教书以来还蛮愉快的，因为我好像有选择学校，程度比较好，所以我教学上有余力去念书，如果我教的需要比较花心思在教学上，那我可能没有心去念博士（对当前工作学校的表征意象）"（段236）。龙老师和顾老师都曾提到TSF学校是顶尖的学校。不过遗憾的是，由于时间的原因，笔者没能有机会到顾老师所说的乡下的学校去看看。

总体上，顾老师说，"小学影响我的是老师，但初中开始是朋友，因为初中开始有比较深入的朋友，下课一起回家，那些同学的感情有的现在还有联络"（段242）。这些朋友是顾老师获得"情感上的满足啊，一种归属感。认同啊，对同性的认同。高中异性跟同性都有，因为大家同班，就想引起异性的注意（高中时的动机性主题）"（段244）。这表明同伴交往对个体自我的积极作用，在交往中构建着社会自我，也获得一种归属感。

7. 上班以后特别的记忆

（1）实习

物理环境也可以激发自我认识。这是顾老师大学毕业后实习的这一年的事情："就是第一年在初中"，"因为比较疲，又是第一次教，有天下午整个办公室都在上课，就我一个人，天花板有个电扇一直在转，然后我就在改作业，一直改不完，那时我才22岁，我就想说我一辈子要这样吗？觉得那个电扇是我老师（教师的隐喻），就像电扇一样都知道以后要干嘛。我不要这样，所以我就自己去考研究生，也没跟同事讲，我父母也很赞同，就考了4所，下定决心一定要离开这儿"（段246）。"4所就没有我们大学，因为那个师大挺难考，再来我也不喜欢我们大学，很封闭（对大学的表征意象）。我要换个环境。后来就考上所私立的，在淡水那边。那里对我影响也很大的（对研究所的表征意象）。我觉得那个电风扇影响我很大，自我觉醒。很孤单，很悲哀，所以就决定了"（段248）。这就是顾老师讲这一年称为"电风扇时代"的原因和意蕴。

谈到教育实践，顾老师说："所以我也跟学生讲，如果大学毕业他们想走走不同的世界，就去，去了，撞了，再回来，就确定你要干嘛。只要机会来一定要好好把握，也不要等到百分之百确定才答应人家，不然机会就跑掉了，再抓就来不及了"（段252）。这是顾老师由自身考研生活史经历，认识自我，进而形成其个人哲学的教师实践性知识的实例。

（2）研究生学习

顾老师说："在研究所的时候，跟大学不一样，鼓励我们思辨的机会，我会对学术的东西比较有兴趣"（段258）。顾老师觉得这让她"以后教书就比较认真。第一年教书还搞不清要教什么，而且教完很累。念完研究生，我比较知道可以给他们什么了，而且知道应该教高中，不应该教初中，比较喜欢和学生平等的状况，不喜欢高高在上，还要从字教起，这样更平等"（段258）。"所以毕业后去卫理女中，他有分初中部和高中部，经过试教后就让我教高中"（段258）。这都表明，研究所经历的表征意象，及其对教学态度、教学内容、师生关系等实践性知识的影响。

（3）日报社做副刊编辑

顾老师念研究所的时候，为了挣钱，去报社当副刊编辑，但是，"我在副刊编辑工作的时候，我慢慢回忆起我教书的那一年（对编辑的表征意象），我实习的那一年，我跟学生的那种关系其实是我比较乐意去面对的人生（动机性主题），所以后来我又决定从研究所毕业，从研究所毕业后我就把副刊一个编辑辞掉就再去找一个教职一直到现在（动机性主题）"（段17）。因为，"报社所处理的工作跟老师不一样，报社处理的都是比较及时的东西啦！就是马上要及时处理，否则第二天就被人家炒便当了。然后我们作为副刊编辑啊，我经常会想，我在那边待了一年半嘛，我就觉得一年半对我来讲，我去接触都是别人的好文章，我访问的都是别人的智慧。我当时问，那我自己呢，我去记录别人的东西，我去整理别人的东西，那我自己有什么？然后我再看有些长辈他们可能做编辑，做到后来,从这个报社换到那个报社,其实他有他的成就感。可是在当时我来讲,我觉得好像不能满足我(对副刊编辑工作的表征意象)"(段37)。

这说明,做副刊编辑这段经历和自我认识,对顾老师选择做教师以及她的为师观产生了影响,而她对个人经历体验和认识,还影响了她对学生工作选择建议方面的教师实践性知识,"就是选择工作,我就跟学生讲,其实你们不要以为选择工作是一个太严肃的,有的时候选择工作常常是错误,其实你可能选择错,然后你再去试,到最后你可能会选择这一次,它不会说第一次就可以选择对(自身择业的变迁与学生选择工作的教师实践性知识)。"(段29)。"不是你人生第一份工作就是最好的工作,我是建议他们尝试不同的工作。然后最后你确定了那个工作,你就会很认真,很认命地去达到一个你人生的顶峰。不是开始你认定的那个第一个工作就是你最好,所以我教书第一年,第二年我还有点……(副刊编辑工作对教师实践性知识的影响)"(段41)。

这种经历也影响了顾老师对从教的信心,她说,"我觉得副刊编辑对我以后当老师有个帮助"(段41),"就是因为我在副刊当编辑我去采访人家,是当老师没有的经验,它可以看更多人,那你拿一个名片给别人,像我们在台湾地区的话,记者啦,编辑啦,这种东西,记者我们称为无冕王,没有冠冕的国王。我们这样叫,其实没有冠冕,可是他有权力,他什么权力呢?我是记者我可能会爆你的事情,你会怕我。我如果把的我名片给你,我说我要采访你,你因为我这个名片,你就多少会看我的面子,会答应我,接受我的采访。所以我就因为这样,我认识了一些,看起来好像萍水相逢的那些名人长辈,我借这些事情可以看到许多不同的人,所以其实那一年半其实也很让我难忘（对副刊编辑工作的表征意象）。""所以后来我就在上课教书的时候，我就说还好我在外面看了一下，不是老师那样比较单纯的世界。"（段41）。对从教的信心，表现了教师实践性知识中的个人哲学。

顾老师做副刊编辑的经历，也影响了她与学生交往的教师实践性知识，"其实我现在会有一种很自然的情况，就是我跟人家在讲话聊天的时候，我比较会去问问题，我在想这也是因为我当那个副刊编辑有关。我会去问问题，会倾听，我觉得这是我的优点。所以我在教书的时候，有这个情况，我跟学生相处的时候，我不太是一个一直讲话的老师的角色。我比较喜欢听学生讲，听听他有什么事情，有什么状况。我再从中分析，然后去做一个归纳。所以我觉得这个第一个对我影响很大。然后第二个，就是说，我也比较会知道，老师也不是唯一的权威，因为你在外面工作，你有看到很多可能性。你如果太确定你是那个权威，你最终会被打败（自述：编辑工作对师生关系的教师实践性知识的影响）"（段51）。"我想我的特色大概就是这样，我会比较喜欢跟学生互动，不是说好像一节课都走在讲台上。大概多少与以前的那个工作有关吧。因为我在报社上班我们要打电话，交稿子，或者说，我上面有我的主编啊，我做错事会被他削，他骂，我做好会被称赞（做编辑的表征意象）"（段61）。而在课堂观察中，笔者发现顾老师在课堂上会让学生客串老师的角色的形式，也会组织学生分组学习。这是顾老师的教师生活史影响社会自我及其教师实践性知识的典型例子。

（4）结婚

顾老师说："我是研究生毕业以后教了一年书再结婚。我先生是我大学同学，在初中教书，他也是我同事，可那时候还没和他在一起。我念完研究生，他当完兵（这与台湾的兵役制度有关），我们才再联络。因为我经历一段感情，所以知道这个男生比较可靠，也就比较快，不到一年就结婚了（婚姻经历的表征意象）"（段254）。其中包含了以往的恋爱经历对顾老师自我认识的影响，是他能够决定与她现在的先生结合，获得自我归属感。

而婚后的生活她也觉得很满意，"我觉得我自己还蛮幸福的，我的先生还蛮体谅我的，他不会太把我绑住，那我在教学上就比较快乐"（段189）。这种自我归属感、幸福感又使它能够在教学中保持快乐的心情。顾老师甚至有一种隐喻的方式来看她的先生，"我觉得他像一条河"，"看起来他是在流动，你活在他的映照中，没有什么急流，是平静的流动，让我感觉比较安全，你会觉得他很平淡，可是不知道你的根都是吸收他的水分，其实他是一直在滋润，只是你不知道而已（对先生的表征意象）。比较让我懂得安稳平和（动机性主题）"（段340）。

总之，在幸福的婚姻中，顾老师形成了积极的自我，积极地影响了她的教育实践。

（5）TSF学校应聘经历

"因为我爸妈很照顾我，那时候我还没结婚，快结婚了，他们很可爱，就把我履历表投到这边。所以父母的爱，因为那时候他们在对面上班，舍不得我。那时候我也不知道进什么学校，我爸有问人家，因为这个TSF学校，不用教师证，很特别，可以完全没有经验，所以那时候我只是一个卫理女中的老师，我爸丢履历过去"（段259）。

"同年龙老师还来竞争，我们是同年的，所以有革命情感（对龙老师的表征意象）"（段259）。

"我们那年最后剩4个老师，有面试有试教，最后有天有个老师不来了，因为他觉得这个学校很怪，竞争很激烈，最后3个人都录取了。（TSF学校应聘经历的表征意象）"（段259）。

这段经历使顾老师再次感受到父母爱之伟大，获得一种归属感；也使得顾老师结识了龙老师，结下"革命情感"，扩大了社会自我；此外，竞聘的成功，也使得她获得了自我掌控感。

（6）TSF学校的印象

1）自身

"进来，对我的影响就是这个学校的自由风气，可以让我发展自己的东西（对TSF学校的表征意象）"（段260）。"我就想我跟别的老师有什么不同，除了教书之外还是要有重心，后来就比较朝写作和诗歌发展（动机性主题，TSF学校文化对自我的影响）"（段260）。这表明台湾师大的校园文化——自由之风，为顾老师自我的建构营造了良好的氛围。

随着时间的流逝，面对较长时间的单调的专业生活，顾老师渴望寻找新的自我的天空，于是如她所说："大概前几年，教书累了，也空了，所以后来我又去考博，需要看看外面的世界，在学校就是考卷啊讲义啊，还是太单调，要跑出去看看再回来（考博的动机性主题）"（段261）。

2）同侪印象

顾老师是与龙老师一起到TSF学校来应聘、一起被录用的。所以，如顾老师所言，他们"有革命情感（对龙老师的表征意象）"（段259）。"他是我学习的对象，但我不是他学习的对象。（对龙老师的表征意象）"（段263）。"因为他强很多嘛，程度没他好，他在老师里一直算表率"(段265)。"不知道,不知道他在我身上学到什么,我跟他还算蛮聊得来的"(段267)。在随后的交往中,从龙老师的身上,透过镜像自我的作用,顾老师获得自我的认识,发现自身的不足,包括情感态度的、教学方式的等,其表现是:

在龙老师那里,顾老师觉得"比较突出的应该是待人处事比较忠厚稳健的态度,因为我其实还是孩子气点,做事讲话啦有时候会诉诸情感,那他比较沉稳,顾全大局,理性,在文学上他诗歌朗诵上处理很有才气,在舞台上处理大型表演、口才啦,很多都是可以学的。但我觉得主要还是待人处事,比较温厚,从不说重话,很和善,但还是有原则,这是长期相处体会的,所以有时候我会问他有些事怎么处理(对龙老师的表征意象;镜像自我,对自我的影响)"(段269)。

在教学上,顾老师和龙老师常有交流,她说,"比如说,我会问他这个课怎么讲啊。用词上有什么问题啊,他用词上比较严谨。我比较是随意的发挥,他也会觉得我讲得很好,他可能中规中矩,比较老式的。我上得比较感性的,他比较理性,我们大概这方面会有互补(同侪交流,镜像自我;对龙老师教学的表征意象)"(段273)。

不过顾老师遗憾还没有完整地听过龙老师的课,"可能有时候走过不小心听到,但是我很想听他的课(同侪听课的动机性主题)"(段275)。龙老师也还没有听过顾老师的课,顾老师认为,"他坐下面我会紧张。跟学生讲话比较放得开啦。(同侪听课的表征意象)"(段277)。但她表示"应该是多听听(同侪听课的动机性主题)"(段279)。这是因为,"其实老师的心理比较微妙,我们好像还没到谁那听过课,大家多少心里觉得我不好意思让人家来听,而且你在下面我会紧张,所以不主动要求要听谁的课,所以很少很少。其实我觉得互相研讨一下很好的（对同侪听课的表征意象）"（段281）。

"像龙老师，我觉得他对家人的爱也会影响到对学生的爱，因为他是一家之主，要统筹家里的事，所以可能我说了就算，所以对学生比较权威。我是女的，可能比较协调性的。我们是两种不同的教学方式。平时上课，他可能很少跟学生有对话，你觉得呢？（对龙老师教学方式的表征意象及归因）"（段282）。"我觉得学生把他当作一个长者，在和谐中也要有权威"（段286）。

"龙老师也是导师，他带的他那个班是导师班，除了上课之外，还有很多管理，整洁秩序，全体活动啦，那就不像我，不是专任就不一样了（对龙老师工作的表征意象）"（段81）。

3）校长印象

笔者问及顾老师关于老师校长沟通的情况，"你跟他们有教学等方面的比较多的谈话吗？"她说："没有，开会的时候讲讲话"（段288）。而校长走进课堂听课会"造成老师不开心（对校长的表征意象）"（段290）。"我们学校很少有校长来听课"（段292），所以以前的谭校长"直接走进来，然后跟你点点头（对校长的表征意象）"，"所以有的老师就感觉自己受到干扰，我是不会啦，你听就听好啦（对校长，校长与老师关系的表征意象）"（段292）。

因为，顾老师曾谈到过，"在整个学校我们每个老师都是最大。就是唯一的嘛，校长也不是我们最大，校长他们是我们的行政人员，可是他的职位与我们是平行的。我们在我们那个教师法有这样表示。所以说老师的特质是有点唯我独尊，他其实一个人就可以掌控，他不习惯被人管"（段61）。"我们校长和老师是平起平坐的"（段69）。"但是你大概可以从我刚才跟你讲的教育状况分析出来，我们虽然平起平坐,但是事实上没有平起平坐,所以它就会产生很大的矛盾,看起来是民主啦,可是事实上它还是某一些不民主"(段73)。"它很矛盾,因为你是校长,你要管理学校,而他又没什么权力,他就要找别的人来管,他要围住他们,来变成他的,怎么说呢,就像古时候皇帝身边的臣子,他们都是你的心腹,你做事比较好做。可是现在这么民主的条件下,如果你旁边的那些臣子都不是你的心腹,你就会被赶走,被孤立,因为你虽然有校长的图章,但是你不能乱盖,这样就造成某些小圈圈。谭校长不喜欢这样的,所以我们学校里没有人去称颂他,他最后就走了,他也很无奈!"(段75)。而且"在高中教书的老师好像都有某一种程度的气势,所以不是那么容易好管理的",所以顾老师认为,"你人和为贵,作为一名校长要学习人和了,人和很重要,人和才能办事!"(段79)。这是顾老师在关于如何比较容易做校长方面的观点,是她教师实践性知识个人哲学的内容。

以上顾老师谈到的关于老师与校长的微妙关系,笔者还了解到其中一个很重要的前提是在台湾地区的教师有其自身的代言组织——教师会,教师在法定上与校长是平起平坐的,这与大陆的校长的权威性有所不同,正如谭校长本人在交谈时所说,在台湾做校长是很难的。

以上通过对程老师和顾老师生活史之各类关键事件的分析诠释,充分表明了个人生活史对自我进而对教师实践性知识的影响。

7.2.3 生活史之关键事件的问卷调查结果

笔者的问卷调查结果也说明了关键事件对教师自我、教师实践性知识的意义。笔者从地点和时间两个维度调查了影响自我和影响教师实践性知识的关键事件发生的情况,结果见表7-2,其中"TS"

代表的是对自我的影响;"TPK"代表的是对教师实践性知识的影响。

表7-2 教师生活史中影响其自我、教师实践性知识的关键事件问卷统计列表

关键事件发生的地点和时段		频数(Frequency)		占总体人数的百分比(Percent)(%)	
		TS	TPK	TS	TPK
家庭中	学前	15	6	11.8	4.7
	接受学校教育期	66	53	**52.0**	**41.7**
	自己成家后	29	27	22.8	21.3
就读学校中	上幼儿园	3	1	2.4	0.8
	上小学	31	13	24.4	10.2
	上初中	33	23	26.0	18.1
	上高中	26	21	20.5	16.5
	上大学	27	35	21.3	27.6
工作单位	作为教师的工作经历	79	85	**62.2**	**66.9**
	其他行业工作经历	7	5	5.5	3.9
	工作单位调动时	13	7	10.2	5.5
未发生过		12	11	9.4	8.7

以上调查结果显示,认为在自己的生活史中发生了影响自我和影响教师实践性知识的关键事件的老师分别是90.6%与91.3%。其中,认为影响自我和教师实践性知识的关键事件发生范围以作为教师的工作经历为最高,分别是62.2%与66.9%;接受学校教育期的家庭教育次之,分别是52.0%与41.7%。除此之外,影响自我的关键事件按照百分比由大到小的顺序,分别发生在:就读学校之上初中26.0%、就读学校之上小学24.4%、家庭中之自己成家后22.8%、就读学校之上大学21.3%、就读学校之上高中20.5%、家庭中之学

前 11.8%、工作单位调动时 10.2% 等；影响教师实践性知识的关键事件按照百分比由大到小的顺序，分别发生在：就读学校之上大学 27.6%、家庭中之自己成家后 21.3%、就读学校之上初中 18.1%、就读学校之上高中 16.5%、就读学校之上小学 10.2%、工作单位调动时 5.5% 等。这既表明了，教师专业生活经历，尤其是从教经历，另外还有受教经历，包括上大学（85% 毕业于师范院校），以及学前、小学、初中、高中（统计发现 52.5%、65.4%、72.4%、70.9% 分别在学前、小学、中学、大学进行过目前任教学科或类似学科的学习）等对教师自我和教师实践性知识的重要影响，也表明了教师私人生活经历，包括学校教育期的家庭教育、自己成家等因素对教师自我和教师实践性知识的重大影响。

第 8 章 CHAPTER 08
诠释教师生活史之重要他人

8.1 重要他人的表征意象和动机性主题

程老师和顾老师对其生活史之重要他人具有如下的表征意象和动机性主题,见表8-1。

8.2 诠释生活史之重要他人

8.2.1 程老师生活史之重要他人

1. 生活中最重要的人物

（1）高中历史老师

对程老师最重要的人物中,首先是程老师多次提到的高中时张喜栓老师。"没教几天,教我们历史,教语文,后来我到安阳的时候,他已离开了教育,做了一个厂子里的宣传科科长。后来他调动了好多次工作"（段1923）。关于对他的这位老师的印象,按照程老师的谈话,包括：①如前所述,是这位老师几句话给予程的震撼。"我们在一起的时候,话不多,但有

第8章
诠释教师生活史之重要他人

表 8-1 生活史之重要他人的表征意象和动机性主题

相关问题	程老师	顾老师
生活中最重要的4个人（也可以再多）	• 从高中历史老师的永不言败的精神、充满活力、充满爱心、没有老师的架子等，表示了自我掌控感愿望； • 从金老师的个人哲学中，表示了自我掌控感愿望； • 从妻子的支持和长处，表示了自我归属感、自我认识；与妻子的分歧挑战自我归属感，但表示了自我掌控感愿望； • 从大姑的慈爱，表示了归属感、自豪感； • 从父亲的"大山"品质，表示了自我归属感、安全感；从劝慰父亲"有些事情顺其自然"，表示了自我掌控感愿望； • 教子挑战了自我归属感、自我掌控感及对自我的反省； • 从母亲的朴实，表示了自我归属感	• 父母无私的爱与归属感； • 高中语文教师的理解与归属感、自我掌控感； • 打过顾老师的小学教师挑战自我归属感； • 研究生的指导老师"教育不用嘴巴的，他动作、行动"与自我归属感、自我掌控感； • 前面那个男朋友"让我懂得爱，让我开放自己的人生"与自我归属感、自我掌控感
生活中特定的英雄、崇拜的对象或欣赏的人物	• 崇拜周恩来的修养； • 崇拜马克思的爱情；羡慕马克思和恩格斯的友谊； • 欣赏魏书生在教育中的个人哲学； • 欣赏钱梦龙的教学原则； • 欣赏铁皮鼓、王开东的教学原则与个人哲学	• 台湾的杨牧、夏宇与自我掌控感愿望； • 爸爸妈妈"能够守住这个家，虽然活着很辛苦，但还是很快乐地吵架"与自我归属感、自我掌控感愿望； • "我先生吧，我觉得他像一条河"与自我归属感； • 历史人物苏东坡"有首诗好像说，人到秋天以后就像荷叶一样都枯萎了，但是它的茎还撑着天，最后一点生命还在向上"与自我掌控感愿望

179

几句话我记忆很深刻。"包括,"化腐朽为神奇!""一直努力,就会更好!"等,"他这种执着的精神,永不言败的精神让我感动"(段1926),这样程老师想到"谁笑到最后,谁笑得最好!"②这位老师留给程老师的印象还有,"他频繁地换工作,我感觉他很有活力,充满活力也是对生活的一种追求"(段1923);③"他有正气,充满爱心,我在安阳跑工作的时候,就住在他家里,送我些衣服呀什么的","他出差的时候,遇到一个人向他求助,说自己没钱了,当时就给了他8块钱",而在程老师看来,"那时8块钱很厉害的"(段1923)。这位老师的行为,也在程老师身上演绎了,"我参加工作以后,给过别人20块钱,最终没有收回来",尽管,"他受骗了,但我感觉他愿意帮助别人"(段1925);④"我和他呆在一起很自然,他没有老师的架子,我也不拘谨"(段1932)。程老师感慨地说,"一晃十几年了,刚去安阳跑工作的时候,是1991年吗,16年了,这是在林州上学的时候,印象最深的一个人"(段1933)。笔者以为,这位老师的几句锲而不舍的话,构成了多年来程老师不断努力的精神动力,一种自我的追求,"通过一直努力",希望能够对自身的命运最终获得掌控感,他进入上海的专业经历,包括他的教学和试讲、各种公开课等,无不说明了这一点。而中学时代这一老师的"正气""爱心"、与学生自然的交往,也体现在程老师现在的日常生活和教育实践中,构成其教师实践性知识的关于自我的意象,师生关系的意象。这些再次说明了教师生活史、教师自我、教师实践性知识之间的相互渗透的关系,验证了笔者的研究假设。

(2)同侪金老师

程老师谈到的第二位对其产生重要影响的人物,是他现在的同事、忘年交——金老师（后来也成为笔者的案例老师）。程老师欣赏金老师的一些思想，钦佩他的行动。但是，程老师也说，"我们在一起的时候，我也不是完全接受他的观点"（段1935）。比如，金老师的"向师性"，强调"课堂教学，抓学生"（段1937），这可以理解为金老师的一条教学原则，其意象是"当老师也要有点政治手腕，目的是对的，只是要运用一点策略，手段，但目的是为了学生好。"对于这一点，程老师表示"现在我对他的话还没完全参透。有一种感觉，就是要对学生虚虚实实"（段1939），也就是"有些话不能实话实说，拉大旗扯虎皮的时候也要有，有时要实打实"（段1941）。当笔者询问"是不是可以联系到你以前说的'管理策略'？"他说，"你这是提醒了我。"金老师的话理解为是"该吓唬要吓唬，该拉拢感情要拉拢感情"（段1943），显然，交流使程老师的默会知识变成了显性知识。程老师还赞同金老师的"一定要责任分明"（段1943）的观点，关于这一点，程老师深有感触，这一方面是因为，"杨浦中学有个老师，那次我上他家去，他说，每个学生都要管理到，如果学生成绩下降，在家长会的时候，你要跟学生家长讲，实实在在指出来，他哪一方面不行，是他怎样怎样，这是事实，到时家长不会找出你的毛病"（段1943），就是说，这位老师表明了就学生情况与学生家长交流的基本原则；另一方面，程老师也在反省自我，"以前学生成绩不好，出于激励学生吧，没实话实说。"显然，此时，程老师是把"要跟学生家长讲，实实在在指出来"也作为了与学生家长交流的基本原则（段1943）。此外，程老师也从金老师对他的评价和建议中，认识自我，"金老师说的是对的，不放弃，执着追求的精神在我身上"。这种正向评价，使程老师具有了一种积极自我的体验。而金老师所说的程老师身上的这股精神，联系他学生时代自己改名（"禾飞""清流""挺毅"等），联系他前述的中学时的老师的留给他深刻的话，"化腐朽为神奇！""一直努力，就会更好！"等，就可以理解了，即程老师的生活史是其自我构建的基础和源泉，自我又成为其教师实践性知识的动因。

（3）妻子

程老师从不同的角度谈了对妻子的表征意象，而对他的影响也是喜忧参半。

一方面，"她做一件事情很执着，想把它贯彻完成，让我增强自信"，"理智点说，在关键时刻对我的帮助也挺大的。比如说，拿钱，撺掇我到上海来"（段1986）；但是另一方面，程老师也有对妻子不理想的地方，他说，"生活中有些事情对我打击也挺大的，心意是好的，但语言的表达方式不能让人接受"（段1986）。比如，"有时候她讲的话很不能让人接受，比如：都为你家了，我这几年生活都为了你家。什么叫你家？我家？"（段1993），这种受打击的心情，使"工作有时候会影响"（段1988）。

于是，程老师便有"两种态度"，一种是"要是努力"，另一种是，"我要独立"（段1988），"现在，我也很自信，不会去太依赖别人。"于是，他就想，"考硕士，努力学习才会有变化，到外面去应聘，一定要让别人认可你"（段1990）。对于之后的行动，他有几分激动，"在外面讲课，在学校参加比赛，包括评上高级（职称）。这些东西，谁都代替不了，但是我都完成了呀！"（段1990），这表明了私人生活经历影响自我，继而影响了程老师在讲课、比赛等教育事件中的教师实践性知识。对于取得的成就，程老师在归因中，认为，"根本的原因在于个人努力。没有个人努力，外界因素在关键时刻起推动作用"（段 1992）。程老师由此的自我认识，说明因果归因是自我认识的重要途径。

程老师透过妻子的消极寻找积极的自己。他说，"你像张艳玲不快乐，她看到的是这个瓶子里我只剩下半杯水了，而有的人是我这杯子里还有半杯水。而她看到的总是空的那一面。而我看到的总是有的那一面。所以这个思维方式不一样，导致了一个人的人生态度不一样"（段 1234）。可见程老师比较乐观的态度，和积极的自我。

总之，在程老师看来，"她给了我自信，也让我沮丧。充满希望也是充满失望"（段 1995），而"现在更多的是一种无奈吧"，因为，"感觉现在谁也说服不了谁"（段 1999），所以，程老师，就"淡化处理吧"（段 2001），那就是"我做好我的分内之事。力所能及地做好。将一些事情尽量去做。"（段 2003）。程老师反问自己"为什么着急呢？损害了什么了？没什么损害呀，为什么装不下呢？为什么要去争呢？以前跟别人争，现在不跟别人争了（转变），为什么要跟老婆去争呢？为什么要去争个高低呢？这不是在伤害自己吗？老是给别人讲别人不要那么太认真，自己为什么要这么认真呢？"（段 2003）。如此的反问，就是程老师所求"有些事情改变不了的就适应吧"（段 2005），"我有时甚至是这样想，我先接纳她才能改变她"（段 2005）。程老师把这种态度和他的教师实践性知识联系起来，"我有一点就是为什么我对学生可以这样，我在学生身上能这样认为尊重是教育的秘密，那么我为什么不能教育她呢？"（段 2005）。程老师也联系到笔者，"在这些方面我觉得要向你学习。你的这样处理方式能够以不变应万变，以静制动，聪明人应该是这样"（段 2005）。如此看来，在程老师身上，不仅体现出生活史因素对教师自我、教师实践性知识的影响，教师实践性知识反过来也促进了教师自我、教师生活史的重塑与超越。

从几次谈话和程老师的日记中，都可以断言，对于程老师的专业成长他的妻子的确是给予很大支持的，包括专升本、本升硕、进入上海，也包括与笔者成为合作者等；另一方面，在家务事上，程老师妻子的态度让他有喜又有忧。在谈话中，程老师也常常将夫妻及家庭交往的一些经验教训联系到自我、联系到教育现场与领导、同事、学生的交往。这都说明了教师私人生活史之家庭因素是教师自我、教师专业发展以及教师实践性知识的重要动因。

（4）大姑

在程老师的心目中，大姑是他崇敬的对象，这一方面因为，"大姑对我的关爱，对我家庭的关爱，对我爷爷的关爱。我还没有和你讲，我大姑不是我爷爷的女儿"（段2015），"是我奶奶带过去的"（段2017）。但是，"我以前是根本感觉不到，她不是他的亲女儿。因为我爷爷和我大姑相处得非常好。我爷爷经常去我大姑家"（段2019），"到现在我也不会说不是亲大姑啊，是亲大姑"（段2027）。所以，"后来我父亲给我讲了这个事，我心里很难受，很难受，不愿意承认这个事实"（段2029）。另一方面，"我爷爷是个性格非常好的人。说性格好吧，有时候也着急。给我总是一种很和蔼的感觉。我爷爷那个时候可能对我大姑很好。虽然说是带过来的，但没有对她像另外对待"（段2039）。大姑的好不仅体现在姑姑和爷爷，不是亲生，胜似亲生的关系上，而且，"我姑父是老大，弟兄好几个，我大姑在那边也算是老大啊。我大姑在那边处得很好"（段2043），"她和儿媳妇也处得很好"（段2045）。（2007年暑假，笔者随程老师河南考察，拜访了大姑，亲身感受达到了大姑的大家庭，其乐融融，表嫂对大姑的体贴也无微不至，夹菜、端饭、穿衣、陪同散步等，备受感动。）为什么呢，程老师这样说，"像你说的她对人有一种包容心"（段 2043），乃至于，"艳玲（程老师妻）去的时候也常常说大姑挺好，挺让人感动的"（段 2047）。大姑是个极普通的人，但她的宽容不仅博得了程老师的尊敬，找到了自身为人的准则，他也从大姑那里获得了一种自我的归属感、自豪感，这也是程老师从儿时开始时就有的情感。有了对大姑胸怀的认识，说它影响了程老师在教育现场中对领导、对同事、对学生的胸怀和态度，也是不无道理的，而这恰恰也是教师实践性知识的组成部分。

（5）父母

程老师也多次谈到自己对父亲、母亲的情感，在获得自我归属感的同时，也有对他们教育方式及自我的反思。

对于自己的父亲，程老师说，"在我心目中我还是感觉到他有种像山，真的是像山的依靠一样。你想我也有比他强的一面，但是我看到他，我总觉得在心目当中像山的一种感觉"（段 514）："一个是长得又高又大吧，再一个就是他也是比较能说，待我也比较好吧"（段 518）；"尽量满足我，要买什么笔了，买什么书啊。基本上没有说过绝对不行"（段 520）；还因为"因为他的个性有关，他也是敢说敢做的，他能说善于说，我是不善于说的，他多少在队里也做过副队长什么的"（段 1226）。2007 年 7 月暑假期间，笔者随程老师河南考察，见到了他的父亲，像他说的那样，又高又大，难怪他说有种"依靠大山"的感受。

不过，程老师说，"现在我父亲对我是很依赖的。前两天我没有打电话，就一两个星期没打电话，就给我打过来电话说'你没给我打电话,是不是有什么事了'"(段1227),"我上一次回去也教给他不少,我也给他讲好多道理,实际上他好多情况下都是看我的面子,我给他讲好多了,实际上也是连说带笑的"(段1229),"有些事情顺其自然。我说你别说像现在的境况,就指望我一个人,万一我有个不太顺利的时候,你还有什么资格、什么资本再去要求其他的人?退一步讲,你知足的时候就会很快乐"(段1233)。程老师之所以用"有些事情顺其自然。"多半是因为长期以来困扰他们的问题,就是程父与程妻纠葛的问题,这曾经也让程老师痛苦万分,笔者在读程老师的日记、与他的谈话、与他妻子的谈话,以及2007年7月河南老家考察与程父的谈话等都有所感受。看来,家庭之事的确是影响自我的重要因素。后来,程老师逐渐试着通过个体心理调节自己的心情,也劝慰各方。

相应地,借父亲对自己的教育,程老师也反思自己对儿子、对学生的教育。程老师说,"最近一段时间,我也感觉到我对程益的要求成为一种反感,他到这个初中阶段的时候,我也反思,你为什么说一句是一句,而我,程益很烦的,你看他经常说:啰嗦,又啰嗦。因为我说得太细了,我说的事情太细了,使我感觉到说多了不好。而我觉得从我父亲身上,我父亲从来没有说过我什么,他没说过你应该怎么样去做,也可能他想不到。"但"也不能认为是完全放任的,反正你不能去做坏事"(段1239)。笔者以为,对家庭中的教育方式的反思,一是父亲不怎么说自己,一是自己说儿子太细遭反感。也是影响程老师对学生教育的实践性知识形成的重要原因,即他认为,"我现在在这一届学生身上我努力做到不说、少说、说到点子上"(段1176)。

而对于母亲,程老师说,"我母亲呢,一生比较勤劳,下地干活比较少，总是忙忙碌碌的做饭啊，洗衣服啊，缝衣服啊，这些东西"（段531）。父亲、母亲对自己这种极普通的爱，让程老师有一种归属感。另一方面，母亲"是有点柔弱"，但是，"给我印象最深的是她打我，实际上她打我比我父亲打我打的次数要多，打的时候把我按到她的腿上，打屁股，打得我哇哇叫"（段1245），"因为是犯错误，所以她还是管的"（段1247）。程老师认为，那时候挨打是应该的，犯了错误嘛。但总体上，母亲留给程老师的印象是弱的，也常常在反思自身软弱的时候，联系到母亲的这一面。

2. 生活中的英雄、崇拜的对象或欣赏的人物

（1）周恩来

程老师说："我老早崇拜周恩来。我不是买过一本书嘛，周恩来《为中华之崛起而读书》嘛"（段2054）程老师在中学时代曾经看过的这本书，"周恩来这个人修养很好。感觉他脾气好，人缘好啊。我还剪了好多周恩来的头像"（段2056）。那个时候，程老师"看半月谈什么的。有段时间还做笔记，至今还保存"（2007年笔者随程老师河南考察，见到了这些笔记）。因为，"在程老师的推荐下我订过《半月谈》"（段2062），这些图片就是从中剪下的（笔者在程老师保存的中学学习摘记中发现了他当年剪下的周恩来的头像图片）。程老师对周恩来的这种崇拜及行动，与他后来对周恩来名字的解释是一致的，那就是"恩来，给人家送来恩惠"（段489）。可见，社会和历史上的榜样人物构成了程老师自我认识的重要来源。

（2）马克思

此外，程老师还说，"老早的时候，其实我上高中的时候我很羡慕马克思和燕妮的爱情"（段2063），因为，"燕妮长得也漂亮。她一生愿意和马克思一起吃苦"（段2067），"还羡慕他和恩格斯的友谊。深!"(段2075)。这样,也就不奇怪了程老师在高中时和他的同学党建栓结下深厚的友谊。2007年7月暑假期间笔者随程老师回他老家河南考察,非常幸运有了和他的这位同学见面谈话的机会,他也非常动情地谈起他们的经历,他说高中时代,他把程老师比作马克思,把自己比作恩格斯,两人谈心,谈理性,共同学习。至今,程老师和同学党建栓依然是"亲密的战友"。就是在榜样人物的感召下,在同伴交流中,程老师形成了关于爱情、友情的自我意象。而在现在的单位,程老师和金老师之间,他们虽然年龄差别很大,但在专业的发展和人生的道路上,再次结下了这样的"战斗友谊"。可见,程老师在中学时代对伟人的崇拜,和同学结下的情谊,通过自我的构建,在当前的教育现场依然可以捕捉到类似的意象,这样同侪关系意象构成其教师实践性知识的重要组成部分。

(3)魏书生

程老师上班后,在教育界正值学习魏书生的热潮(笔者当年也有类似的经历)。通过"听讲座或看书",包括"学习方法指导,教学艺术,课堂管理什么的"(段2089),魏书生留给程老师的多方面的体会。首先,"他的思想非常开阔","他曾经讲过一句话,说'人有什么了不起?有时候,把像指甲盖那么大的权力挥舞得像金箍棒似的'","他说'一个人有多么渺小啊,人站在地球上就像从月亮上看人在地球上像黄豆粒儿那么大',人非常渺小啊,人根本没有必要啊,张扬啊,太自大啊。他这个思想非常开阔这种思想啊,这种胸怀啊"(段2083);其次,"还有他的管理,就是民主与科学,他的思想就是民主与科学"(段2087)。魏书生在程老师看来,"思想非常开阔",其管理上的"民主与科学"等依然构成程老师对当前教育实践的理解，反映了教师专业生活史对教师实践性知识的影响。笔者在程老师日记中，还发现他对魏书生教学思想的工整的摘记。

（4）钱梦龙

除了魏书生，程老师说，来到上海以后还有钱梦龙。对钱老师的"三主四式"的教学思想和"3W教学法"（写了什么，为什么写，怎样写的）印象深刻，阅读过钱老师的《导读的艺术》等。之所以如此，程老师认为钱梦龙老师观点"有一些可操作性"（段2017），"主要是最早接触到他们，又是大家、名家"（段2017）。程老师在访谈中多次提到钱梦龙，笔者在程老师2005年的日记中，也发现了他学习钱梦龙老师语文教学思想的学习摘记。

从而说明了向同行专家自觉地专业学习对教师实践性知识的影响。以其中的："符号助读"为例，2007年，下半年新学期开始，程老师要求"布置作业，我就这样，我一定要看到蓝色笔，红色笔，红色笔就是你改的，让我看到你出错的过程，必须让我看到问号，有问号说明你有问题，不可能没有问题。"钱老师的语文教学思想，通过领悟，作为语文教学的基本原则，成为程老师的教师实践性知识的重要组成部分。

（5）铁皮鼓、王开东

当下对自身影响非常重要的人物，程老师还提到铁皮鼓、王开东两位人物。程老师说，"要说影响还有就是最近看的铁皮鼓"，"我现在特别想看铁皮鼓的博客"（段2119），"我现在就是想和他交流。但是我还没有想成熟怎么和他交流，所以我觉得看他的博客是一件很有意思的事情"（段2121）。程老师也把铁皮鼓与王开东联系起来，"他和王开东实际上是两种风格。王开东还不如铁皮鼓那么原汁原味，真实的。铁皮鼓把他上课的照片、女儿的照片、老婆的照片都贴到网上来"（段2121），"所以你看到的是原汁原味的铁皮鼓，魏志渊"（段2123）。而关于王开东，程老师尤其注意到王开东的"三有六让"，"三有"——"有趣、有情、有理"（段2126），而"六让"——"目标让学生清楚，疑问让学生讨论，过程让学生经历，结论让学生得出，方法让学生总结，练习让学生自选"，2007年9月5日笔者到程老师的办公室，也看到他的备课本上剪贴有王开东的"三有六让"的详细说明。而且发现，在学习专业同行的同时，程老师也生发出关于课堂教学的"三要"基本原则及具体的操作规则，即"要预习（包括查资料、作评点）""要说话（不论长短，只要声音洪亮）（讲读课）（师生互动必不可少）""要落实（落实到个人，要严格诚实）"。另外，程老师由此还形成"三声课堂"——就是笑声，书声与心声的课堂教学意象，这在教师实践性知识部分已有叙述。以上表明，程老师在交往中，获得一种关于教学的意象，表明其专业学习生活对其教师实践性知识形成的影响。

8.2.2 顾老师生活史之重要他人

1. 生活中影响最重要的人物

（1）父母

顾老师说对她影响比较大的人物中"第一个大概是我父母，无私的爱"（段294）。从顾老师的谈话可以了解到父母的爱不仅体现在日常的生活中，还体现在父母对子女教育的重视，除了学前在家里经济条件不太好的情况下为顾老师和她的弟弟找家教、学钢琴，还有为她选择师资配备都较好的私立学校读完幼儿园到高中，以及操心她的工作等。总之，就是这种无私的爱，不仅使顾老师感受着温暖和归属感,而且也迁移到在教育实践中对学生的爱,包括前文已述的尊重学生的意象、鼓励学生的实践原则以及告诫学生如何应对情感和工作的选择等规则。这些验证了个体生活史,对自我,继而对教师实践性知识的影响。

(2)高中语文教师

"再来就是那个我的高中老师,高二那个,对我的理解,专业的努力"(段295)。顾老师高二时一些老师给予她很多鼓励和理解。顾老师高中时的语文老师,也是她的导师(班主任),给学生赠书以及夸奖学生比学生做得多的鼓励方式,使顾老师获得了自我价值感和信心,这种自我积极的体验,对当前她的教育实践也有所表现,最明显的就是她给段考成绩较好进步较大的学生赠书。而数学老师在男女生情感方面对学生的理解和信任,不仅使她当时产生了一种由于被关爱、被理解的归属感,也影响了她后来的教育实践中处理学生情感等事情的规则和态度——"大家正式地、很健康地交往,不会跟你父母说,但如果你做到一个程度让我必须干涉的时候,那就是你们的问题,你不要弄到大家都不祝福你,反过来你能够认真,大家都高中生,那老师不会干涉"(段232)。

(3)打过顾老师的小学教师

"再来就是小学那个打我的老师"(段296)。与高中阶段比较积极的体验不同的是,打过顾老师的小学教师带给顾老师的伤害,似乎成为顾老师心中的阴影。这种消极的体验,促成了作为顾老师实践性知识的师生交往的意象——尊重学生、爱学生。

(4)研究所的指导老师

顾老师说:"再来就是研究所的指导老师,他在专业上、工作上引导我很大的啊"（段296）。因为这位老师是用建设性的而非批评式的态度，用自身的示范性行动来帮助学生克服不足的。"他本身在台湾一个很有名的杂志当主编，比较擅长杂志编辑，还有文学作品的出版，所以我在《中央日报》上班，就是他建议我去的，他叫我把作品准备好之后教我怎么把作品整理，然后推荐我找那个主编，主编看我整理的东西，觉得很好，看我写的诗就让我留下来"（段301）。"所以这个老师影响主要就是他在做人上面，他对学生很无私，他在看我编的东西，乱七八糟，他都没讲话，拿一把剪刀重新帮我剪一遍。他没骂人，就剪给我看，说你要这样。"（段301）。"后来我也跟学生讲老师教育不用嘴巴的，他动作，行动"（段301）。"后来他的儿子被我教，在这边。我教他儿子的时候，我的老师还坐在下面当家长，就像一家人一样"（段301）。"我出版第一本书也是他帮我写序，所以很微妙，他对我影响等于说照顾我学业还照顾我人生"（段301）。"我也在我老师身上看到一点我要学的，就是他在他的学术环境里面从不批评别人，他很厚道，宽容。我找老师要找学问不一定要很高，但是我要欣赏他的为人（研究所的老师对自我、对教师实践性知识的影响）"（段301）。

顾老师这位研究生的指导老师，影响了顾老师对精神自我的追求，也影响到顾老师教导学生的个人哲学——"教育不用嘴巴的，他动作，行动"（段301）。

（5）前面那个男朋友

"最后一个应该算是我先生前面那个男朋友，美术老师"。顾老师与她先生前的那位男朋友，用顾老师自己话说"太像了"，最后决定分手。笔者想这也许可以用特瑟（Tesser, 1988、1991）的自我提高模型对友谊模式的预测来解释，即推测人们选择在高个人关联领域做得比他们差的人做朋友，也会选择在低个人关联领域做得比他们好的人做朋友；所以他们相信，配偶之一表现出色的领域往往是另一方不看重的，这样的搭配可使双方各得其所（乔纳森·布朗，2004，第66—67页）。但顾老师还是认为，这位男朋友是对她产生重要影响的人物之一，因为，"他主要就是让我懂得爱，让我开放自己的人生，因为之前比较局限在单纯的做人要礼貌啊，后来知道表达自己，把优点展现出来，他让我懂得完整的人是什么（过去男友对自我的影响）"（段299）。也就是从这位男友身上，顾老师增强了自我掌控感，追求兴趣，展示自我，不仅具有懂礼貌的社会自我的一面，更发展了精神自我的一面。

2. 比较崇拜的人物

（1）台湾的杨牧

在崇拜的人物中，顾老师说："第一个是台湾的杨牧，我很欣赏这样一个作家，他的词属于西方浪漫主义。还有一个叫夏宇"（段340）。这大概和她目前的追求与研究有关，她说过博士论文中要用杨牧的作品。2007年11月6日下午在笔者离开台湾之前，顾老师还惠赠了笔者杨牧的《时间命题》一书，连同顾老师自己的作品《倾斜》和《幸福限时批》。

（2）爸爸妈妈

在崇拜的人物，顾老师说，"第二个是我爸爸妈妈。他们影响我人物的特质。他们能够守住这个家，虽然活着很辛苦，但还是很快乐地吵架（对父母的表征意象）"（段340）。从顾老师的谈话中，可知，其实影响特质的正是顾老师朴素平凡，无私而又伟大的爱。顾老师也把这种爱传给她的亲人，她的学生。

（3）顾老师的先生

在顾老师的心目中，她的先生也是他崇拜的对象，她说"第三个可能就是我先生吧，我觉得他像一条河（对先生的隐喻），看起来他是在流动，你活在他的映照中，没有什么急流，是平静的流动，让我感觉比较安全，你会觉得他很平淡，可是不知道你的根都是吸收他的水分，其实他是一直在滋润，只是你不知道而已（对先生的表征意象）。比较让我懂得安稳平和（动机性主题）"（段340）。此番富有诗意的表述，好让人感动！而最感动的还应该是顾老师，由此她获得了事业和学业的动力！并把这种"信"的哲学推及给她的学生。

（4）历史人物苏东坡

历史上人物顾老师说："可能是苏东坡吧，有首诗好像说，人到秋天以后就像荷叶一样都枯萎了，但是它的茎还撑着天，最后一点生命还在向上，我觉得这个影响我很大，很自然地往好处看，反正命就是这样了，如果往下就更难过。（历史人物对自我的积极影响，这点与程老师相似）"（段343）。对于苏东坡"比较熟悉，扎根比较深"（段344）。对苏东坡的崇拜或欣赏，不仅反映了顾老师的精神自我方面对诗歌的兴趣；也反映了，顾老师乐观向上的自我特征，这与顾老师在"生活定向量表"上高得分的结果是一致的。而这些又都反映了历史人物对自我的影响。

以上对案例教师生活史之重要人物的分析诠释，表明了个体生活史中一些关键人物对教师自我、教师实践性知识的影响。

8.2.3　教师生活史之关键人物的问卷调查结果

笔者对教师生活史中关键人物影响自我和教师实践性知识的问卷调查结果见表8-2，其中"TS"代表的是对自我的影响；"TPK"

第 8 章
诠释教师生活史之重要他人

表 8-2 教师生活史中影响其自我和教师实践性知识的关键人物问卷统计列表

关键人物	频数（Frequency） TS	频数（Frequency） TPK	占总体人数的百分率（Percent）% TS	占总体人数的百分率（Percent）% TPK
父母或家庭中的其他长辈	28	47	22.0	37.0
配偶	32	14	25.2	11.0
兄弟姐妹	18	3	14.2	2.4
基础教育阶段的老师	56	35	44.1	27.6
高等教育阶段的老师	26	28	20.5	22.0
基础教育阶段的同学	12	10	9.4	7.9
高等教育阶段的同学	17	15	13.4	11.8
成为教师后的学校领导	27	31	21.3	24.4
成为教师后所在工作单位同行	52	57	40.9	44.9
成为教师后，基础教育界的其他同行	30	49	23.6	38.6
成为教师后，教过的学生	27	37	21.3	29.1
教育理论家	8	15	6.3	11.8
历史或时代名人	10	8	7.9	6.3
其他人	2	3	1.6	2.4

代表的是对教师实践性知识的影响。

影响了教师自我、教师实践性知识的关键人物排序见表 8-3。

以上结果表明，基础教育阶段的老师、成为教师后所在工作单位同行、配偶、成为教师后基础教育界的其他同行、父母或家庭中的其他长辈、成为教师后的学校领导、成为教师后教过的学生、高等教育阶段的老师等生活史因素对教师自我具有较大影响。而其中的成为教师后所在工作单位同行、成为教师后基础教育界的其他同行、父母或家庭中的其他长辈、成为教师后，教过的学生、基础教育阶段的老师、成为教师后的学校领导、高等教育阶段的老师等因

表 8-3 教师生活史中影响其自我和教师实践性知识的关键人物问卷统计排序列表

影响教师自我（TS）		影响教师实践性知识（TPK）	
基础教育阶段的老师	44.1	成为教师后所在工作单位同行	44.9
成为教师后所在工作单位同行	40.9	成为教师后，基础教育界的其他同行	38.6
配偶	25.2	父母或家庭中的其他长辈	37
成为教师后，基础教育界的其他同行	23.6	成为教师后，教过的学生	29.1
父母或家庭中的其他长辈	22	基础教育阶段的老师	27.6
成为教师后的学校领导	21.3	成为教师后的学校领导	24.4
成为教师后，教过的学生	21.3	高等教育阶段的老师	22
高等教育阶段的老师	20.5	高等教育阶段的同学	11.8
兄弟姐妹	14.2	教育理论家	11.8
高等教育阶段的同学	13.4	配偶	11
基础教育阶段的同学	9.4	基础教育阶段的同学	7.9
历史或时代名人	7.9	历史或时代名人	6.3
教育理论家	6.3	兄弟姐妹	2.4
其他人	1.6	其他人	2.4

素也是影响教师实践性知识的重要因素。

笔者对案例教师的访谈与此结果具有一致之处。在受教期间老师的态度方面，比如，程老师谈到了他高中作文老师对他想象作文教学的影响；顾老师谈到小学打过她的那位老师对她的心灵伤害，还有高中语文老师对她的鼓励，使其形成尊重学生的师生关系意象；周老师谈到他小学时的语文老师的鼓励带给他的积极体验等。在同行的影响方面，比如，程老师与单位同行金老师等之间的专业交流及相互影响，通过自觉的专业学习从魏书生、钱梦龙、王开东、铁皮鼓等人那里获得启示，加上自我反省，就形成了他的教学意象（三声课堂）、实践原则（以生为本、以本为本）等实践性知识。

不过以上的调查结果有一点是值得反思的，那就是，教育理论家无论对教师自我，还是对教师实践性知识的影响与上述几方面的因素相比还差得很多，在对教师自我的影响方面与基础教育阶段的老师相差了37.8个百分点，与单位同行相差了34.8个百分点；在对教师实践性知识的影响方面，与单位同行相比相差了33.1个百分点。高等教育阶段的老师的影响也不及单位同行的影响。这是不是表明高高在上的理论家、大学教师们距离基础教育一线的老师实在是远了些？这究竟是为什么？职前的教师培养需要思考，职后的教师发展也需要思考。

第9章 CHAPTER 09
诠释教师生活史之愿景

9.1 愿景的表征意象和动机性主题

程老师和顾老师对其愿景具有的表征意象和动机性主题见表9-1。

9.2 诠释生活史之愿景

9.2.1 程老师生活史之愿景

就此,程老师谈到了几个方面。

首先,一个具体的专业愿景。程老师谈到了"就是把眼前的事情做好吧",其中有一点是"我感觉到现在就是我有一个毛病就是我板书不太好,我板书是没有一个体系的,我发现现在很多人的板书内容都不充实,和一些人的教学方式有关系"(段2109)。

其次,计划多读书。程老师讲"做教师,多读点书"(段2109),"读关于教育方面的书",比如《静悄悄的革命》"(日本佐藤学先生所著)(段2115)。这也是

表 9-1　生活史之愿景的表征意象和动机性主题

程老师	顾老师
☒ "把眼前的事情做好"；"多读点书"；"自己教课能获得更多的快乐，更自如，能够真正实现课堂的革命"——表达了专业及自我的掌控感愿望	☒ "把论文写完"，"把教书与学生的互动写成散文"、"我慢慢老了，或者退休就慢慢开始写"——表达了自我归属感、自我价值感
☒ "生活方面就是希望有更多的收入"；"希望领导更关心一些，体贴，理解，支持"——表达了自我归属感、安全感的愿望	☒ "想去大学"——表达自我价值感愿望；但"人的能力、体力也有限的"——挑战自我掌控感

与教育专业相关的学习。

其三，课堂革命。程老师还说："愿景是希望自己教课能获得更多的快乐，更自如，能够真正实现课堂的革命"（段2129），"这个革命就是真正地把课堂还给学生啊。让学生成为课堂的主人（关于学生的意象）。老师做真正的激励者，促进者，点拨者（关于老师的意象）。能够使课堂产生更多的思维的创新的火化，享受思维的快乐，和学生一起去享受思考的快乐（关于课堂的意象）"（段2131）。显然程老师是把佐藤学先生的《静悄悄的革命》中的思想与上海市二期课改的理念整合起来了，体现了他通过专业学习和自身经验的反思所形成的"以生为本"的教师实践性知识的个人哲学。程老师的这一个人哲学，也蕴含在了笔者2007年9月5日于程老师的教案本上所发现的一段文字中，他笔述到"我的愿景"，内容是"古人讲成功有三要素，'天时、地利、人和'，'天时、地利'我们难以苛求，但'人和'我们可以营造，靠我们每一个人去经营、去创造。'人和'我认为有以下几个方面，师生和谐、同学和谐、自身（身心）和谐、天人（自身与环境）和谐。"这实际上表达了程老师在自我与学生、自我与周围环境以及自身的物质与精神相互关系等方面的意象,也构成其教师实践性知识的组成部分。

程老师相信他能够在专业上取得更大的成功,也觉得这是自我价值的体现,所以他的愿景反映了他的自我效能感、自我概念对其目标定位的影响。

另外,程老师并非不食人间烟火,他也要吃饭,也希望温暖。所以他的愿景还包括,"生活方面就是希望有更多的收入。钱多一点"(段2133),也"希望领导更关心一些,体贴,理解,支持"(段2135)。程老师的此番原则,笔者以为,是人之常情,毕竟,如马斯洛需要层次理论,除了追求自身价值的实现,每个人还都有基本的生活保障和归属的需要。更何况,自从程老师进入上海,他妻子的工作几经周折至今尚未落实。显然其愿景,从其个人角度,既是其生活现实的反映,也是他可能自我的反映。

9.2.2 顾老师生活史之愿景

顾老师对未来的设想,并非空中楼阁。而是与她当前的教育实践联系在一起的。她说:"以后我有这个想法,我把论文写完,我可以把教书与学生的互动写成散文。可现在我没有这个动力,现在学生太接近了,比较不太想写学生,可是那个珍贵的东西,等我慢慢老了,或者退休就慢慢开始写这些,等写好了再寄给你一份"(段86)。关于协作的另一方面,顾老师还说,"我退休还能写作的话,用写作来完成我生命的一个报道的话,我就很感谢了。但我写作可能就不像之前写诗和散文一样抒情,可能还是比较学术的或教育的想法,我想这些应该还能对自己有些交代"(段307)。其实这恰恰验证了海德格尔"历史的存在"的观点,一个人的过去、现在、未来是紧密相连的。

此外,伴随生活史的超越和更新,以及对自由自我的趋向,顾老师还形成了富有挑战性的远景。访谈之际（2007年10月底至11月初），顾老师在读博士班三年级（台湾博士班时间比大陆要长），"我本来是去念书，可是现在越念越觉得将来想去大学。可是现在我也不敢讲，因为大学教书更高，对自我的要求，学术的更高（对大学教师的表征意象）"（段305）。"所以我也不敢讲，因为人的能力、体力也有限的"（段309）。我是希望能换个环境，可能去大学里面去做最后的，工作的最后阶段。我就希望去大学教书，然后退休，所以我希望我这边，大概再教个3年，然后可以去做个大学的教师"（段305）。"因为我附中来之前，我在台湾艺术大学兼过课，教过台湾文学。教大学有它好的地方，不需要考虑到课本，比较自由的教学（对大学教师的表征意象）"（段365）。

9.2.3 小结

以上对程老师和顾老师生活史之愿景的分析诠释，表明了教师的愿景与过去的链接，及对自我的追求，而自我实现的愿望又紧密地与教师的实践性知识联系在一起，如程老师"实现课堂的革命"、顾老师"教书与学生的互动"的个人哲学。

第 10 章 CHAPTER 10
诠释教师生活史之压力、挑战或难题

10.1 压力、挑战或难题的表征意象和动机性主题

程老师和顾老师对面临的压力、挑战或难题具有的表征意象和动机性主题见表 10-1。

10.2 诠释生活史之压力、挑战或难题

10.2.1 程老师生活史之压力、挑战或难题

从谈话中了解到,目前程老师在生活和工作方面还是面临着一些压力、挑战或难题,但也提出了一些如何应对的想法。

1. 怎样提高学生的成绩

程老师从专业的角度说,"压力就是怎样提高学生的成绩"(段 2137)。关于如何提高学生成绩,就是要"重实质"(段 2147),"这个实就要踏踏实实,包括文言文要字字落实","关于学习要老老实实,知之为知之,

第10章 诠释教师生活史之压力、挑战或难题

表10-1 生活史之压力、挑战或难题的表征意象和动机性主题

程老师	顾老师
□ "抓课堂，提高课堂效率""抓课外，作业落实""抓典型""关注学生个体"，表示了提高学生成绩的自我价值感、自我掌控感愿望； □ 人际关系"我也是不擅长"，表示了自我归属感愿望； □ 家庭关系挑战自我归属感，表示了自我归属感愿望	□ "我念书还蛮愉快的，也有谈得来的朋友，大家一起谈学术的问题"与自我归属感；但"这个不是这个学校同事能够的"挑战自我归属感； □ "对我说，钱没了可以再赚，没钱心里满足了就OK了"，好在私立的博士班学费是"我都用我自己的钱啊，还好老天还给我工作，所以我不用我先生付"与自我掌控感；但"我还是比较担心，因为我也比较传统，会不会觉得我压他"挑战自我归属感； □ "如果我今天是30岁就不会，可是我已经42了，所以我想尽量，可是我没办法尽力，因为人太压力了也不见得好"挑战自我掌控感

不知为不知，是知也"（段2149），"实，要抓那个实字"（段2151）。

为了能达到这样的效果，其一，他"认为就是要抓课堂，提高课堂效率（基本原则）"，就是要做到"每堂课要有重点，要有方法意识。不是教学生知识，而是教学生方法，教学生阅读的方法，听课的方法，自学的方法（规则）"（段2139）；"课堂上重点解决问题，不去面面俱到，就是重实效（规则）"（段2153）；其二，除了抓课堂，也要"抓课外，作业落实（基本原则）"（段2147）；其三，"还要注重抓典型（基本原则）"（段2151），"抓典型那就是因材施教，针对不同的学生"，"要关注学生个体（规则）"，"和他们谈心，交流，鼓励（规则）"，而且"我现在认为不能急于求成，高一的时候我是重在培养习惯，习惯形成的话，慢慢就会变成自动化，这样你就不要考虑太多了，所以你就要培养习惯，比方说培养自觉的习惯，先用蓝色笔或黑色笔做答案，然后根据后面的答案，对照正确答案来校正你自己的答案，校正的用红笔改，另外旁

边一定要画问号,每道题都要打问号,要发现问题(规则)"(段2153)。

总之,要提高学生成绩,就是要"培养习惯,注重方法,重在落实(意象)"。由于高考的现实,不能不面临来自社会、家长、学校等各方面的压力,了解这方面的现状,就可以理解为什么程老师会把"如何提高学生成绩"看作是一个显而易见的压力。博弈在这样的现实潮流中,程老师在教学中强调"以生为本"的个人哲学时,把它与如何提高学生成绩结合在一起。这也是他反复强调的语文的人文性和工具性。总之,作为程老师教师实践性知识的语文学科教学的个人哲学、意象,是社会现实、学科特点、学生需求等多方面整合的结果。

2. 人际关系

程老师还谈到"人际关系"方面的压力。因为,"这个方面我也是不擅长的,还因为我投入的时间少",为了应对这方面的压力,"我认为应该多交流,多和身边的人接触","让别人了解自己,让自己接纳他人,更具有包容性"(段2160)。"人际关系包括与同事的关系,与领导的关系,与学生的关系,尤其与学生的关系,特别对我来说要加强亲和力",因为,"我意识到我这个人太缺乏亲和力了"(段2160)。程老师关于师生关系要加强亲和力的意象,正是基于对自我认识的基础上。表明,自我是教师实践性知识的重要动力来源。

3. 家庭关系

程老师认为,他的压力还有在家庭关系上。因为程老师在大家庭里要扮演多元角色,是父亲的儿子,是妻子的丈夫,是妹妹的兄长,是儿子的父亲等。

就与妻子、儿子来说,"以前程益认为我很幽默,现在对我 180°大转弯。对我猛烈抨击,我在他心目中再也不是他以前认为的那个很和蔼的、很关爱他的父亲了。我总是找他的毛病,可能是就像张艳玲找我毛病一样。我总是看到他这不顺眼,那不对。所以他问我男人有没有更年期,这句话气死我了。他问男人有没有更年期,言外之意很明显了呀。你说这个家伙,不吭声,心里面什么都有","小的时候我给程益读书啊,很和谐的。现在少了这份和谐了"(段2162)。

为应对这一方面压力,程老师说"要学会多多包容","要多和老婆孩子多沟通啊。沟通的前提是少说话,不说话"(段2164)。由此,程老师又联系到教育,因为,"就像有人说的,老师最大的毛病就是话太多,我估计我在家里最大的毛病就是话太多。导致了现在我现在处于'孤家寡人'的地位"(段2166),"要学会当傻帽,所以我说有罪我检讨我傻帽"(段2166),也需要"眼神沟通什么的","还有就是以后的努力方向,多向张艳玲学习,善于与人交往,开阔视野,打开视野,开阔心胸"(段2164)。

此番表述,反映了程老师也透过妻子、儿子进行自我反思,而这方面的自我认识,又很自然地让他联系到学校教育中的师生关系,表明了私人生活、自我与教育现场的教师实践性知识间的相互作用。

10.2.2 顾老师生活史之压力、挑战或难题

顾老师为有机会实现自身的价值而欣喜,她说,"我念书还蛮愉快的,也有谈得来的朋友,大家一起谈学术的问题,这个不是这个学校同事能够的,所以我尽量不把这种感觉带到这个学校,因为每个人的生命不一样,我觉得好也许别人不一定觉得好(读博时,

对博士班和单位不同的表征意象)"(段 312)。而顾老师博士班的课程也是与她的兴趣和学科有关的,"我们还是选跟我研究有关的,都是和文学有关的,因为我是文学组,还有些跨领域的"(段 314)。

当然读书也是有代价的。因为读博期间,所在工作的学校没什么特殊的待遇,"他给你有一天是可以不要排课的(读博时,对单位的表征意象)"(段 316)。而且完全自费,"我念这个是私立的博士班,头两年一个学期是 4 万(元新台币),因为是私立学校,规定不管多少学分开始都是 4 万,第三年开始是修多少学分就算多少钱。所以我现在是第三年,有 6 个学分。那之前不算多少都是 4 万"(段 322)。毕业了,单位也不会报销。所以"有的人会说你这样不是白花那么多,也不一定能去大学教书啊,退休金也多拿一点点而已啦"(段 328)。虽然毕业后"工资也会多一点,每个月大概多个 4000。可是我这样 2 年博士我就花了 16 万,还不算来回的油钱饭钱啊,大概一共有 20 万"(段 330)。新台币与人民币的比率大约是 4∶1,这样,博士毕业时的花费的确是不小的数目。

但顾老师认为,"可是对我来说,钱没了可以再赚,没钱心里满足了就 OK 了。"(段 328)。因为,苏东坡诗句中生命向上的精神已经成为她的精神,成为她精神自我的一部分。她觉得付出了财物但收获了精神,值!因为她希望能够像操作汽车的方向盘一样获得自我掌控感。

好在学费"我都用我自己的钱啊。还好老天还给我工作,所以我不用我先生付"(段 330)。她的压力似乎不是经济上的,而是生怕给先生带来压力,顾老师说读博士班和先生商量"肯定要的,但是不是说我要你同意,只是知会一声,考上考不上都要他知道。他还好,他很尊重我。我还是比较担心,因为我也比较传统,会不会觉得我压他。我还是要看到他的优点。我不会把外面看到的给他讲,我不会把我在博士班的事给他讲。我不知道他会不会有压力?他会有很多办法来压我。所以我们有一种协调,然后有机会让就他表达"(段332)。所以,至于压力,顾老师说:"我觉得也是感情上的原因,感情会有点挣扎啊,如果你处理不好就会乱掉。"

此外的一个压力或者说是矛盾,顾老师觉得博士毕业后进大学愿景与年龄也存在矛盾。"可是我压力比较大,如果我今天是30岁就不会,可是我已经42了,所以我想尽量,可是我没办法尽力,因为人太压力了也不见得好"(段311)。所以"那种向往慢慢淡了,因为年纪也渐长"(段367)。

第 11 章 CHAPTER 11
诠释教师生活史之个人意识形态

11.1 个人意识形态的表征意象和动机性主题

程老师和顾老师对其个人意识形态的表征意象和动机性主题见表 11-1。

11.2 诠释生活史之个人意识形态

11.2.1 程老师生活史之个人意识形态

关于是否相信有上帝或某些神明的存在的问题，程老师的回答是："我可能潜意识里面有这样一种意识，但我不去想它，因为我认为想的话，我会疯。会像牛顿一样发疯，因为牛顿就是因为想这个问题想得发疯，所以我是现实一点的"（段2219）。"就像我昨天在这听的那首歌，我多想向天再借500年"，"我想向天再借500年，哪里有500年，100年也没有！"（段2219）。因为，"牛顿研究宇宙物理，本来是一个科学家，但是后来呢

第 11 章
诠释教师生活史之个人意识形态

表 11-1 生活史之个人意识形态的表征意象和动机性主题

相关问题	程老师	顾老师
是否相信有上帝或某些神明的存在，或是有某些力量主宰着这个宇宙	◇ 相信现实，表示了自我掌控感； ◇ "崇尚一种自然交往"，表示了自我价值感、自我掌控感；	◇ 没有宗教信仰，但"我相信有个神，他没有名字，他无所不在，他会保护我照顾我，会给我一些无所不在的讯息啊，原来这个事情对我有什么警讯啊，有什么暗示；暗示我怎么看，怎么走，都有一个神在照顾我"与自我归属感；
是否相信宗教	◇ "有利于大众的就是好的"，表示了自我价值感、归属感愿望；	
信念	◇ "生活中最重要的价值就是实现自我价值"，表示了自我掌控感及愿望；	◇ "可是我还是主宰，在我们儒家思想里人还是最重要的。神会给我暗示，我要去感觉那个无所不在的暗示"与自我掌控感；
政治立场	◇ "人文精神太重要"，表示了社会自我方面的愿望； ◇ "国民素质靠什么，靠思想启蒙"，表示了集体自我方面的愿望	◇ "我的信念就是好人有好报，只要我好好对待学生，他们就会用成绩用生命来回报我"与自我归属感、自我价值感愿望
生活中最重要的价值		

信奉上帝，信奉上帝以后呢就解不开了，就像这个宇宙，这个宇宙之外是什么，是无限大，你把脑子想疯了也想不出来"（段2237）。所以，"想想远方还有一个人在牵挂着自己，现实的这种东西可以填补暂时的这种空虚"（段2239）。程老师常常透过他人包括历史人物来认识自我。就是否相信有上帝或某些神明的存在的问题也是这样，而他更希望命运由自己来掌握，以获得自我掌控感。

这样，程老师对是否相信宗教的回答也就是"我不信宗教"（段2241）了。这与他上述的相信现实和自我掌控感的愿望是一致的。

在信念方面，程老师认为自己的信念与周围人"有不同。我相信自己的命运改善"（段2243），而"他们比较功利"，"我是崇尚一种自然交往"（段2247），"所以我也不是刻意和学生怎么样（师生关系的基本原则）"（段2249）。至于笔者提及的上家教是否具有功利的一面，他说，"上家教也是功利。但这是功利利人"（段2251）；一方面，"人家也是有需求的，对别人也是有好处的，不是说纯粹为自己的，而且我在这方面下的功夫很大的，给他们回报很多的"（段2253）；另一方面，在家教期间，对语文知识的梳理和理解，对于当前的教学可以做到"高屋建瓴，宏观把握（教学意象）"（段2255）。这反映了程老师的个人信念——追求自然，对其教师实践性知识——"不是刻意和学生怎么样"——的作用；也说明，校外生活对教师实践性知识之教学意象——"高屋建瓴，宏观把握"的达成起到了积极的促进作用。

说到政治立场，程老师说，"我认为有利于大众的就是好的"（段2257）。在以前的谈话中他还表达了"信仰自由"的观点。那时程老师谈到他刚刚送走的一位学生，"要入党了，不知道入党申请书怎么写，格式怎样的，问我，你上网查查吧。在学校呢，我说，入党申请书写对党的认识，你自己的积极进步，你自己的状况情况，对党是怎样认识的"（段752），引出来关于信仰的话题。程老师，也写过入党申请书，但他说"不在仕途上求什么，我自己就凭自己的本事吃饭就行了，信仰自由"（段757）。

显然，程老师的信仰选择是与他的人生观和理想结合在一起的，"不为仕途"、干好自己的事，快乐地生活。不过这也与单位领导的姿态也有关，因为据程老师讲，调进单位时的领导态度不很积极，让程"感到很失望"。由此可见，单位的领导作为社会因素之一对教师个体的自我认识也是重要的影响因素。

第11章 诠释教师生活史之个人意识形态

关于生活中最重要的价值，可以说，程老师谈及了几个层次。

（1）个人的角度。程老师认为，"生活中最重要的价值就是实现自我价值，能够让自己快乐，让与自己接触的人，让别人因为自己的存在而快乐"（段2259），这是他的目标，"我试图这样做，但是很不够"（段2261）。但他在为实现这样的价值努力着：比如关注"哪些课教得很顺，很痛快"（段2264），还"比方说学生给自己来信了，谈到什么啊，自己给学生回信"（段2266），"再就是写文章"（段2268），展现自己的思想和价值追求。显然程老师是把自我之价值的追求，或者说自尊与其教师实践性知识密切联系在一起，其中包括他的"很顺、很痛快"的教学意象和通过往来书信彰显和谐师生关系的意象。

（2）群体的角度。程老师认可人文精神的重要性。"实际上我们为什么越来越感觉到社会真的是人文精神太重要了，你想一想，再先进的技术都要人去操控，如果人没有认真负责态度的话，这个技术是毫无用处的。国民素质这个东西感觉到太重要了！"（段1567），"正是这样一种认识，就需要转换一种使命感，因为我只要影响了一个人，可能我影响的这个人他会去影响一批人，我是这样想的"（段1568），"你要呈现一个真实的我，实际上一个真实的、全面的人才有价值"（段1570）。程老师所追求的人生价值，"一个真实的、全面的人才有价值"。

（3）站在民族素质的高度。程老师谈及思想启蒙的重要性。程老师，联系古今中外的历史，感慨道"国民素质靠什么，靠思想启蒙"（段1977），他认可笔者所言"一个人存在的根本意义还是在于思想。"他举了这样一个例子，"你想如果在战争中逃出来这么一个人，跟他妻子讲，讲他九死一生的经历，自己怎么逃出来的。妻子听了说这有什么意思,而他想倾诉,想让别人理解,但别人根本不关注他,后来他就自杀了呀!"(段1982)。程老师在"一直努力中",求的也是自身思想的启蒙吧,实现自我的提升。

11.2.2 顾老师生活史之个人意识形态

在意识形态方面,对于宗教信仰,顾老师的回答是"没有"。"但是我相信有个神,他没有名字,他无所不在,他会保护我照顾我,会给我一些无所不在的讯息啊,原来这个事情对我有什么警讯啊,有什么暗示。暗示我怎么看,怎么走,都有一个神在照顾我"(段356)。与之似乎矛盾的是,顾老师还说:"可是我还是主宰,在我们儒家思想里人还是最重要的。神会给我暗示,我要去感觉那个无所不在的暗示"(段356)。这就是说,她相信命运,命有神来照顾,而运则要自己努力,由此获得归属感,也获得自我掌控感。

她觉得自己的经历是这样的,"我有读书的命,但是总是这么巧,硕士班,考博士班,两次都是最后一名。因为博士考上了大家都去上的"(段358)。

她的自身经历及上述自我的信念又影响到她鼓励学生的教师实践性知识,"所以我会跟学生说,你有读书的命,一次考不上再考一次。"

在信念方面,顾老师之所以说神能够照顾自己,在于顾老师的人生哲学,那就是"好人有好报"。及至教育实践,她则认为,"只要我好好对待学生,他们就会用成绩用生命来回报我。"(段360)。这是她个人哲学的教师实践性知识。"做好人",爱他人,也可以说是顾老师的生活主题。

11.2.3 小结

上述对程老师和顾老师的个人意识形态的分析诠释,其实质反映了文化和社会因素对自我的影响。比如，在程老师身上，体现了老子思想对他的影响，笔者在程老师的日记中，也发现了他对老子思想的长篇摘记，这大概又与他在生活中曾经遭遇到一些无奈之事有关，所以他常说"顺其自然吧"。而在顾老师，以及龙老师身上，儒家思想的影响更明显，他们都把儒家思想作为个人的信念。而无论是老子思想还是儒家思想，都是中国传统文化的组成部分。

第 12 章 CHAPTER 12
诠释教师生活史之学校内外生活方式

该访谈专题是在对程老师的访谈过程中,在访谈提纲基础上增加的部分。笔者的引导性问题是:可否谈谈你学校内外的生活方式?

12.1 学校内外生活方式的表征意象和动机性主题

程老师对其学校内外生活方式具有的表征意象和动机性主题见表 12-1。

表 12-1 生活史之学校内外生活方式的表征意象和动机性主题

学校内外生活方式的表征意象与动机性主题	
校内	"学校内的生活方式确实非常单调"适合"想过一种平静的,自得其乐的生活"与自我掌控感
校外	"上书城看书买书"、"有时候还到学校吹吹笛子"与自我掌控感; "带儿子活动活动,走亲访友,有些社交交流,联络联络感情"与自我归属感

第 12 章
诠释教师生活史之学校内外生活方式

12.2 诠释生活史之学校内外生活方式

12.2.1 程老师生活史之学校内生活方式

程老师感觉"学校内的生活方式确实非常单调,备课、批作业、讲课、看报纸、阅览室读书、操场活动……实际上就是这些"(段2271),学校内生活方式的这种单调,在程老师看来,"有积极影响,因为我不受什么干扰,能够静静地思考"(段2279),不去想"做行政工作,实际上我是想过一种平静的,自得其乐的生活"(段2281)(慎独的哲学)。所以这种单调的生活,是一种"淡然的生活"(段2285)。其实,这反映了程老师在学校环境方面的意象,少一些事务性的干扰,让教师能潜心静修。也反映了程老师在专业实践中慎独的个人哲学。

12.2.2 程老师生活史之学校外生活方式

而校外的活动则相对丰富多彩。"学校外的活动现在就是有时候上书店,读点书,上书城看书买书,尽量带儿子活动活动,走亲访友,有些社交交流,联络联络感情啊,交流,还有就是在家读书,有时候还到学校吹吹笛子,《十五的月亮》《送战友》啊。我很欣赏这首歌,很有一种情调,《北国之春》啊,吹吹这些"(段2273),而其中,对程老师来说,吹笛子的爱好由来已久了,他说:"当然最开始还是《十五的月亮》,我的师专同学都知道我喜欢吹《十五的月亮》,还有就是《南泥湾》"(段2273)(笔者在程老师那里还收集到中学、师专时期他抄录的歌谱,其中就包括以上他提到的这几首喜欢的歌名。一起整理资料时,翻到《梦驼铃》《我想唱歌可不敢唱》等曲目时,他也会饶有乐趣地哼唱起来,似乎又回到往日的学生时代)。这些丰富多彩的校外活动——购书、读书、陪儿子活动、社交、吹笛子等，对程老师来说，"放松了自己，获取了信心，提高修养，开阔了视野什么的"（段2277），因为，他"坚信一句话，读万卷书行万里路"（段2277），他"觉得人的最高境界是过一种心灵的生活"（段2277）。笔者与程老师的交谈了解到，他在书店常常买些与专业相关的书籍，比如周国平的、李镇西的、钱梦龙的、王开东的等。社交除了老乡、同事，也有在各种活动中结识的专业领域的知名人士，比如，有一次，程老师来和我碰面，我们在食堂吃饭之际，电话中他还在与天津的徐江老师交流。所以能够获得自信，提高修养，开阔视野。这些又说明了校外的私人和专业生活方式及其对自我的影响，是教师实践性知识的源泉。

第 13 章 CHAPTER 13
诠释教师生活史之生活圈

该访谈专题也是伴随访谈的进行,在访谈提纲基础上增加的部分。笔者的引导性问题是:你能否勾画一下你的生活圈(交往的领域,社交的范畴)?

13.1 生活圈的表征意象和动机性主题

程老师对其生活圈具有的表征意象和动机性主题见表13-1。

13.2 诠释生活史之生活圈

13.2.1 程老师生活史之生活圈特点

笔者所用的"生活圈"这一概念,是指个体生活所涉及的领域及交往的不同人群。总体上,程老师讲:"我这个人就是不善于社交。交往的领域一方面就是学生了,最主要的就是学生,同事是个别的,再有就是老乡了,还有就是偶然认识的,再就是同学吧"(段2299)。程老师认为自己不善于社交,与他在"外向型

表 13-1　生活史之生活圈的表征意象和动机性主题

总体上	"交往的领域一方面就是学生了，最主要的就是学生，同事是个别的，再有就是老乡了，还有就是偶然认识的，再就是同学吧"，表示了归属感愿望
与学生	对非在校生"提供些建议"，表示了自我归属感、自我价值感；对在校学生"课堂气氛弄好，尽量随意一点"，表示了自我掌控感、归属感愿望
与同事	周梅，林老师，金老师等交流，表示了自我价值感、归属感、镜像自我
与同学	交往，表示了自我价值感、镜像自我
和老乡	交往，表示了自我归属感
与朋友	交往，表示了通过镜像自我，对自我的反省
与网友	交往，表示了了解性别世界的自我掌控感愿望

自我意识量表"的得分是一致的，即程老师在这份量表中得分为 13 分，少于满分 28 分的半数，而根据费尼格斯坦等人（1975）的观点，在外向型自我意识量表上得分低的人则很少意识到自己作为社会实体的一面。尽管如此，任何一个生活在社会中的人，都会涉及其如何进行社会交往的问题，更何况老师的职业具有育人的特征。

13.2.2　程老师生活史之生活圈交往人群

程老师谈到了以下几个方面的交往的人群。

1. 与学生

学生是程老师交往的人群。程老师提到刚刚工作的时候，与学生的交往，也提到现在和学生的交往。有高兴的时候也有不高兴的时候。至今，程老师刚刚参加工作时与学生之间往来的信件、他给一些学生的作文以及评语等依然珍藏，在与笔者合作中，程老师能够敞开心扉把这些拿出来，让笔者享用，使笔者对他以往的经历有了更多的了解和理解。他是用真诚和鼓励与学生交往的。

其中，在与非在校生的交流方面，程老师说："非在校生呢，跟他们交流没有什么原则，他们毕竟在社会上有一些新东西，听一听才能够了解，避免不了给些建议，提供些建议，自己也算是门外汉"（段2324）。

而"和在校学生我觉得不够，我现在才注重在课间留下来"，他考虑的是，"我想先把课堂弄好，课堂气氛弄好，尽量随意一点，在和学生之间增加自己的亲和力，主题就是增强亲和力"，因为，他觉得"讲话的艺术不行啊，说话要有艺术性，在这个方面比较薄弱环节"（段2318），难在"不容易和学生找到共同话题"（段2320）。为应对这种困境，"这就要跟你学，你很有亲和力，别人就会投你的票"（段2322）。这说明，尽管程老师认识到自身不擅长交往的不足，但他善于发现他人在交往方面的长处，透过镜像自我，也试图努力实现和谐交往的意象，尤其是在师生间，比如，课堂上激发学生说出所思所想，实现"三声"课堂的教学意象；课下他还通过"仁智山水"的博客与学生交流，这些都让他感到由衷的幸福，在电话中程老师也常常与笔者交流他这样的感受。

2. 与同事

从谈话中了解到，目前和单位同事的交流，主要是周梅、林老师、金老师等，其中，典型的是和金老师的交往（正是在这个基础上，后来金老师也成为笔者的案例合作教师），为此，笔者对周梅老师、金老师，以及退休不久的陆老师做过专访。程老师觉得"和同事交流不多"，"交流的对象也不多，交流的机会也不多"（段2330），就交流的内容，"主要就是这些讲课啊"，"关于讲课，关于课堂教学的东西，自己看的什么书啊，什么节目啊，百家讲坛啊"（段2332）。比如，在周梅老师的交流中，"我去北京了，周梅（由于程老师、周老师交流较多，笔者特意访谈过她）说以后有这样的机会我也去。其实我对周梅的影响也不小，她考硕士的时候我也鼓励她，首先要把自己先搞好，最起码自己先找到快乐，你弄好了自己也会感到快乐"（段2332）。与同事的交流是程老师生活中非常重要的组成部分，这种交流也常常由校内扩展到校外。笔者通过与金老师的交流和课堂观察，发现了金老师的"生本教育"的个人哲学和"无疑教学"的意象。而这些，也得到了程老师的认可。当然，程老师与同事的交往，也扩展到所在单位外的同行，铁皮鼓、王开东的博客他是常常光顾的。正是这种交往的生活史，促成了程老师多方面的感悟和自我建构，形成其"以生为本"的个人哲学和"以本为本"的实践原则。

3. 同学

在中学时候，程老师与同学党建栓曾经结下了"类似马克思和恩格斯"的"战斗友谊"。他后来还发现"党建栓主要是抗争的这个意识，敢说敢做"，而与初中同学李桃云的交往，认为该同学"倒是对一些事情倒是蛮积极的。他属于那种愈挫愈奋的那种"（段2352）。

目前，和同学交往，程老师说："就是刘玉春这个同学，还有你（指笔者）这个同学。""和刘玉春谈家庭、谈婚姻、谈教学、谈人际关系这一类的"（段2346）。从中，程老师认识到"就是尽量要旷达一点，豁达一点"（段2348），另外"属于自己的权利一定要争"（段2350）。

无论是过去与中学同学的交往，还是当前与一些同学的交往，程老师都善于透过他人来审视、反思自我，从而认识自我、重新建构自我。这便是库里（1902）、米德（1934）等个体社会自我的表现,"镜像自我""观点采择"的作用。而显然,与同学交往的生活促成自我的建构,又直接影响到了程老师的教育实践,影响了他的教师实践性知识之关于教师"亲和力、包容"的意象等。

4. 和老乡、朋友、网友等

程老师的交往也不仅仅限于教育圈内,他也与其他人群交往。程老师谈到和老乡的交流"有时候谈孩子的教育问题","这个能找到共同语言。别的你想领域不同,讲了也听不懂",和老乡的交流,"多一份乡情"(段2334)。和朋友的交往"主题主要是了解一些信息。一些新东西,这主要是因为好奇心了"(段2314)。程老师曾经结识的一位网友,"辽宁锦州那个女的,在读《沧浪之水》,后来我就在《书摘》上面看到介绍这本书,因为我问这个问题能了解对方是不是有文化内涵,是不是善于读书。"此外,也"想要了解女性世界,我觉得女性世界也是一个有意思的世界"(段2308)。在与老乡、朋友的交往中,也使程老师获得了一种良好的归属感。

第 14 章 CHAPTER 14
诠释教师生活史之生活主题

14.1 生活主题的表征意象和动机性主题

笔者的引导性问题是：你回顾了你整个的生活故事，您能指出贯穿你整个生活故事的核心主题吗？程老师对其生活主题具有的表征意象和动机性主题见表14-1。

表14-1 生活史之生活主题的表征意象和动机性主题

生活主题的表征意象与动机性主题
"核心主题就是要实现人生价值，自己做一些有利于别人的事情""做一点有利于别人的事情"，与自我价值观、自我掌控感、自我归属感愿望

14.2 诠释生活史之生活主题

在教师生活史正式访谈接近尾声的时候，笔者请求程老师再回顾一下我们讨论过的话题，然后概括一下，贯穿你生活故事的核心主题是什么？他一定是做过这方面的思考，所以脱口而出，"核心主题就是要实现人生价值，自己做一些有利于别人的事情"（段2612）。

就"实现人生价值"来说，"甚至可以说4个字，是享受生活"（段2614），"为了达到享受生活的目的，你必须提高自己的学识、修养，你想过一种高质量的生活，高质量的物质生活、高质量的精神生活，那么就要读书、就要学习、就要交往、就要交流"，因为"享受生活必须要达到一定的层次"（段2616）。程老师所言的"享受生活"并非指贪图"享乐"，"享受生活就是精神上的，你比如说酸苦辣，这个甜呢是最后的，这个问题你既然回避不了，回避不了就是要享受它"（段2616）。程老师对生活的此番理解，"魏书生讲的那句话很受启发，就是：'这件事情你痛苦地去做也得去做，你高高兴兴地去做也得去做，与其痛苦地去做还不如高高兴兴地去做合算'"（段2618）。程老师以为这是享受生活的本质所在。

至于"做一点有利于别人的事情"，"你尽量给别人提供一些方便、快乐，就是那句话'赠人玫瑰手留余香'，实现自己的价值"（段2623）。所以，对程老师而言，做有利于别人的事，也是在实现自身价值。比如对学生，"要有利于学生，学生困惑了，自己能帮他疏导一下，学生遇到什么矛盾可能帮他解决一下，这不是实现自己的价值吗？"（段2622）。还比如，对父母、对同学等。

程老师对生活主题的回答和他以上对过去生活经历的回忆，以及他当前对教育实践的感悟，证实了他是把实现自我价值与他人，与做有利于他人的事情紧密地联系在一起的。这是他社会自我的表现，就教师的角色而言，该种个人哲学则是他教师实践性知识的组成部分。

第 15 章 CHAPTER 15
诠释教师生活史之自我

在笔者看来,自我不仅是连结教师生活史与教师实践性知识的枢纽环节,而且,教师的一些实际状况作为个人因素也构成其生活史的一部分,包括教师个体的身体、年龄等状况以及气质等人格变量;而一些心理学家也把自我的想法和感受看作是人格变量的一部分。因而,对教师自我的考量极为必要。

15.1 自我考量的路径

除了伴随访谈,从案例教师的谈话中了解教师的自我认识和感受,笔者还在案例老师身上应用了一些检测自我的问卷和量表,以期透过不同的路径理解教师的自我,进而为理解教师实践性知识奠定基础。

15.2 教师生活史视角下对教师自我的考量

以下呈现案例教师对自我问卷和量表的回答并作尝试性地分析。

第 15 章
诠释教师生活史之自我

15.2.1 "教师自我检测问卷"[①] 的回答与分析

该问卷的要求是：假设你想让某人知道你真实的情况。你可以告诉此人关于你自己的一些事情，比如 20 件。这些事情可以包括你的个性、背景、生理特征、爱好、属于你的东西、你亲近的人，等等——简言之，就是任何能够帮助这个人了解你真实情况的东西。你会告诉这个人什么呢？程老师、顾老师关于该问卷的回答见表 15-1。

表 15-1　程老师、顾老师对"教师自我检测问卷"的回答

程老师的回答	顾老师的回答
1. 告诉他我在生活、工作中取得的成绩、荣誉、幸福感；	1. 个性温和，易于亲近；
2. 我的个性：有责任心、正义感、积极向上；	2. 喜欢新奇事物；
3. 我的成长经历中有意义的东西；	3. 喜欢担任教育工作；
4. 我喜欢看的书籍：中国古典文化经典作品；	4. 喜欢分享；
5. 我的爱好：阅读、运动、下象棋、吹笛子；	5. 喜欢独处；
6. 我最新的生活感悟；	6. 爱好美好和平；
7. 我的妻子、孩子的基本情况；	7. 喜欢艺术、文学；
8. 我与学生交流的愉快体验；	8. 对于研究工作有份热诚；
9. 我的一些痛苦的经历；	9. 喜欢运动的过程；
10. 我身体的不适情况，肠胃不佳，经常看医服药；	10. 不喜欢啰嗦烦琐之事、人；
11. 我通过运动调理身心的体验；	11. 不喜欢复杂人、事、物；
12. 我的朋友的成功体验、独特的人生经历；	12. 喜欢化繁为简；
13. 我爱看的电视节目，比如《百家讲坛》；	13. 喜欢动、植物之照顾；
14. 我的求学经历；	14. 喜欢安静祥和的感觉；
15. 我对教育现象的看法；	15. 喜欢与年轻人共处；
16. 我自己感到成功的课堂教学经历；	16. 喜欢享作；
17. 我对网络资源的利用；	17. 喜欢和父母、孩子相处；
18. 我对孩子教育的方法；	18. 相信自己生命有积极的作用；
19. 我对别人的理解和对自己的反思；	19. 相信人与人的情谊之重要；
20. 我对工作的关注与投入的情况	20. 相信教育的重要

[①] 参考（美）乔纳森·布朗编制的自我检测问卷。（乔纳森·布朗，2004 年，第 17 页。）

本问卷用于对案例教师自我的初步了解。前文已述，很多学者对自我的分析是依照詹姆斯（1890）观点，基于此，布朗（1998）对自我也进行了较为系统的阐述。据上述两位老师的回答，可以发现程老师、顾老师在物质自我、社会自我、精神自我方面都有所表现，见表15-2。

此外，从列表中还是可以发现两位教师对自我的表述有一些差异。其一，侧重自我的不同方面。顾老师所列20条自我，几乎每一项都与对自我感受到的态度、兴趣、动机、特质以及愿望等有关，体现了其精神自我的一面，突出自己的倾向性或动机性主题；不过从中，也能够辨析出她物质自我、社会自我的方面。而程老师所列自我除了自身的特质、情感、兴趣、态度及愿望等精神自我的一面，还有许多关于自我的既成事实的方面（如成绩、荣誉、经历、家庭等），显示了物质自我的特征。笔者以为，台湾固然保留了民族传统文化的一面，但毕竟也经历过长达半个世纪日本的殖民统治，而近代以后，日本具有明显的西化特征，加上全球化进程的影响，因而台湾以及台湾的民众是受双重文化的熏陶。这样的文化特征，应该是顾老师自我表述之尊老爱幼、相信真诚情谊一面和追求独特自我一面的相关因素。其二，由于生存背景的差异，自我表述有所不同。由于1948年国共战争国民党的败退，顾老师的父辈十来岁的时候，被迫离开父母跟随姑姑到台湾，饱经了战争的创伤和亲人离散之苦。所以，顾老师的自我中，有一种"爱好美好和平"的情感，在我们的谈话中，她也曾感慨"战争的灾难！"其三，程老师强调了自我反思，而顾老师数次谈到与人相处的意象，这也应该与她个人经历中有更多和各界交往的体验有关，因为顾老师曾经做过副刊编辑等。当然，两位老师由于学科、专业的相近以及时代的感召，也有诸多

第15章 诠释教师生活史之自我

表15-2 程老师、顾老师物质自我、社会自我、精神自我表现列表

	程老师（上海，男，高一语文教师）	顾老师（台湾，女，高一语文教师）
物质自我	1. 我在生活、工作中取得的成绩、荣誉……； 3. 我的成长经历中有意义的东西； 7. 我的妻子、孩子的基本情况； 10. 我身体的不适情况，肠胃不佳，经常看医服药； 12. 我的朋友的成功体验、独特的人生经历； 14. 我的求学经历； 16. 我自己感到成功的课堂教学经历	7. 喜欢艺术、文学； 16. 喜欢享作； 17. 喜欢和父母、孩子相处
社会自我	17. 我对网络资源的利用； 19. 我对别人的理解和对自己的反思； 20. 我对工作的关注与投入的情况	3. 喜欢担任教育工作； 4. 喜欢分享； 5. 喜欢独处； 6. 爱好美好和平； 8. 对于研究工作有份热诚； 15. 喜欢与年轻人共处
精神自我	1. 我在生活、工作中……幸福感； 2. 我的个性：有责任心、正义感、积极向上； 4. 我喜欢看的书籍：中国古典文化经典作品； 5. 我的爱好：阅读、运动、下象棋、吹笛子； 6. 我最新的生活感悟； 8. 我与学生交流的愉快体验； 9. 我的一些痛苦的经历； 11. 我通过运动调理身心的体验； 13. 我爱看的电视节目，比如《百家讲坛》； 15. 我对教育现象的看法； 18. 我对孩子教育的方法	1. 个性温和，易于亲近； 2. 喜欢新奇事物； 3. 喜欢担任教育工作； 4. 喜欢分享； 5. 喜欢独处； 6. 爱好美好和平； 7. 喜欢艺术、文学； 8. 对于研究工作有份热诚； 9. 喜欢运动的过程； 10. 不喜欢啰嗦烦琐之事、人； 11. 不喜欢复杂人、事、物； 12. 喜欢化繁为简； 13. 喜欢动、植物之照顾； 14. 喜欢安静祥和的感觉； 15. 喜欢与年轻人共处； 16. 喜欢享作； 17. 喜欢和父母、孩子相处； 18. 相信自己生命有积极的作用； 19. 相信人与人的情谊之重要； 20. 相信教育的重要

趋同的意象，比如，对工作的热忱，对教育的关注，对文学的欣赏等。总体上，体现了生活史经历对教师自我的影响。

15.2.2 "教师对自我和他人的评价之问卷"[①]的回答与分析

该问卷要求说明以下品质与自身、与其他人符合的程度，选择一个合适的数字填写在表格对应处。其中：1=完全不符合，指认为与您的实际情况完全不符合，即完全不同意；2=不太符合，指认为与您的实际情况大多不符合，即不同意；3=基本符合，指认为与您的实际情况基本符合，即基本同意；4=比较符合，指认为与您的实际情况大多符合，即同意；5=完全符合，指认为与您的实际情况完全符合，完全同意。为便于统计，笔者对该问卷回答的列表中只呈现了被选择的对应分值，并运用Excel对数据进行统计。

1. 程老师的回答

程老师对"教师对自我和他人的评价"之问卷的回答见表15-3。

2. 顾老师的回答

顾老师对"教师对自我和他人的评价"之问卷的回答见表15-4。

3. 周老师的回答

周老师对"教师对自我和他人的评价"之问卷的回答见表15-5。

4. 分析总结

从程老师对自我与他人（领导、同事、家长、学生）的评价之问卷的得分来看，对自我的积极品质的评分高于对其他人的评分7～12分，而对自我的消极品质的评分低于对其他人的评分4～5分。这表明，程老师用了比较积极的词汇来形容自我。根据积极的

[①] 笔者参考乔纳森·布朗：《自我》，陈浩莺等译，人民邮电出版社2004年版，第54—56页。

表15-3 程老师对"教师对自我和他人的评价"之问卷的回答

品质		自我	领导	同事	家长	学生
积极品质	有责任感	5	4	3	3	3
	上进，有追求	5	4	3	2	3
	真诚	5	3	3	2	3
	和善	5	3	3	3	4
	聪明、机智	3	4	3	3	3
	沉稳	4	3	3	3	3
	身体健康	3	4	3	3	3
	心态良好	4	3	3	3	3
	受欢迎	3	3	3	3	3
	有才能	3	3	3	3	3
	有魅力	2	2	2	2	2
	其他，请写出					
	合计分数	42	36	32	30	33
消极品质	马马虎虎	1	1	1	1	1
	混日子	1	1	1	1	1
	虚伪	1	2	2	2	2
	冷漠	1	2	2	2	2
	愚蠢、迟钝	1	1	1	1	1
	轻率	1	1	1	1	1
	体弱	2	2	2	2	2
	有心理问题	1	1	1	2	2
	不受欢迎	1	2	2	2	2
	能力一般	1	2	2	2	2
	魅力一般	3	3	3	3	3
	其他，请写出					
	合计分数	14	14	18	18	19

表 15-4　顾老师对"教师对自我和他人的评价"之问卷的回答

品质		自我	领导	同事	家长	学生
积极品质	有责任感	4	3	4	4	4
	上进，有追求	4	3	4	4	4
	真诚	4	4	4	3	4
	和善	4	3	4	3	4
	聪明、机智	4	3	4	3	4
	沉稳	3	4	5	4	4
	身体健康	4	3	3	4	3
	心态良好	4	4	4	4	4
	受欢迎	4	3	4	3	4
	有才能	4	3	4	3	4
	有魅力	4		4	3	4
	其他，请写出					
	合计分数	43	33	44	38	43
消极品质	马马虎虎	1	2	1	1	3
	混日子	1	2	1	1	2
	虚伪	1	2	1	1	1
	冷漠	1	3	1	1	1
	愚蠢、迟钝	1	1	1	1	1
	轻率	1	3	1	1	2
	体弱	1	1	1	2	1
	有心理问题	1	2	2	3	2
	不受欢迎	1	1	2	1	1
	能力一般	1	4	2	2	2
	魅力一般	1	4	2	2	1
	其他，请写出					
	合计分数	11	25	15	16	17

表 15-5　周老师对"教师对自我和他人的评价"之问卷的回答

品质		自我	领导	同事	家长	学生
积极品质	有责任感	5	5	5	4	4
	上进，有追求	4	5	3	3	4
	真诚	5	5	4	4	5
	和善	5	5	4	3	5
	聪明、机智	4	3	3	3	4
	沉稳	4	4	4	3	3
	身体健康	5	5	4	4	4
	心态良好	5	5	5	3	3
	受欢迎	5	5	4	4	4
	有才能	3	5	5	4	5
	有魅力	4	5	4	3	3
	其他，请写出					
	合计分数	49	52	45	38	44
消极品质	马马虎虎	1	1	1	2	1
	混日子	1	1	1	2	1
	虚伪	1	1	2	2	1
	冷漠	1	1	2	2	2
	愚蠢、迟钝	1	1	1	2	1
	轻率	1	1	1	2	2
	体弱	1	1	1	2	1
	有心理问题	1	1	2	2	3
	不受欢迎	1	2	2	2	1
	能力一般	1	1	2	2	2
	魅力一般	1	2	2	2	3
	其他，请写出					
	合计分数	11	13	17	22	18

错觉的理论（Scheier, Carver & Bridges, 1994; Myers & Diener, 1995），这种积极的自我观念，即认为自己具有许多优点的人，一般有很高的个人控制感，并且一般能积极地看待未来（乔纳森·布朗，2004，第246、242页）。在迈尔斯和迪恩纳（Myers & Diener, 1995）看来，一个人的幸福感恰恰与这3种自我感觉（具有积极的自我观念、有很高的个人控制感、一般积极地看待未来）关系很大，而人们一般认为能带来幸福的许多事情（如金钱、美丽、年轻）事实上证明与人们感觉到的幸福程度关系甚微。在上述"教师自我检测问卷"中，程老师首先向他人推出的正是一种源自"我在生活、工作中取得的成绩、荣誉"这种掌控感而产生的"幸福感"，他也谈到"总的来说我自己还是比较自信比较乐观，我总是要尽快找到让自己感到快乐的事情"（段2587），这种源自于生活、工作中取得的成绩、荣誉而产生掌控感与他积极的自我观念、总体上对未来乐观的态度相互作用，相互强化。这也表明，教师自我与教师专业生活之间的相互作用的关系。

与程老师相似，总体上看，顾老师对自我的看法，是比较积极的。但她更能发现学生身上的积极品质。因而在与学生相处的时候，顾老师说，"我跟学生相处的时候，我不太是一个一直讲话的老师的角色。我比较喜欢听学生讲，听听他有什么事情，有什么状况。我再从中分析，然后去做一个归纳。所以我觉得这个第一个对我影响很大。然后第二个，就是说，我也比较会知道，老师也不是唯一的权威，因为你在外面工作，你有看到很多可能性。你如果太确定你是那个权威，你最终会被打败"（段51）。顾老师也能发现同侪身上的积极品质，尤其是谈话中她常常提到龙老师，"他是我学习的对象，但我不是他学习的对象"（段263），"比

第 15 章
诠释教师生活史之自我

较突出的应该是待人处事比较忠厚稳健的态度,因为我其实还是孩子气点,做事讲话啦有时候会诉诸情感,那他比较沉稳,顾全大局,理性,在文学上他诗歌朗诵上处理很有才气,在舞台上处理大型表演、口才啦,很多都是可以学的。但我觉得主要还是待人处事,比较温厚,从不说重话,很和善,但还是有原则,这是长期相处体会的,所以有时候我会问他有些事怎么处理"(段269)。对自我、对同事、对同学的积极评价,顾老师促使她在教育现场中能够与同学、同事和谐地交往。但显然,她对校长的印象不如他者,这大概与他所接触到的校长,以及校长的地位有关,就像她说的"我们校长和老师是平起平坐的","你是校长,你要管理学校,而他又没什么权力,他就要找别的人来管,他要围住他们,来变成他的,怎么说呢,就像古时候皇帝身边的臣子,他们都是你的心腹,你做事比较好做。可是现在这么民主的条件下,如果你旁边的那些臣子都不是你的心腹,你就会被赶走,被孤立,因为你虽然有校长的图章,但是你不能乱盖,这样就造成某些小圈圈"(段69)。

周老师对自己的认识也是比较积极的,与顾老师不同的是,周老师对校长的看法更积极。这应该与其所在单位领导的表现和学校的性质(部属学校)有关。而对学生的看法,尤其是对家长表示了更多的担忧。

15.2.3 "内向型自我意识量表"[①] 的回答与分析

该量表要求根据自己的情况选择相应的数字。为便于统计得

---

① 改编自 Fenigstein A, Scheier M.F. & Buss A. H. (1975), Public and private self-consciousness: Assessment and theory. *Journal of Consulting and Clinical Psychology*, 43, 522–528。

分，笔者将需要正向计分与反向计分的被选项分别以"●""⊙"呈现，即对第2和第5项的得分进行反向计分（0=4，1=3，2=2，3=1，4=0），然后累计10个项目的分数。分数越高，表示内向性自我意识程度越高。笔者运用了Excel对数据进行统计。

1. 程老师的回答

程老师对"内向型自我意识量表"的回答见表15-6。

表15-6　程老师对"内向型自我意识量表"的回答

题　　项	极端不典型				极端典型
	0	1	2	3	4
1. 我总是努力了解自己。					●
2. 总的来看，我不是很了解自己。	⊙				
3. 我总是反省自己。					●
4. 我总是自我幻想的主角。			●		
5. 我很少反省自己。	⊙				
6. 我通常很关注自己的内心感受。				●	
7. 我总是反省自己的动机。			●		
8. 有时我会有一种从远处注视自己的感觉。			●		
9. 我会注意自己心境的变化。				●	
10. 当我解决问题时，我会注意到我是如何思考的。			●		
合计得分			31分		

2. 顾老师的回答

顾老师对"内向型自我意识量表"的回答见表15-7。

3. 周老师的回答

周老师对"内向型自我意识量表"的回答见表15-8。

第 15 章 诠释教师生活史之自我

表 15-7 顾老师对"内向型自我意识量表"的回答

题 项	极端不典型			极端典型	
	0	1	2	3	4
1. 我总是努力了解自己。					●
2. 总的来看,我不是很了解自己。		⊙			
3. 我总是反省自己。				●	
4. 我总是自我幻想的主角。			●		
5. 我很少反省自己。		⊙			
6. 我通常很关注自己的内心感受。					●
7. 我总是反省自己的动机。				●	
8. 有时我会有一种从远处注视自己的感觉。					●
9. 我会注意自己心境的变化。					●
10. 当我解决问题时,我会注意到我是如何思考的。					●
合计得分			33 分		

表 15-8 周老师对"内向型自我意识量表"的回答

题 项	极端不典型			极端典型	
	0	1	2	3	4
1. 我总是努力了解自己。					●
2. 总的来看,我不是很了解自己。		⊙			
3. 我总是反省自己。					●
4. 我总是自我幻想的主角。		●			
5. 我很少反省自己。		⊙			
6. 我通常很关注自己的内心感受。					●
7. 我总是反省自己的动机。					●
8. 有时我会有一种从远处注视自己的感觉。					●
9. 我会注意自己心境的变化。					●
10. 当我解决问题时,我会注意到我是如何思考的。					●
合计得分			37 分		

4. 分析总结

费尼格斯坦等人（1975）制定了这一量表来测量个体在多大程度上关注自己的想法和感情。谢尔和卡弗（1982）指出，人们的态度会随着他们对自己的看法而改变。一些人非常关注自己，他们会花大量的时间来研究自己的想法和情感，这些个体被认为具有高度的内向性自我意识（private self-consciousness）。另一些人并不那么关注自己，较少内省，被认为不具有高度的内向性自我意识。程老师在该量表上的得分是 31 分，顾老师的得分是 33 分，周老师的得分是 37 分，远远高于满分 40 分的半数，并都处于上 1/3 的范围。根据费尼格斯坦等人（1975）的观点，程老师、顾老师和周老师应该是属于高内向型自我意识的人，而反省是自我认识的重要途径。比如程老师在谈话中总是在谈到一些事情的时候反省自我，以及他反复声明自己"善于反省"等，是一致的。

15.2.4 "外向型自我意识量表"[①]的回答与分析

该量表要求判断下面描述在多大程度上准确地刻画了本人的特征，并选择相应的数字。为便于统计得分，笔者将被选项分别以"●"呈现。把所有 7 个项目的得分加起来，分数越高，表明外向型自我意识就越强。笔者运用了 Excel 对数据进行统计。

1. 程老师的回答

程老师对"外向型自我意识量"的回答见表 15-9。

---

① 改编自 Fenigstein A. Scheier, F. & Buss, A.H. (1975), Public and private self-consciousness: Assessment and theory. *Journal of Consulting and Clinical Psychology*, 43, 522–528.

表 15-9　程老师对"外向型自我意识量表"的回答

题　项	特别不像			特别像	
	0	1	2	3	4
1. 我关注自己的做事风格。				●	
2. 我关注展示自己的方式。				●	
3. 我能意识到自己看待问题的方式。			●		
4. 我总是担心不能塑造一个好的印象。		●			
5. 我出门前的最后一件事就是照镜子。			●		
6. 我关注别人如何看待我。			●		
7. 我总是能注意到自己的外表。			●		
合计得分	13 分				

2. 顾老师的回答

顾老师对"外向型自我意识量表"的回答见表 15-10。

表 15-10　顾老师对"外向型自我意识量表"的回答

题　项	特别不像			特别像	
	0	1	2	3	4
1. 我关注自己的做事风格。				●	
2. 我关注展示自己的方式。				●	
3. 我能意识到自己看待问题的方式。				●	
4. 我总是担心不能塑造一个好的印象。				●	
5. 我出门前的最后一件事就是照镜子。			●		
6. 我关注别人如何看待我。			●		
7. 我总是能注意到自己的外表。				●	
合计得分	19 分				

3. 周老师的回答

周老师对"外向型自我意识量表"的回答见表 15-11。

表 15-11 周老师对"外向型自我意识量表"的回答

题　　项	特别不像			特别像	
	0	1	2	3	4
1. 我关注自己的做事风格。					●
2. 我关注展示自己的方式。					●
3. 我能意识到自己看待问题的方式。					●
4. 我总是担心不能塑造一个好的印象。					●
5. 我出门前的最后一件事就是照镜子。				●	
6. 我关注别人如何看待我。					●
7. 我总是能注意到自己的外表。					●
合计得分	27 分				

4. 分析总结

费尼格斯坦等人（1975）同样也制定了一个量表来测量个体在多大程度上关注自己公开的、可观察到的一面。程老师在这份量表中得分为 13 分，少于满分 28 分的半数，但也在上 1/3 的范围内；而顾老师的得分是 19 分，超过满分 28 分的一半，在上 1/3 的范围内；而周老师的得分是 27 分，接近满分。

根据费尼格斯坦等人（1975）的观点，程老师也可能是外向型自我意识的人。但他更注重追求内在的品质，这也是他对自己的看法。比如程老师举了这样一个例子，"你看我骑摩托车，我骑摩托车呢，实际上外在的东西我去洗车啊，这些东西不是太重视的，但是我很注意里面的机油，机油嘛就是润滑油，我非常注重润滑油，我要用非常好的润滑油，因为我觉得润滑油好了以后可以保证这个摩托车耐用、好用、久用"（段1424）。对于外在的东西，程老师自身意识到对自己来说是劣势，因而当程老师看到所在辖区的一位教研员善于做面上的事情的时候，也表达了一种愿望，"他比较善于应对一些事情，做一些面上的事情做得比较好，也需要面上的，这一点实际上也对我有影响，我想学习这一点"（段1416）。

而根据费尼格斯坦等人（1975）的观点，顾老师是属于外向自我意识较高的人，笔者在每次课堂观察的时候，总是发现顾老师又换了一身装扮就是这方面的说明。另一方面，顾老师是也在内向型自我意识量表上得了较高的分数。这两种情况也许与她在自我表述时说"喜欢分享"又"喜欢独处"是一致的，或者说她是一个既注重内炼，又注重外铸的自我意象。这种自我意象应该也与她对生活经历的反思有关，顾老师说上初中的时候，"我们学校是男女合校，但是男女分班，所以女生会注重打扮，可是我不会，就有点自卑。所以女生会打扮，走过男生教室就会被吹口哨啊，但是我就不会，我有点驼背"（段212），"那时候有点自责"，"上高中后男女合班，稍微开朗些"（段216），且随着发育，顾老师越长越直。这段经历，应该是她反省的表现，也是在反省后注重外表，或者说外向型自我意识增强的因素所在。因此，每次在校园里见到顾老师，都有一种清风拂面的感觉。

周老师则显然同时是一位高度外向型自我意识的人。这与他学生年代和工作后的各种表演受到师生的欢迎是一致的。周老师讲述这样一段美好的时刻："在高邮师范搞元旦晚会，我在台上演出，全体学生起来，一起高声喊：'周老师，我爱你！'我一辈子都忘不了"（段16）。周老师还说，"我喜欢模仿周总理讲话，这个特长，能够使学生跟老师亲近。所以，老师要有特长，要有爱好，学生容易跟你沟通,这是好处。学生举行个活动,让你老师表演个节目,你啥也不会,学生与你就疏远了"(段19)。

15.2.5 "自我监控测量"① 的回答与分析

该量表要求对下面的表述根据本人的情况选择是或否。为便于统计,笔者只呈现了被选择的选项,删去了非选项;在要求答"是"才能得1分的题号前插入了项目符号"·"。评分方法为:在5、6、7、8、10、11、13、15、16、18、19、24、25上回答"是"得1分,在1、2、3、4、9、12、14、17、20、21、22、23上回答"否"也得1分。将总分加起来,得12分或以下表示低自我监控,得13分或以上表示高自我监控。笔者运用了Excel对数据进行统计。

1. 程老师的回答

程老师对"自我监控测量"的回答见表15-12。

表15-12 程老师对"自我监控测量"的回答

		请回答如下的问题,并在"是"、"否"上面画圈。
是		1. 我发现自己很难模仿别人的行动。
是		2. 我的行为通常反映了自己真实的内心体验、态度和信念。
是		3. 在聚会或者社交场合,我不会试图说或做一些讨别人喜欢的事情。
	否	4. 我只会为自己相信的观念辩护。
	否	·5. 我可以针对一些我一无所知的主题发表即兴演说。
	否	·6. 我认为自己只不过是在演戏,并以此打动或者取悦别人。
是		·7. 当对自己的行为没有把握时,我会通过观察别人的行为来寻求线索。
是		·8. 我可能会成为一个好演员。
是		9. 我很少根据朋友的意见来选择电影、图书或者音乐。

---

① 改编自 Snyder M, 1974. Self monitoring of expressive behavior. *Journal of Personality and Social Psychology*, 30, 326–537。

续表

	否	·10. 我有时会向别人表达出比实际更深刻的情绪体验。
	否	·11. 相对于独自一人,和别人在一起看喜剧我会更容易发笑。
是		12. 在人群中,我很少成为注意的焦点。
	否	·13. 在不同的情境中或者和不同的人在一起,我的行为方式完全不同。
是		14. 我并不特别擅长讨别人喜欢。
	否	·15. 即使我觉得很无聊,我也装得很高兴。
	否	·16. 我并不总是看起来的那个样子。
是		17. 我不会改变自己的观点(或行为)来取悦别人或者赢得他们的喜爱。
是		·18. 我曾考虑过做一个演艺人员。
是		·19. 为了能够友好相处并被人喜欢,我倾向于成为人们所期望的样子。
是		20. 我从不擅长看手势猜字谜,以及即兴表演之类的游戏。
	否	21. 我不会太改变自己的行为来适应不同的人和环境。
是		22. 在聚会时,我不会打断别人的玩笑和故事。
	否	23. 和人在一起的时候我总感觉有些尴尬,表现也不如实际那么好。
	否	·24. 如果为了一个好结果,我可以看着别人的眼睛若无其事地说谎。
	否	·25. 即使我非常不喜欢他们,我也会装得很友好。
合计得分		7分

2. 顾老师的回答

顾老师对"自我监控测量"回答见表 15-13。

表 15-13 顾老师对"自我监控测量"的回答

	请回答如下的问题,并在"是"、"否"上面画圈。
是	1. 我发现自己很难模仿别人的行动。
是	2. 我的行为通常反映了自己真实的内心体验、态度和信念。
是	3. 在聚会或者社交场合,我不会试图说或做一些讨别人喜欢的事情。
是	4. 我只会为自己相信的观念辩护。

续表

否	·5. 我可以针对一些我一无所知的主题发表即兴演说。	
否	·6. 我认为自己只不过是在演戏,并以此打动或者取悦别人。	
是	·7. 当对自己的行为没有把握时,我会通过观察别人的行为来寻求线索。	
否	·8. 我可能会成为一个好演员。	
否	9. 我很少根据朋友的意见来选择电影、图书或者音乐。	
是	·10. 我有时会向别人表达出比实际更深刻的情绪体验。	
否	·11. 相对于独自一人,和别人在一起看喜剧我会更容易发笑。	
否	12. 在人群中,我很少成为注意的焦点。	
否	·13. 在不同的情境中或者和不同的人在一起,我的行为方式完全不同。	
是	14. 我并不特别擅长讨人喜欢。	
否	·15. 即使我觉得很无聊,我也装得很高兴。	
是	·16. 我并不总是看起来的那个样子。	
是	17. 我不会改变自己的观点(或行为)来取悦别人或者赢得他们的喜爱。	
是	·18. 我曾考虑过做一个演艺人员。	
是	·19. 为了能够友好相处并被人喜欢,我倾向于成为人们所期望的样子。	
是	20. 我从不擅长看手势猜字谜,以及即兴表演之类的游戏。	
是	21. 我不会太改变自己的行为来适应不同的人和环境。	
是	22. 在聚会时,我不会打断别人的玩笑和故事。	
是	23. 和人在一起的时候我总感觉有些尴尬,表现也不如实际那么好。	
否	·24. 如果为了一个好结果,我可以看着别人的眼睛若无其事地说谎。	
是	·25. 即使我非常不喜欢他们,我也会装得很友好。	
合计得分	8 分	

3. 周老师的回答

周老师对"自我监控测量"回答见表 15-14。

4. 分析总结

斯奈德(1974)编制的自我监控量表,主要是为了测量人们会

第15章
诠释教师生活史之自我

表15-14　周老师对"自我监控测量"的回答

\	请回答如下的问题,并在"是"、"否"上面画圈。	
	否	1. 我发现自己很难模仿别人的行动。
是		2. 我的行为通常反映了自己真实的内心体验、态度和信念。
	否	3. 在聚会或者社交场合,我不会试图说或做一些讨别人喜欢的事情。
是		4. 我只会为自己相信的观念辩护。
	否	·5. 我可以针对一些我一无所知的主题发表即兴演说。
	否	·6. 我认为自己只不过是在演戏,并以此打动或者取悦别人。
是		·7. 当对自己的行为没有把握时,我会通过观察别人的行为来寻求线索。
是		·8. 我可能会成为一个好演员。
是		9. 我很少根据朋友的意见来选择电影、图书或者音乐。
是		·10. 我有时会向别人表达出比实际更深刻的情绪体验。
	否	·11. 相对于独自一人,和别人在一起看喜剧我会更容易发笑。
	否	12. 在人群中,我很少成为注意的焦点。
	否	·13. 在不同的情境中或者和不同的人在一起,我的行为方式完全不同。
	否	14. 我并不特别擅长讨别人喜欢。
	否	·15. 即使我觉得很无聊,我也装得很高兴。
是		·16. 我并不总是看起来的那个样子。
是		17. 我不会改变自己的观点(或行为)来取悦别人或者赢得他们的喜爱。
	否	·18. 我曾考虑过做一个演艺人员。
是		·19. 为了能够友好相处并被人喜欢,我倾向于成为人们所期望的样子。
是		20. 我从不擅长看手势猜字谜,以及即兴表演之类的游戏。
	否	·21. 我不会太改变自己的行为来适应不同的人和环境。
是		22. 在聚会时,我不会打断别人的玩笑和故事。
	否	23. 和人在一起的时候我总感觉有些尴尬,表现也不如实际那么好。
	否	·24. 如果为了一个好结果,我可以看着别人的眼睛若无其事地说谎。
	否	·25. 即使我非常不喜欢他们,我也会装得很友好。
合计得分		12分

在多大程度上监视和控制自己在公众面前的行为。高自我监控者认为自己是实用和灵活的，要在每个情境下成为合时宜的人；在面临一个社会情境时，他们首先会辨别在这种情况下一个典型的模范应该做什么，然后他们会用这些知识来指导自己的行为。低自我监控者却有不同的行为取向，他们认为自己是讲原则的，并且强调在做什么人和做什么事等问题上保持一致的重要性；在面临一个社会情境时，他们更关注内心世界，并用自己的态度、信仰和感觉来指导自己的行为；在社会环境中，他们努力要实现的是做自己，而不是做合时宜的人。根据斯奈德的观点，将总分加起来，得 12 分或以下表示低自我监控，得 13 分或以上表示高自我监控。程老师在这份自我监控量表的测量中得 7 分，顾老师的得 8 分，周老师得 12 分。按照斯奈德的观点，程老师、顾老师和周老师是属于低自我监控者，由此表明他们是讲原则的，他们都力求做真正的自己。

15.2.6 "自尊的测量"[①] 的回答与分析

该量表要求指出在多大程度上同意下列说法，选择最能描述自己感受的数字。为便于统计得分，笔者将需要正向计分与反向计分被选项分别以"●""◉"呈现，计算分数时首先把 5 个负向问题（1，3，4，5，8）的得分反转过来：0=3，1=2，2=1，3=0；然后把十个项目的得分相加。总分应该在 0 到 30 分之间，分数越高，自尊水平越高。[②] 笔者运用了 Excel 对数据进行统计。

[①] 改编自 Rosenberg, 1965. *Society and the Adolescent Self-image*. Princeton, NJ: Princeton University Press。

[②] 乔纳森·布朗和达顿（Brown & Dutton, 1995b）在让一个大样本的大学生完成该问卷时，指定得分在上 1/3 的人为高自尊，得分在下 1/3 的人为低自尊，对于处于两个极端之间的这部分人，他们认为很难说他们的自尊是高还是低。笔者也将这种上下 1/3 的标准推及对其他量表数据的判断。参见《自我》（乔纳森·布朗，2004，第 184 页）。

1. 程老师的回答

程老师对"自尊的测量"的回答见表 15-15。

表 15-15 程老师对"自尊的测量"的回答

题 项	0 完全不同意	1 不同意	2 同意	3 完全同意
1. 有时我认为自己一无是处。	0	1	⊙	3
2. 我认为自己很不错。	0	1	●	3
3. 总的说来,我倾向于认为自己是个失败者。	⊙	1	2	3
4. 我希望对自己能有更多尊敬。	0	1	⊙	3
5. 有时我确实感到自己很无用。	0	1	⊙	3
6. 我认为自己是个有价值的人,至少不比别人差。	0	1	●	3
7. 总体上,我对自己很满意。	0	1	●	3
8. 我感觉自己没有值得骄傲的地方。	0	⊙	2	3
9. 我觉得自己有很多优秀的品质。	0	1	●	3
10. 我可以做得和大多数人一样好。	0	1	●	3
合计得分	18 分			

2. 顾老师的回答

顾老师对"自尊的测量"的回答见表 15-16。

表 15-16 顾老师对"自尊的测量"的回答

题 项	0 完全不同意	1 不同意	2 同意	3 完全同意
1. 有时我认为自己一无是处。	⊙	1	2	3
2. 我认为自己很不错。	0	1	●	3
3. 总的说来,我倾向于认为自己是个失败者。	⊙	1	2	3
4. 我希望对自己能有更多尊敬。	0	1	⊙	3
5. 有时我确实感到自己很无用。	⊙	1	2	3

续表

题项	0 完全不同意	1 不同意	2 同意	3 完全同意
6. 我认为自己是个有价值的人，至少不比别人差。	0	1	●	3
7. 总体上，我对自己很满意。	0	1	●	3
8. 我感觉自己没有值得骄傲的地方。	◉	1	2	3
9. 我觉得自己有很多优秀的品质。	0	1	●	3
10. 我可以做得和大多数人一样好。	0	1	●	3
合计得分	24 分			

3. 周老师的回答

周老师对"自尊的测量"的回答见表 15-17。

表 15-17　周老师对"自尊的测量"的回答

题项	0 完全不同意	1 不同意	2 同意	3 完全同意
1. 有时我认为自己一无是处。	0	◉	2	3
2. 我认为自己很不错。	0	1	●	3
3. 总的说来，我倾向于认为自己是个失败者。	◉	1	2	3
4. 我希望对自己能有更多尊敬。	0	1	3	◉
5. 有时我确实感到自己很无用。	◉	1	2	3
6. 我认为自己是个有价值的人，至少不比别人差。	0	1	2	●
7. 总体上，我对自己很满意。	0	1	2	●
8. 我感觉自己没有值得骄傲的地方。	◉	1	2	3
9. 我觉得自己有很多优秀的品质。	0	1	2	●
10. 我可以做得和大多数人一样好。	0	1	2	●
合计得分	25 分			

4. 分析总结

布朗和达顿（Brown & Dutton, 1995b）在运用该问卷时，指定得分在上 1/3 的人为高自尊，得分在下 1/3 的人为低自尊，对于处于两个极端之间的这部分人，他们认为很难说他们的自尊是高还是低。按照这种观点，程老师得分是 18 分，处于两个极端偏上，那就很难说程老师是高自尊或低自尊。联系到笔者对程老师自我的专题访谈，似乎也说明了这一点。"我有时感到自己一无是处，后来还是把这个念头尽快地打消它，还是做点事情吧"（段 2581）。其实，笔者在倾听他心声的同时以及反复阅读转录稿的过程，曾经联系到心理学中关于"不稳定自尊"的概念。不稳定自尊具有自我价值观波动的特点，"只有在事情进展顺利的时候才对自己感觉满意，而不是真正在自爱中感到安全。从这个意义上讲，不稳定的高自尊者是低自尊者的一个特殊类型"（乔纳森·布朗，2004，第186页）。而顾老师的得分 24 分，周老师得分 25 分，都处于满分 30 分上 1/3，按照上述观点他们是一个高自尊的人，而高自尊的人对自己高度喜欢和热爱。

15.2.7 "沉思默想的应对方式量表"[1] 的回答与分析

该量表要求阅读下列各个项目，并指出，当你感到情绪低落、悲伤或焦虑（乃至抑郁）时，你是否从来没有、有时、经常，或者总是思考或做这些事情，指出你一般会做的，而不是你认为应该做的，选择最能描述你对自己的感受的数字。把这 10 个项目上的得分都加起来分数越高，就越说明具有沉思默想的应对方式。为便于统计得分，笔者将被选项分别以"●"呈现，并运用了 Excel 对数据进行统计。

---

[1] Nolen-Hoeksema, S. (1991b). *Coding Guide for Responses to Depression Questionaire*. Unpublished manuscript. Stanford University, Palo Alto, CA.

1. 程老师的回答

程老师对"沉思默想的应对方式量表"的回答见表 15-18。

表 15-18 程老师对"沉思默想的应对方式量表"的回答

	1 几乎从不	2 有时	3 经常	4 几乎总是
1. 思索自己有多么悲伤。	●	2	3	4
2. 认为"我没法工作了,因为我感觉那么糟糕。"	●	2	3	4
3. 思索集中注意力有多困难。	●	2	3	4
4. 专注于自己的焦虑(抑郁)感受,试图理解自己。	1	2	●	4
5. 写下你的想法并进行分析。	1	●	3	4
6. 想到你的短处、缺点、过失和错误。	1	2	3	●
7. 独自走开,思考你为什么有这些感受。	1	2	●	4
8. 思索自己有多孤独。	1	●	3	4
9. 认为"我一定是出了点问题,否则怎么会这样呢?"	1	●	3	4
10. 思索自己感到多消极,多没动力。	●	2	3	4
合计得分	\multicolumn{4}{c}{20 分}

2. 顾老师的回答

顾老师对"沉思默想的应对方式量表"的回答见表 15-19。

表 15-19 顾老师对"沉思默想的应对方式量表"的回答

	1 几乎从不	2 有时	3 经常	4 几乎总是
1. 思索自己有多么悲伤。	1	●	3	4
2. 认为"我没法工作了,因为我感觉那么糟糕"。	1	●	3	4
3. 思索集中注意力有多困难。	●	2	3	4
4. 专注于自己的焦虑(抑郁)感受,试图理解自己。	1	●	4	4

续表

	1 几乎从不	2 有时	3 经常	4 几乎总是
5. 写下你的想法并进行分析。	1	●	3	4
6. 想到你的短处、缺点、过失和错误。	1	2	●	4
7. 独自走开,思考你为什么有这些感受。	1	2	●	4
8. 思索自己有多孤独。	1	2	●	4
9. 认为"我一定是出了点问题,否则怎么会这样呢?"	1	●	3	4
10. 思索自己感到多消极,多没动力。	1	●	3	4
合计得分	22分			

3. 周老师的回答

周老师对"沉思默想的应对方式量表"的回答见表15-20。

表15-20 周老师对"沉思默想的应对方式量表"的回答

	1 几乎从不	2 有时	3 经常	4 几乎总是
1. 思索自己有多么悲伤。	1	●	3	4
2. 认为"我没法工作了,因为我感觉那么糟糕。"	●	2	3	4
3. 思索集中注意力有多困难。	●	2	3	4
4. 专注于自己的焦虑(抑郁)感受,试图理解自己。	1	●	4	4
5. 写下你的想法并进行分析。	1	●	3	4
6. 想到你的短处、缺点、过失和错误。	1	●	3	4
7. 独自走开,思考你为什么有这些感受。	1	●	3	4
8. 思索自己有多孤独。	1	●	3	4
9. 认为"我一定是出了点问题,否则怎么会这样呢?"	1	●	3	4
10. 思索自己感到多消极,多没动力。	●	2	3	4
合计得分	17分			

4. 分析总结

诺伦-霍克斯马（1993）的研究表明，沉思默想的个体差异与焦虑的强度以及持续的时间有关，具有沉思默想应对方式的人不将注意力转移到更愉快的事情上，而是不由自主地专注于他们的消极情绪状态。程老师在该量表上的得分是20分，恰处于满分40分居中的位置。这与程老师对自我的认识是符合的，即"我有时感到自己一无是处，后来还是把这个念头尽快地打消它，还是做点事情吧！""总的来说我自己还是比较自信比较乐观，我总是要尽快找到让自己感到快乐的事情，有些新的想法的时候我就会马上实现它"（段2587）。

而顾老师的得分是22分，这与她自我表述"喜欢独处""喜欢安静祥和"也许是一致的。周老师的得分是17分，低于满分40分的一半。

笔者发现程老师和顾老师童年经历的一个相似的现象，那就是父母的争吵，曾经使他们处于极为焦虑的状态。程老师曾经讲过，父母的争吵让他发疯似地往田里跑；并且程老师还有恋爱路上的挫折、参加工作后的磨难、母亲的去世、小妹的自杀、妻子与父亲之间的纠葛、工作调动后妻子的工作一直未能安置等一些令他焦虑的事情。而顾老师也说"我父母虽然很照顾我们、很爱我们，可是我父母之间也是有问题的。因为我爸爸是从大陆过来的，但是他父母没有过来。所以他从小是从战乱过来的，从小没有培养嗜好和兴趣，所以高中毕业大学毕业后就开始去工作。工作后回家就不知道去干什么，晚上就去找朋友去打麻将，很晚才回来，所以我爸爸就和我妈妈争吵"（段97），"所以小时候其实很痛苦，真是想自杀啊！"（段99）。按照诺伦-霍克斯马（1993）的说法，沉思默想的个体差异与焦虑的强度以及持续的时间有关。也许，两位老师小时候的这种经历应该是与当前这种沉思默想的较高得分相关的。而周老师的经历却不是这样的，自小以来他拥有的更多的是欢愉。

15.2.8 "生活定向量表"[①]的回答与分析

该量表要求说明选择对下列每个陈述的同意程度，0=非常不同意、1=不同意、2=中等、3=同意、4=非常同意。为便于统计得分，笔者将正向计分与反向计分的被选项分别以"●""◉"呈现，即计算分数时，先对项目2、5、6和8进行反向记分（0=4；1=3；2=2；3=1；4=0），然后把8个项目的分数都加起来。得分越高，说明越乐观。笔者运用了Excel对数据进行统计。由于案例教师乐观的程度与后续对教师叙事基调的分析直接相关，故而将5位老师关于该量表的回答情况分别列出。

该量表由于测量人们的乐观程度。谢尔等人（Carver et al., 1993; Scheier & Carver, 1985, 1987; Scheier et al., 1989）对乐观与有效的应对之间的联系做了很多研究，并且编制了用来测量人们乐观程度的量表，该量表上得分高的人比得分低的人更能有效地应对各种应激源。谢尔和卡弗还考察了为什么乐观者比悲观者能更好地应对应激，研究发现，乐观者比悲观者更倾向于选择以问题为中心的应对策略，即当面临一个应激情境时，乐观者寻求相关的信息，积极尝试解决问题（乔纳森·布朗，2004，第245–246页）。程老师在该量表上得分22分，基本上处于满分32分的上3/1范围内。根据谢尔等人的观点，程老师是个比较乐观的人。这与他在谈话中所

---

① 改编自 Scheier M.F. & Carver C. S. (1985), Optimism, coping, and health: Assessment and implications of generalized outcome expectancies. *Health Psychology*, 4, 219–247.

讲的"总的来说我自己还是比较自信比较乐观，我总是要尽快找到让自己感到快乐的事情"（段2587）是一致的。与程老师说，"我看到的是我这杯子里还有半杯水"（段1234）所包含的自我认识也是吻合的。所以，面对一些专业领域、生活领域的挑战和压力，程老师能够在反思自我的基础上寻找应对的策略。笔者在研究中有幸得到程老师及其家人的大力支持。

1. 程老师及其家人的回答与分析

程老师对"生活定向量表"的回答见表15-21。

表15-21　程老师对"生活定向量表"的回答

题　项	0 非常不同意	1 不同意	2 中等	3 同意	4 非常同意
1. 在不确定的情况下，我总是做最好的期望。	0	1	●	3	4
2. 一旦我觉得某事会变糟，事实上就真会如此。	0	⊙	2	3	4
3. 我总是看到事情好的一面。	0	1	2	●	4
4. 我总是积极地看待未来。	0	1	2	3	●
5. 我几乎从不期望事情像我想的那样发展。	0	1	⊙	3	4
6. 事情的结果从来不像我想的那样。	0	●	2	3	4
7. 我信奉这样的话"每个人都有自己的亮点"。	0	1	2	3	●
8. 我几乎不指望有好事发生在我身上。	0	⊙	2	3	4
合计得分	22分				

程老师妻张艳玲（化名）也完成了此系列问卷和量表。在"生活定向量表中"，她的得分是21分，略低于程老师（22分）。为了说明程老师对自我和妻子的表征意象的符合程度，附上程老师妻关于"生活定向量表"的回答，见表15-22。

表15-22　程老师妻对"生活定向量表"的回答

题 项	0 非常不同意	1 不同意	2 中等	3 同意	4 非常同意
1. 在不确定的情况下，我总是做最好的期望。	0	1	2	●	4
2. 一旦我觉得某事会变糟，事实上就真会如此。	0	1	⊙	3	4
3. 我总是看到事情好的一面。	0	1	●	3	4
4. 我总是积极地看待未来。	0	1	2	3	4
5. 我几乎从不期望事情像我想的那样发展。	0	⊙	2	3	4
6. 事情的结果从来不像我想的那样。	0	⊙	2	3	4
7. 我信奉这样的话"每个人都有自己的亮点"。	0	1	2	●	4
8. 我几乎不指望有好事发生在我身上。	0	⊙	2	3	4
合计得分	21 分				

笔者发现，程老师与他的妻子在对各选项的回答上，显出差异的是问题"3. 我总是看到事情好的一面。"分别选择了"4"与"2"。在问题"4. 我总是积极地看待未来。"选项上，分别选择了"3"与"2"。由此看来，程老师说，"你像张艳玲不快乐，她看到的是这个瓶子里我只剩下半杯水了，而我看到的是我这杯子里还有半杯水"（段1234）。在一定程度上还是反映了两人在乐观程度上的差异。这表明，程老师在谈话中对自我的观点是可信的。

2. 顾老师的回答与分析

顾老师对"生活定向量表"的回答见表15-23。

顾老师在该量表上的得分是25分，处于满分32分的上3/1范围内。根据谢尔等人的观点，她是个很乐观的人。这与顾老师对自我的表述，"相信自己生命有积极之用""相信人与人的情谊之重要"

表 15-23　顾老师对"生活定向量表"的回答

题　　项	0 非常不同意	1 不同意	2 中等	3 同意	4 非常同意
1. 在不确定的情况下，我总是做最好的期望。	0	1	2	●	4
2. 一旦我觉得某事会变糟，事实上就真会如此。	0	⊙	2	3	4
3. 我总是看到事情好的一面。	0	1	2	●	4
4. 我总是积极地看待未来。	0	1	2	●	4
5. 我几乎从不期望事情像我想的那样发展。	0	1	⊙	3	4
6. 事情的结果从来不像我想的那样。	0	⊙	2	3	4
7. 我信奉这样的话"每个人都有自己的亮点"。	0	1	2	3	●
8. 我几乎不指望有好事发生在我身上。	⊙	1	2	3	4
合计得分	25 分				

是一致的。这方面，历史人物对她产生了影响，在谈到对自身有影响的极为重要人物中，她提到了苏东坡，"苏东坡，有首诗好像说，人到秋天以后就像荷叶一样都枯萎了，但是它的茎还撑着天，最后一点生命还在向上，我觉得这个影响我很大，很自然地往好处看，反正命就是这样了，如果往下就更难过"（段 342）。

3. 周老师的回答与分析

周老师对"生活定向量表"的回答（见表 15-24）

周老师在该量表上的得分是 28 分，处于满分 32 分上 3/1 范围内。根据谢尔等人的观点，他是个非常乐观的人。

4. 龙老师的回答与分析

龙老师对"生活定向量表"的回答见表 15-25。

在该量表上，龙老师的得分是 26 分，表明他是个很乐观的人，

第 15 章
诠释教师生活史之自我

表 15-24 周老师对"生活定向量表"的回答

题 项	0 非常 不同意	1 不同意	2 中等	3 同意	4 非常 同意
1. 在不确定的情况下,我总是做最好的期望。	0	1	2	3	●
2. 一旦我觉得某事会变糟,事实上就真会如此。	0	1	◉	3	4
3. 我总是看到事情好的一面。	0	1	2	3	●
4. 我总是积极地看待未来。	0	1	2	3	●
5. 我几乎从不期望事情像我想的那样发展。	◉	1	2	3	4
6. 事情的结果从来不像我想的那样。	0	◉	2	3	4
7. 我信奉这样的话"每个人都有自己的亮点"。	0	1	2	3	●
8. 我几乎不指望有好事发生在我身上。	0	◉	2	3	4
合计得分	28 分				

表 15-25 龙老师对"生活定向量表"的回答

题 项	0 非常 不同意	1 不同意	2 中等	3 同意	4 非常 同意
1. 在不确定的情况下,我总是做最好的期望。	0	1	2	●	4
2. 一旦我觉得某事会变糟,事实上就真会如此。	0	1	◉	3	4
3. 我总是看到事情好的一面。	0	1	2	●	4
4. 我总是积极地看待未来。	0	1	2	●	4
5. 我几乎从不期望事情像我想的那样发展。	0	◉	2	3	4
6. 事情的结果从来不像我想的那样。	0	◉	2	3	4
7. 我信奉这样的话"每个人都有自己的亮点"。	0	1	2	3	●
8. 我几乎不指望有好事发生在我身上。	◉	1	2	3	4
合计得分	26 分				

这与龙老师谈到的生长在眷村以来的快乐时光分不开的。用他自己的话说,"快乐嬉戏的童年自由安适地成长"。①

5. 金老师的回答与分析

金老师对"生活定向量表"的回答见表 15-26。

表 15-26　金老师对"生活定向量表"的回答

题　　项	0 非常不同意	1 不同意	2 中等	3 同意	4 非常同意
1. 在不确定的情况下,我总是做最好的期望。	0	1	●	3	4
2. 一旦我觉得某事会变糟,事实上就真会如此。	0	1	2	⊙	4
3. 我总是看到事情好的一面。	0	●	2	3	4
4. 我总是积极地看待未来。	0	1	2	●	4
5. 我几乎从不期望事情像我想的那样发展。	0	⊙	2	3	4
6. 事情的结果从来不像我想的那样。	0	2	⊙	3	4
7. 我信奉这样的话"每个人都有自己的亮点"。	0	1	2	3	●
8. 我几乎不指望有好事发生在我身上。	0	1	⊙	3	4
合计得分			18 分		

与上述案例老师不同的是,金老师的得分是 18 分,处于满分 32 分上 3/1 与下 3/1 之间的水平。这应该与他的经历密不可分,假如不是在"文革"岁月中家庭和自身蒙受的磨难使他及家人的身心遭受极大的摧残,他又怎么会在谈话时禁不住泪流满面?他的不十分乐观,不能不说是他生活经历的结果。

---

① 2007 年 11 月 6 日于台湾 TSF 学校龙老师将其简历打印稿惠予笔者,这也是他对生活史之"生活章节"的概括。

第 15 章
诠释教师生活史之自我

以上笔者结合自我问卷和量表数据对教师自我的尝试性分析，加深了对教师生活史的认识，也对教师实践性知识形成的探索奠定了基础。

> 本部分基于第一部分阐释的多元方法论对案例教师生活史、教师自我与教师实践性知识形成进行了分析诠释，表明了教师实践性知识的形成与教师生活史及其自我的影响是密不可分的，教师生活史、教师自我、教师实践性知识三者还构成相互作用的关系。

PART 3　第三部分
实践拓展篇

在本部分，将阐述伴随笔者在心理学，尤其是职业心理咨询、生涯教育等领域的持续深入研究，进一步深感埃里克森的人格成长理论、舒伯职业发展理论等对教师生活史深入诠释的意义与启发，结合这些理论与近年笔者在实施市级、区级共享课程过程中众多学员老师们呈现的生涯故事进行对话诠释①，领会生涯故事蕴含的风采，体会相关理论在生涯故事演绎中彰显的深意。

本部分包括 3 章，分别是诠释教师生活史之人格成长、诠释教师生活史之生涯发展、诠释教师生活史之生涯规划。

---

① 本部分中所引用故事文本中的下划线为笔者所加，用以标记主要脉络和故事节点。

第 16 章 CHAPTER 16
诠释教师生活史之人格成长

16.1 埃里克森的人格成长理论

美国著名精神病医师埃里克森（E.H. Erikson, 1902）在弗洛伊德性心理发展理论基础上提出人格成长八阶段理论。该理论指出，每个阶段是人生的一个转折期，个体都面临着重要的生活任务，需要个体去加以解决，都可能遭遇成长的危机，教养环境直接关系着危机是否能够得到积极解决。如果个体能够积极地加以解决，那么将促进个体形成良好的自我品质；如果个体不能顺利的应对，则会影响个体的进一步发展或是留下问题。埃里克森的人格成长八阶段简表见表 3-1。

如"埃里克森的人格成长八阶段简表"所列，每一个发展阶段中，解决了核心问题之后所产生的人格特质，都包括了积极与消极两方面的品质；如果各个阶段都保持向积极品质发展，就完成了这阶段的任务，逐渐实现了健全的人格，否则就会产生心理社会危机，形成不健全的人格。

表 3-1　埃里克森的人格成长八阶段简表

序号	阶段	年龄	成功品质	不成功品质
1	基本信任对基本不信任	0～1岁	希望	恐惧
2	自主性对羞怯和疑虑	1～3岁	自控（意志）	自我怀疑
3	主动性对内疚	3～6岁	方向（目的）	无价值感
4	勤奋对自卑	6～12岁	勤奋感（能力）	无能感
5	同一性对角色混乱	12～20岁	忠诚	不确定感
6	亲密对孤独	20～24岁	爱	孤僻和疏离
7	繁殖对停滞	25～65岁	普遍关心	自我专注
8	自我完善对绝望	65岁以上	智慧（完美无憾）	绝望与悲观沮丧

资料来源：参考傅安球（2006，第 226–228 页）整理。

1. 基本信任对基本不信任

在出生到 1 岁的孩子，如果成功地解决了发展危机，人格中便形成了希望的品质；如果不成功地解决发展危机，则在人格中形成恐惧的特质。

2. 自主性对羞怯和疑虑

1～3 岁的孩子，若能成功解决危机，则会形成意志品质；若解决不成功，则会在人格中形成自我怀疑。

3. 主动性对内疚

4～6 岁的儿童，发展出主动性或进取心，则会形成目的的品质；若不成功地解决本阶段的危机，则会在人格中形成无价值感。

4. 勤奋对自卑

6～11 岁的少年。如果勤奋感占优势，其人格就形成了能力的品质，若不能成功地解决本阶段的危机，则会在人格中形成无能感。

5. 同一性对角色混乱

12～20岁的青年，如果能顺利解决发展危机，则具备忠诚的品质，如果不能成功解决本阶段的发展危机，则在青年人格中形成不确定感。

6. 亲密对孤独

20～24岁的成年早期。能成功解决发展危机，则形成爱的品质，若不能成功解决本阶段的发展危机，会导致混乱的亲密关系。

7. 繁殖对停滞

25～65岁成年期。如果繁殖感高于停滞感，在其人格中形成关心的品质，反之则会形成自私的品质。

8. 自我完善对绝望

65岁到死亡。若自我整合胜过失望，则具有智慧的品质特质，反之则会导致无意义感与失望。

16.2 诠释生活史之人格成长

健全的人格是我们对每个人成长的期待，是点亮教师生活史的原动力，不仅是教师个人专业发展的前提，教师的人格也给学生的心理健康发展和国家教育质量带来直接影响。教师健全的人格，在学生健全人格的形成起着非常重要的作用。教师生涯故事里无不蕴含了教师的人格完善的历程和对人格完善的领悟。

16.2.1 诠释视角——自主性对羞怯和疑虑：幼儿良好行为习惯养成

在2023秋笔者实施的区级共享课程"生涯规划校本研修课程建设及案例剖析"中，学员李闪老师提到自身专业场景中如何引导幼儿良好行为习惯的故事，详文如下：

> 我们在幼儿的学习与活动中发现，许多幼儿存在很多的不良的行为习惯，如饮食，卫生，学习，文明礼貌等方面，为幼儿的今后的开展产生许多不利的影响。
>
> 俗话说："少成若天性，习惯成自然"，行为习惯一旦养成，将使孩子受益终生。<u>幼儿期是良好行为习惯形成的关键期</u>。良好的习惯对于幼儿身心健康，知识的获得，能力的培养，品德的陶冶，个性的形成是至关重要的，将伴随幼儿的一生，使幼儿终身受益。<u>坏习惯一旦形成，没有十倍、百倍的力量将很难改变，会使幼儿终身受害。</u>

这段故事强调的"幼儿期是良好行为习惯形成的关键期"，与埃里克森人格成长理论中指出的1～3岁的孩子，是自主性对羞怯和疑虑时期，儿童如果能够较好地形成个体自主性，"若能成功解决危机，则会形成意志品质"的观点是一致的。

16.2.2 诠释视角——勤奋对自卑：获得老师或同伴认可，对人格成长能力感的影响

在2021秋笔者实施的市级共享课程"生涯规划及咨询指导"中，学员陆程顺老师在谈到自己成长经历的时候，尤其谈到幼儿园、小学二年级、三年级、六年级等不同年级遇到的不同老师和对他的不同态度。详文如下：

> 每个孩子都会开窍，或早或晚，一个没有足够耐心和爱心的人，不配当老师。有人问我，为什么要当老师，我说，因为我不想

看到有人像当年的我。

幼儿园的时候，我非常调皮捣蛋，午睡也几乎从来不睡，不知道为什么，就是精力旺盛。于是被老师罚站就像一日三餐那么平常。但路老师从来没有恶狠狠地揍过我，即使有次我心血来潮偷偷往午睡教室的垃圾桶里撒尿，她也只是让我去把垃圾丢掉。她告诉我，做错事情没关系，你敢承认，老师就不会怪你。虽然总是被惩罚，但每天过得很开心，有一天放学回家，我兴致勃勃地跟爸爸妈妈说，我今天得了第一名！爸妈问是什么第一，这么厉害。我激动得不得了，吃馒头第一名！

二年级时，因为学校拆迁，我从荒郊野岭的农村小学搬到了繁华的街道上。可能因为小时候太顽皮，整天都在玩，学习一塌糊涂。班上来了个代课老师，中年妇女，姓杨，身材臃肿。当时学写字，我上课听得很认真，作业也很努力地在做。一天语文课，<u>杨老师把我叫上讲台，拿起教棒就是一顿抽，然后当着全班同学的面撕了我的作业本，一边撕一边骂，写的什么东西！</u>其实作业我真的很努力在写，虽然写得歪歪扭扭，但我并没有丝毫马虎。于是，敢怒不敢言，杨老师上课我再也没听过，以至于连声母韵母都分不清，每次默写都只有几分。当年父母都是种水稻的农民，每天面朝黄土背朝天，在地里从早到晚，我却每天被老师罚站留晚学。<u>同村和邻村的同学每天回家经过田里都刻意在喊"哎呀呀，没出息，成绩不好留晚学"</u>。我很不开心，却从没想过当爸妈听到之后比我更难过。浑浑噩噩过了一年，完全不知道自己在做些什么。

庆幸的是，<u>三年级开始学英语，班主任换成了王老师</u>。我阴差阳错当了<u>英语课代表</u>，英语老师姓董，戴着眼镜，年轻漂亮。第一节英语课，她给我们每个人都起了英文名，她说以后我的英文名就叫 Mike。其实那时我是个名副其实的乡巴佬，有种人生地不熟的感觉。有次董老师让我去办公室拿点东西，结果我半天没找到办公室在哪，也不敢问其他老师，<u>她笑着带我来到她的位置，跟我说，记住了啊，我坐在这里</u>。如果说之前我是个傻子，<u>那么从那之后我就开窍了</u>。我开始觉得英语很有意思，当我背完26个英文字母之后，发现语文的声母表也会了。接着，<u>语文开始要求写作和阅读理解，我写的每篇日记，班主任王老师都会给我写上评语，还会在某些句子上做记号，有的写得不错，有的需要改正，原来写东西也很好玩</u>。有天语文考试，我得了98分，全班第一。王老师跟我说，阅读理解做的不错，以后多看些课外书，对你很有帮助。<u>后来我才知道，原来我也是有优点的</u>。

<u>六年级时</u>，徐老师既教我们英语，又给我们上<u>美术课</u>。有次做蛋壳贴画，我粘了一幅中国地图，她把我的作品挂在黑板上，跟大家说，很有创意，值得表扬；有次创作四格漫画，我画了一幅战士抗震救灾，她给了满分，说，绘画还需改进，但精神可嘉。<u>上英语课的时候我在桌肚里写诗，被徐老师抓了个正着，但在课上她提都没提，只是让我下课了去办公室。本来我以为要挨揍，结果她说，很有当个诗人的天赋，写得也不错，但是上课要专心啊</u>。从那之后，徐老师的课上我再也没开过小差。

好不容<u>易上了初中</u>，又莫名其妙当了语文课代表。可能因为小学时候慢慢建立起了自信，学习也没那么困难了。当大多数同学为文言文发愁的时候，我发现自己可以很快接受，当很多人不会默写英文单词的时候，我发现自己只需要看上两遍。我发现自己好像真的开窍了，各种背诵，只需要简单地看看读一下就搞定，阅读的速度也超乎常人，一个半小时的考试，我半小时就能完成。然后

第16章
诠释教师生活史之人格成长

我就开始膨胀了，开始偷懒，开始不做作业。当时英语、语文和班主任老师都在同一个办公室，有次我没写英语家作，被老师叫到办公室，本来英语老师好端端地在训话，结果语文老师和班主任进来了，一看我傻乎乎地站在那里，又听说我不做作业，于是挨个揍了我一顿。我跟同学说，真是倒霉，犯一样错误要挨3顿打。初中的老师都很严格，我也总是在背地里骂，但如果没有他们，那么我想，就没有现在的我了。

其实呢，各种经历有很多很多，可能写本自传也写不完，我想每个人都一样。有朋友看完之后会觉得不可思议，原来我小时候还有这些事情，那么我想说，还有更不可思议的呢。我就是属于那种典型的开窍晚的人，但是是非常幸运的那种，我相信有很多人可能比我更晚，也可能并没有我这么幸运。<u>我遇到过很多好老师，也遇到过很多坏老师，最终也发现一个老师对孩子的影响有多大</u>。至于我为什么要当老师，因为我不想看到有孩子像当年我一样被不分青红皂白地撕本子，我想尽自己所能去给跟我一样的孩子提供开窍的机会，没有多么多么伟大和崇高，仅此而已。

从这段故事里，不难发现，老师对学生行为表现反馈给学生的不同态度，对学生的影响是截然不同。被积极关注和感受到被鼓励的孩子会越来越积极向上，而被消极关注和感受到被不问缘由地被责骂的孩子则可能会越来越消极、自卑和散漫。特别是6～11岁的少年，在学业上当被老师和同伴等的认同和鼓励，能够在学习体会到自我的价值，对其勤奋感和能力品质的形成非常重要。正如埃里克森人格成长理论，6～11岁的少年，是勤奋对自卑时期，这一阶段，儿童在学校开始系统地学习各种知识技能，体验以勤奋来完成工作的乐趣，如果勤奋感占优势，其人格就形成了能力的品质。

16.2.3 诠释视角——同一性对角色混乱

在 2023 春笔者实施的市级共享课程"生涯规划校本研修课程建设及案例剖析"中，学员石燕老师讲述了自己 20 岁之前无悔高复的抉择和坚韧奋斗的故事。详文如下：

20 岁之前，我是一个地地道道的农村孩子，在上海郊区一个离海较近的一个村落。

<u>上幼儿园时候给我印象最深的事</u>，每学期从家里扛个小板凳，印象中的幼儿园是村办厂门外的两间小屋，没有操场没有厕所，下雨天道路泥泞就不用上学。

<u>小学，还是在幼儿园旁边的村小</u>，应该开始自己去上学了，那条南北向的乡间小路每天要 2 个来回，因为中午学校没有午餐，要回家吃饭，最难忘的是冬天西北风的刺骨。

<u>初中，已经到镇上的中学读书了</u>，离家自行车需要半个多小时，下雨天，从家里到柏油路有很长一段距离，是人扛着自行车一步一泥泞，冬天的冻疮，大雾天淋湿的头发丝。已经学会了干农活，什么插秧、割稻、打谷、打油菜籽、割猪草……也许是心疼爸妈，想搭把手，也许那时候乡下的日子应该这么做，那时候，学习不是唯一，是得空时候的偷闲。不过，中考那年，年级 500 多个学生，<u>我排名 57，因为农村户口</u>，我没有被心仪的中专录取，本来想着初中毕业，找个工作就算了。但见到那么多成绩比我之下的同学，自费都要读高中，我成绩那么好，不然可惜了，我选择了读高中。

<u>高中三年</u>，依然干农活，忙忙碌碌，春夏秋冬，90 年代中期，那时候老师要求不高，家长没有要求，就这样混混沌沌"玩"了 3

第16章
诠释教师生活史之人格成长

年，同学们自己组织各种玩，同学家串门，旅游景点兜兜，结果第一年我高考失败了，确切地说除了极少数目标明确的同学考上大学，大部分都没有考上，我也不例外。

9月初，大家都该上学、上班的日子，我却无处可去，因为会考成绩还不错，我还等着高中毕业考的那种中专学校的录取通知书，彷徨中，母亲带我去了县招办，问一下进度，鬼使神差，<u>我毅然决定高考复读</u>。母亲从竹园里砍了4根长竹竿，替我撑起了蚊帐。一间教室，20多个同学，白天教师上课，晚上熬夜自修，食堂饭菜，印象最深的是米饭里的一条一条黑色的米虫，个大，用开水漂漂，拨掉，也就吃下去。那一年，<u>自己没有给自己留后路，想为了自己的前途</u>，为了那个"城镇户口"，跟了我几十年的黑眼圈就是那个时候形成的吧。

<u>高考放榜那天</u>，我那种激动的样子神情，现在想想还是甜的，那个远远地朝妈妈欢快地大喊的镜头经常闪现，我考上了大学，应该是村里的第一个大学生吧。正因为考上了大学，我见到了外面更广阔的世界，接触了更多的人和事，生活变得越来越好，这是我小时候没有想象过的。我无悔高考的付出，<u>无悔高复的抉择，对我人生意义的深远</u>。

这段故事里，石老师当年在毅然决定高考复读的日子，"自己没有给自己留后路，想为了自己的前途"，这种奋力一搏的行动，表现出发誓永远忠于目标的能力和对自我的目标有着稳定的把握。根据埃里克森人格成长理论，12～20岁是同一性对角色混乱时期，这个阶段个体从童年期向青年期发展的过渡，青少年可能会思考这样一些问题，即"我是一个什么样的人？想成为什么样的人？我想

过什么样的生活?"等,在探索、思考这些问题的过程中,逐渐获得一种自我同一性,是对自我品质的觉知。个体在这个时期更多获得的是积极的同一性,就会形成"忠诚"的品性。

16.2.4 诠释视角——繁殖对停滞

在笔者实施的2023春市级共享课程"生涯规划及咨询指导"中,学员狄鹏老师讲述了自己当老师12年时曾经发生的,从厌倦、恐怖、乃至出离学校,再到怀念课程返回校园和耐心从教的心路历程。详文如下:

> 当老师的第12年,开始厌倦日复一日的课堂,开始害怕那似乎一眼就能看到头的未来,看着办公室里临近退休的老教师,想着自己还将这样过几十年,就觉得好恐怖啊。于是带着不甘心任性地离开了学校,去了一个幼儿教育机构担任教育顾问。
>
> 任性的一年里,我尝试了很多新的东西,那种扔掉此前的所有重新开始的感觉最初给了我很多动力,每天都会用大量的时间去学习去沟通去憧憬。但是,并不是所有的新选择都像想象中那般适合自己。慢慢地我发现这份与其说是顾问不如说是销售的工作,我需要在和家长的沟通中灌输育儿焦虑然后诱导家长来购买课程,这种纯商业的模式是我一直没法跨过去的坎。尽管我一直在说服自己这是我自己的选择,但是当我发现自己无比的怀念课堂,怀念我的历史课,怀念和学生在一起的那些日子的时候,我跟自己说:应该停下这种尝试了。
>
> 感谢原来的学校还愿意"收留"那个任性的我,出走归来的自己明亮了很多,心态跟以前相比有了很大调整:少了些抱怨,多了些体谅;少了些牢骚,多了些理解。碰到问题,学会了反思自己还

可以做点什么？学生不爱听课了，就努力想办法提高自己的课堂魅力；班上学生不乖了，就多想想他到底遇到了什么困难……很多人开始佩服我面对学生的耐心，我想那是因为你们没有经历过那种对课堂的怀念。

狄老师能够克服怠倦的关键，是"碰到问题，学会了反思自己还可以做点什么？学生不爱听课了，就努力想办法提高自己的课堂魅力；班上学生不乖了，就多想想他到底遇到了什么困难"，由此找到繁殖和创造的感觉。正如埃里克森人格成长理论，25～65岁是繁殖对停滞时期，如果一个人与繁殖能力相关的表现胜过停滞状态，就会获得关心的品性，由衷地去关心周围的人。

而在笔者实施的2023秋市级共享课程"教师课题研究主要环节及关键问题"中，学员程祝莹老师总结了自己如何察觉到从教20年产生了怠倦心理，又如何通过参加有关课题研究的学习，进而重拾期待和向往的心得。特别是在文末强调，"教师要不断地超越过去的自己""提升自己价值"。如此，找到创造的感觉，自然也就克服了职业怠倦。略文如下：

从事教师职业二十多年了，最近几年对工作莫名地产生了倦怠心理，怎样走出职业倦怠，实现自己第二次成长呢？通过这次课题研究学习，阅读大量的研究资料让我茅塞顿开，对未来又充满了期待和向往。现将自己的心得体会总结如下：

一、要不断地学习。……（略）

二、要不断地反思。……（略）

三、要不断地研究。……（略）

所以，课题研究是教师使自己逐步由"经验型"向"科研型"，由"教书匠型"向"专家型"转化的孵化器。通过研究，我们才能转变教育思想，构建新的教育理念。

<u>教师要不断地超越过去的自己</u>，就是要以朴素的感情，调整自己的心态；以奉献的精神，从事崇高的事业；以高超的技艺，展示个人的才华；以不断的追求，<u>提升自己的价值</u>。

16.2.5 诠释视角——自我完善对绝望：追求智慧的人生

在 2023 秋区级共享课程"生涯规划校本研修课程建设及案例剖析"中，学员胡颖老师讲到自己虽然即将退休，却在学习职业规划后，找到完善自我的新的契机和动力，认为因为有了职业规划方面的学习积累，可以在帮助年轻人规划将来上出份力量。详文如下：

有机会学习了职业规划，虽然即将退休，也是新的职业的开始。受益匪浅！

经过了一段时间的学习，对于生涯规划有了初步的了解。感叹现在的孩子们在未来发展的路上，能够得到很多的帮助和指导。回想我们毕业的时候，懵懵懂懂，什么都不知道，就是满怀着一腔的热情，冲进了社会，用愣头青般的精神，一直向前行。通过学习，<u>尽管和我目前的职业已经没有了太多的推动作用，但是，却可以在帮助年轻人规划将来上出份力量。</u>

学习了这个课程，对我来说，就是能够清楚地认知到生涯规划的重要性，并且在学习后清楚地了解了自己的去向，清楚自己的能力和定位。

第 16 章
诠释教师生活史之人格成长

今年,接到了帮助大学生进入社区创客的任务,忽然发现,正在学习的课程可以有效地帮助到大学生如何找到定位如何能够快速进入到角色中,并且能够在实际工作中快速消化所学知识,并能充分利用,让所学的知识不忘记,通过实习的锻炼找到自己的定位。

<u>只能说这次的课程是一场及时雨,让我在帮助大学生创客的过程中再次体会到生涯规划的重要性。</u>

它能帮助大学生们对自己的将来有个清晰的认知,并且能够加强他们与未来的沟通能力,让消极的待机状态快速回到积极地参与状态中,提升了大学生们应对问题、解决问题的能力和心理素养。

生涯规划还能够有效地帮助大学生在实际的实习中,表达自己的观点和需求,在论证的过程中既可以不断地自我诉证,不断地纠错、不断地调整对未来发展的定位方向。

通过这样的生涯规划的学习,能够给自己的将来做出非常清晰、有效的蓝图,让所学的专业有所发挥,也让自己的社会适用性更强。

正如埃里克森认为,当一个人回顾一生感到自己的生活是充实、有创建的、幸福的,就会有一种圆满感和满足。这是历经了7个阶段,个体发展足够成熟,才能获得的智慧的感觉。

第 17 章 CHAPTER 17
诠释教师生活史之生涯发展

17.1 舒伯的生涯发展理论

在职业发展理论发展中,"生涯"概念的提出经历了一定过程。帕森斯(Parsons),1909年,在《职业的选择》(*Choosing a Vocation*)一书中第一次提出了职业指导这个专业用语。当时职业的英语是"vocation"。50余年后,职业指导史上又一位里程碑式的人物舒伯(D.E. Super)在他历史性的论文《从职业指导向心理咨询学转移》(*Journal of Counseling Psychology*)中,第一次采用了"career"这个词汇来替代原来的"vocation"。职业生涯包括职前职后的一切活动经验。在舒伯制作的有名的"生涯彩虹"模型(如图3-1所示)中,人的一生有学生、休闲者、公民、工作者、持家者等的角色变化。(傅安球,2006,第286–287页)

舒伯职业发展理论的主要贡献是把人的职业选择与适应的过程,从幼儿期延伸至老年期,并把它视作是

第 17 章
诠释教师生活史之生涯发展

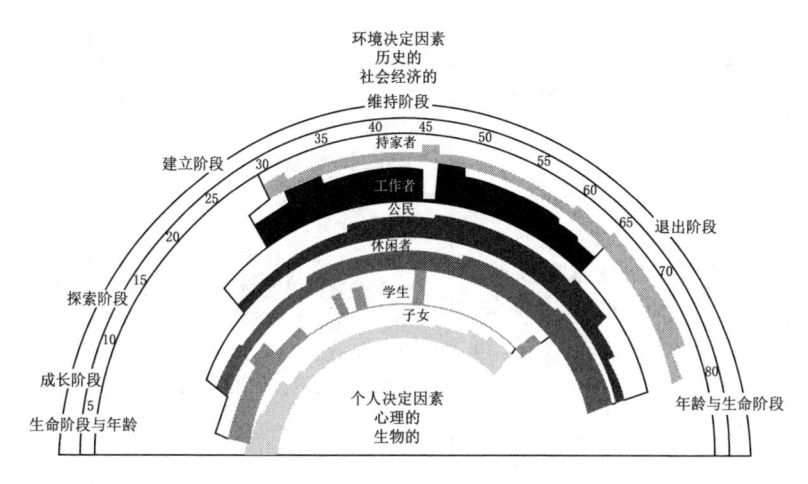

图 3-1 "生涯彩虹"模型（Super, D.E., 1986）

一系列的发展阶段，在不同的阶段，有不同的发展课题，（傅安球，2006，第 283 页）并将生涯发展阶段划分成成长、探索、建立、维持及衰退 5 个阶段。舒伯的生涯发展阶段简表见表 3-2。

表 3-2 舒伯的生涯发展阶段简表

生涯发展阶段	阶段特征	阶段构成
成长阶段（出生—14 岁左右）	这一阶段根据家庭或学校的主要人物（家长、教师等）的"平等对待"状况而发展自我概念；在欲求与空想占支配地位的同时，逐步产生社会的参与感，并开始认识自已兴趣、能力的重要性	又可分为 3 个时期： 1. 空想期（4～10 岁），在空想中自我扮演职业角色，这对职业志向的形成具有重要意义； 2. 兴趣期（11～12 岁），兴趣成为职业志向的主要决定因素； 3. 能力期（13～14 岁），开始重视能力，开始考虑工作所需要的条件

275

续表

生涯发展阶段	阶段特征	阶段构成
探索阶段 （15～24岁）	这一阶段通过学业与课余活动，进行自我推敲与职业探索，并从中体会职业的作用	又可分为3个时期： 1. 暂定期（15～17岁），考虑欲望、兴趣、能力以及价值，注意升学或从事工作的一切机会，开始做出暂定的选择； 2. 转移期（18～21岁），在思考是从业还是继续受教育以及自我实现可能性的过程中，重视现实的因素； 3. 试行期（22～24岁），找到了适合自己的工作，将已开始的工作作为职业生涯的开端
确立阶段 （25～44岁）	获得了适合自己的职业领域，并为自己所从事的工作而努力	又可分为2个时期： 1. 修正期（25～30岁），为了使适合自己的工作，成为自己的生涯职业，而进行自我修正与调整； 2. 安定期（31～44岁），随着自我职业经历类型的明确化，进入自我职业的安定期，并为确立与保持地位而尽力发挥能力，对大多数的人来说，这个时期是个人最富有创造力的时期
维持阶段 （45～64岁）	由于这一时期个人的地位在职业世界已经确立，因此，个人对职业的关心集中倾向于保持自己已达成的地位与有利的现状，而对开拓新的职业领域的兴趣下降	
衰退阶段 （65岁及以上）	随着个人体力、精力的下降，对工作开始感到力不从心，并逐渐停止下来，从参加者转变成旁观者	又可分为2个时期： 1. 减速期（65～70岁），这是退休的时期，也是维持阶段的最后期，工作的节奏变得缓慢，并从原来正常的工作减退到与自己体力能力相当的短时间的工作或轻量型的工作； 2. 引退期（71岁及以上）。由于存在个人差异，所以什么时候完全停止工作，是无法断言的，这时对有的人来说工作依然是人生的乐趣，对有的人来说工作是压力与负担，甚至对有的人来说工作也可能同死一样可怕

第17章 诠释教师生活史之生涯发展

即成长期（约相当于儿童期）为出生至14岁左右，探索期（约相当于青春期）为15～24岁，建立期（约相当于成人前期）为25～44岁，维持期（约相当于中年期）为45～64岁，衰退期（约相当于老年期）为65岁及以上。

17.2 诠释生活史之生涯发展

17.2.1 诠释视角——生涯发展阶段：成长期

在笔者实施的2023春市级共享课程"生涯规划校本研修课程建设及案例剖析"中，学员陈昕子老师讲述了陪伴孩子成长的经历，从良好的家庭教育影响孩子的言谈举止，到兴趣的培养和发扬。详文如下：

温馨和谐 给孩子成长的良好环境

我家是个温馨和谐的大家庭，我们一家三口曾经一直与爸爸妈妈、公公婆婆共同生活了年，直到孩子上小学五年级，我们才开始独立生活。在此之前，儿子的性格脾气、举止谈吐、待人接物等，都来自于我妈妈和婆婆的良好影响。记得上幼儿园时，一次课间孩子们都在玩橡皮泥，玩好之后，老师让孩子们去洗手吃饭。我儿子那时人高马大的，随手就拿到肥皂，开始搓起自己的小手，搓洗完毕后，正准备到教室用餐时，只看到旁边一位女同学站着不走，原来是同班的李同学。他就说："我们赶紧吃饭去吧！""我还没有洗手"李同学委屈地说，"我拿不到肥皂。""没事，我来帮你拿。"边说边随手帮她拿，并传给她，默默地等她搓完，再放回原处。全部洗完后，两个孩子手拉手一起进教室去吃饭。因为这件事，李同学的家长们一直心存感激，她奶奶从幼儿园一直到我儿子考上大学都不忘打来关心的电话，心里一直惦记着。孩子的教养不是与生俱来的，而是通过教育而来的。温馨和谐的家庭氛围让孩子的成长有一个良好学习的环境。

兴趣爱好　给孩子前进的有力步伐

孩子的兴趣爱好可以使他热爱生活、适应环境，可以成为他的一种向上的精神支柱。在这种支柱的支配下，他们会感到生活充实和觉得人世间的美好，会产生一系列积极的情绪体验，继而促进他热爱生活，珍惜时光。孩子的兴趣和爱好，可以使他克服各种各样的困难和险境，培养出顽强毅力，并沿着既定的目标奋勇前进。孩子的兴趣和爱好，可以开发他的智力，可以逐步培养他们的观察力、思维力、想象力、注意力和意志力。鉴于兴趣与爱好的这些优点，我开始有计划地培养孩子的兴趣，让他有自己的一技之长。记得在读幼儿园中班时，我问他想学啥？他不假思索地说："我要学二胡，我觉得二胡很好听。"起初，听到这话，我有点失落。但我还是决定让他去试试，于是就报名参加了区内知名度高的二胡班。刚开始学时，老师对他并不看好，一场无果的结局只持续了一个月。4次的课，我都觉得上不下去，所以一个月之后就放弃了。可是孩子没有放弃，他还想学。两个月之后的一次机会让他重新开始学习二胡，这一学就让他一直朝着音乐的方向往前走。孩子的兴趣爱好在鼓励和关注下，一直持续着，在自己的努力下取得了一定的成绩。

人生导师　给孩子立志的明确方向

孩子的成长，老师起着至关重要的作用。老师的一句话、一个动作、一个表情都会影响孩子的一生。孩子从上二胡培训班开始，一直跟随二胡演奏老师4年。在这4年里，从一个班8位学生到最

第 17 章
诠释教师生活史之生涯发展

后考到二胡十级只有2位同学。他就是其中一位,因为有启蒙老师给予鼓励,给予关注,给予信心,在上五年级时又开始学习葫芦丝,任教老师给予的肯定让他直接跳级考,到七年级拿到了葫芦丝十级证书。在此期间,他自学口琴、口风琴等,对于音乐的酷爱让他走上了音乐专业发展之路。初中毕业考入区重点致远高中,有幸认识了他的伯乐先生——音乐张老师。

张老师对他音乐天赋的肯定,让孩子更加坚定了自己的理想。张老师主动教他吹口琴、弹吉他,让他又有了新的音乐兴趣。一个偶然的机会,张老师推荐他走音乐专业发展之路。在张老师的帮助下,孩子开启了自己的音乐学习生涯,备考音乐专业科目,跟着专业老师学起了钢琴、声乐、视唱练耳、乐理,学习过程中的辛酸苦辣只有他自己知道,但他有自己的理想——考入上海师范大学的音乐学院。在导师们的谆谆教导下,家长们的温情陪伴下,自己的不懈努力下,终于在2018年以主项科目声乐91.67分的高分考入上海师范大学音乐表演系。有幸从师于著名男中音歌唱家、上海师范大学音乐学院副院长、硕士生导师张教授。

人生导师们给予的肯定、鼓励与支持是孩子一生的财富,也引导着孩子对自己美好未来的憧憬。

按照舒伯的生涯发展理论,在成长阶段(出生至14岁左右),孩子会根据家庭或学校的主要人物(家长、教师等)的"平等对待"状况而发展自我概念,而11~12岁时兴趣成为职业志向的主要决定因素。正如陈老师的孩子,"七年级拿到了葫芦丝十级证书。在此期间,他自学口琴、口风琴等,对于音乐的酷爱让他走上了音乐专业发展之路",直至到高中、大学。

279

在实施 2023 秋区级共享课程"生涯规划校本研修课程建设及案例剖析"中,学员杨彬彬老师分享了从小时候就喜欢"老师与学生"游戏、到上学后崇拜老师、再到中学毕业坚定地选择师范、至今仍然热爱做幼师的故事。详文如下:

转眼间,15 年的光阴就在孩子们欢声笑语中,哭哭啼啼中过去。

还记得,小的时候,"老师与学生"的游戏是我的最爱。还记得,上学以后,博学多才的老师就是我心目中的天使。还记得,中学毕业时,志愿栏里毫不犹豫地写下"师范"。

往事一幕一幕。

15 岁,我背着行囊走进广播电视大学。在那里,严谨的校风,严格的基本功训练,让我明白了教师这两个字眼的深刻含义:"学高为师,身正为范"。

18 岁,我带着一脸稚气走进我们这所学校,满腔热情地融入到与我年龄相仿的学生当中。望着那些在教育战线上呕心沥血几十年的老教师仍孜孜不倦,看着他们青丝变白发仍两袖清风,我突然特别深刻地理解人们为什么总是这样描写教师:"捧着一颗心来,不带半根草去""春蚕到死丝方尽"。

什么原因让你选择了学前教育专业?选择当幼师?

我当时在选专业时想了很久,也问家人长辈们的意见,最终让我选择学前教育专业是我足够了解自己。

1. 我喜欢小朋友,喜欢跟他们一起玩,只要跟他们在一起就很开心。

2. 我喜欢舞蹈,还记得初中时舞蹈队招队员,我就很想报名但

第17章 诠释教师生活史之生涯发展

舞蹈队需要晚上训练到十点左右,又加上晚上是伯父来接不想麻烦伯父等我那么久,最后就没有报名。一直觉得很可惜,但又没办法……

3. 我喜欢画画,记得小学五年级时美术老师说:"哪位同学美术作业获得5次95分以上就可以得到我的一张画。"当时好像全班就只有两位同学获得了老师的画其中包括我在内,那幅画我现在还留着呢。

4. 我喜欢弹钢琴,家里有位堂姐也是幼师,当时看到她弹琴就觉得好厉害,好喜欢。

就因为这几点让我选择了学前教育专业,也是因为以上几点让我当年做了那个选择。

<u>学了这个专业我自然而然地选择了这一行</u>,虽然在上学期间有兼职过美术老师,但也是因为这个让我更坚定地选择继续做这一行。因为……

1. 我想把自己所学的全部运用到工作当中,五大领域的教学、幼儿心理学、教育学等等,不想浪费自己所学的知识。

2. 越做越喜欢,越做越觉得当时自己选对了。工作的幸福是什么?原因之一就是选择了自己喜欢的工作,每天为梦想而奋斗而不是职业"搬砖"。

3. 工作中的成就+孩子们的爱+自己的成长。

工作中的成就:获得过一年度的"优秀教师"称号,全园三十多名教师就选择两位(其中包括我在内)。

孩子们的爱:还记得有位宝贝早上来园时不知怎么了心情不好,一开始只是露出难过的表情直到看到我的那一刻直接就哇哇大哭然后扑到我怀里。那一刻我既心疼又高兴,心疼的是看她哭地很伤心,高兴的是我做到了让孩子依赖我像依赖她妈妈一样,我的怀抱就像是安全的港湾。

自己的成长：近两年的学习与收获，分级阅读、环创、育儿、自主阅读分享等。

至今我依然热爱这一行，爱孩子爱工作爱自己。我相信自己会越来越好会越来越优秀，不跟别人比就跟自己比，每天比昨天的那个自己进步一点点就都是有收获的。加油！！！

但大家也都知道幼师这一行工资真的很低，付出的和回报的不成正比，也是因为如此很多幼师朋友都纷纷开始转行。尽管工资不成正比但我希望家长朋友们能多多支持和理解我们老师，不要让老师们心灰意冷而离开了这一行。很多时候我们比家长更害怕孩子受伤也更希望孩子们快乐地成长，虽然我没有为人父母，但我对孩子的爱不少。很多老师转行的原因除了工资低以外还有家长工作难做的原因，希望家长和老师彼此互相理解、包容、体谅，让我们为了孩子的成长一同努力。

在舒伯的生涯发展理论中，成长阶段（出生至14岁左右）的空想期（4～10岁），孩子们会在空想中自我扮演职业角色，这对职业志向的形成具有重要意义。由此看来，杨老师小时候所喜欢的"老师与学生"的游戏与后来毕业选择和喜欢做幼师似乎是一脉相承的。

17.2.2　诠释视角——生涯发展阶段：探索期

在2022秋市级共享课程"生涯规划校本研修课程建设及案例剖析"中，学员伏骏老师讲述了自己抉择的故事。因为大学二年级期间发现"工程管理专业的前景对于自己来说未必合适"，又恰遇"交教培机构的招聘"机会，于是到这家机构做兼职直至毕业就职；

而后发现机构的价值理念与自己相去甚远,因而决定扎根到学校做教师。伏老师自己在总结这样经历的时候,感叹"如果能在更早的时间能够有一个认识,有一个更明确的对于未来的想法,那么就会好很多,不用走多余的道路"。详文如下:

职业生涯的规划抉择要从高三那年说起,因为先拿到了华东师范大学免费师范生的预录取和同济大学的预录取,对于做老师有一定的想法,但是也对于其他工作有些向往,作为一个高三的学生,并没有一个很好的想法到底要走哪一条路,只是根据了解理科生去同济大学可能会有更好的选择而选择了同济大学。

在到了大二时期,发现工程管理专业的前景对于自己来说未必合适,又想到了之前的想法,去成为一名教师,恰好遇到了教培机构的招聘机会,顺利通过后,大二升大三的暑假就在培训机构开始了兼职工作,毕业季的时候,因为感觉这样的工作还不错,也符合自己想要做教育的想法和初心,所以就没有进入非常紧张的应届生招聘流程。

随着时间的推进,机构从壮大开始变得扭曲,逐渐从教育变成了只关注盈利而不重视教育本身,于是产生了回到学校的想法,就有了如今到了学校开始工作,好好做教育。

回过头看,实际上自己在2013年的时候就已经想过了要当老师,而回到学校确是到了2021年的时候,其实中间有走一些弯路,对于未来在学生来说,其实对于未来要实现什么其实如果能在更早的时间能够有一个认识,有一个更明确的对于未来的想法,那么就会好很多,不用走多余的道路,可以直接奔着实现自己的价值来。

对照舒伯的生涯发展理论，可以基于上述故事对生涯探索阶段到生涯确立阶段有更多领悟。在探索阶段（15～24岁），会通过学业与课余活动，进行自我推敲与职业探索。而其中又包含3个时期，在转移期（18～21岁）会在思考是从业还是继续受教育以及自我实现可能性的过程中，重视现实的因素；试行期（22～24岁）找到适合自己的工作，将已开始的工作作为职业生涯的开端。而后才进入生涯确立阶段，其中会经历修正期（25～30岁），即为了使适合自己的工作，成为自己的生涯职业，进行自我修正与调整，然后进入安定期。伏老师的抉择故事反映了生涯发展的这种阶段特征。

17.2.3　诠释视角——生涯发展：确立期

在笔者实施2022秋市级共享课程"生涯规划校本研修课程建设及案例剖析"中，学员田小明老师介绍自己大学毕业后三四年里从事了很多工作，包括"培训机构的英语教学到后来的房产公司的经纪人，再到后来的搜狐网站的推介员，也做过上海商业会计学校的客座教师"，在历经了"动荡的三年"后走上教师岗位的经历。详文如下：

1998年我从安徽的一个小县城考到了同济大学外国语学院英语系。那时，信息闭塞，交通不发达。报考大学志愿的时候无人指导也无法亲临大学进行考查，只能根据一些口口相传的消息选报了当时自认为比较吃香的专业——英语。

进了大学之后发现自己的专业其实就像没有专业一样，每个非英语专业的同学也需要学习英语，而我们学的又很杂很综合，没有专业的具体性，这对4年后就业带来了很多的困扰。

第17章
诠释教师生活史之生涯发展

2002年大学毕业很多同班同学都去了外企，从事英语相关的工作。也有不少同学选择当英语老师。而我却一筹莫展，踌躇满志。在接下来的三四年里我从事了很多工作，从一开始的培训机构的英语教学到后来的房产公司的经纪人，再到后来的搜狐网站的推介员，也做过上海商业会计学校的客座教师。在那动荡的几年里，我无数次地问自己到底该做些什么，也给了自己很多的思考方向。

2005年我在上海育群学校担任代课老师，学校的领导建议我考教师资格证，正式走教师这条路。思前想后我坚定了这一想法。一方面我个性外向活泼，善于和学生打交道；另一方面，学校的生活简单，相较于企业公司较为复杂的人际关系和工作环境（比如需要出差等），我更喜欢学校的这种单纯快乐。因此我在2005年考了高中教师资格证，并在接下去的时间里一直坚守在教师的岗位上。

其中2006—2018年在上海尚德实验学校的13年民办生涯给我带来了很多的教学成长的机会，让我提升了自我的教学经验，成为了一名较为合格的教师。连续几年的高三教学让我快速成长，并收货了桃李满天下，教学成绩也是较为突出。

2018年去往上海三林中学，并在2021年完成所带班级本科100%的任务，并接任了年级组长的职务，立志将所有2021级新生带入理想大学的殿堂。

从我的整个工作经历来看，学生在未来选择上一定要有自己的初心，要坚定不移地去完成自己的梦想和愿望，早做打算这样就会避免像我大学毕业后多走了三年的"冤枉路"。

类似的，还有在2022秋市级共享课程"生涯规划及咨询指导"实施中，学员周游老师讲到，从大学毕业后是顺利进入银行工作的，但逐渐发现此项工作有违个人价值取向后，工作一年后辞职，并在后来成为教师。详文如下：

回望过去的人生路，也有几次重要的选择改变了我的人生轨迹，让我成为了今天的自己。我的学生时代算是顺利且幸运的，<u>从国内著名的"985""211"大学毕业后顺利进入银行工作</u>，这在当时的环境下，算是一份体面且高薪的工作，那年银行的本科生起薪甚至高过"四大"。初入职场的我也是意气风发，满怀热情，想要踏踏实实工作。

但随着对银行工作的深入了解，我越发觉得整体的工作环境和工作内容并不适合我，和我当初想象中的相去甚远，甚至觉得自己过往所学都用不上，而且在当时"银行保险"不规范操作的背景下，也面临着巨大的精神压力，<u>觉得有违个人的价值取向。因此，在工作满一年后，我辞职了</u>。因为我觉得如果继续从事这份他人眼中体面且待遇丰厚的工作，我将面临巨大的精神内耗，同时自身能力得不到可预见性的阶段提升，工作也缺乏成就感和乐趣。所以，我做出了这个当时让大家难以置信的决定。

好在这一决定得到了家人的支持，特别感谢我的妈妈。在我辞职后，她不仅没有责怪我，而且还带我去黔东南旅游散心，感受大自然的美景和世间的无限开阔。从那以后，我明白了，<u>一定要遵照自己的内心生活，做一个忠于自己内心的人，才能焕发自己的能量。后来，我成为了一名人民教师</u>，在平凡的工作岗位上贡献自己的一份力量，并甘之如饴。

按照舒伯的生涯发展理论，25～44岁是在确立阶段，这一阶段又分成两个时期，一是修正期（25～30岁），为了使适合自己的工作，成为自己的生涯职业，而进行自我修正与调整；二是安定期（31～44岁），随着自我职业经历类型的明确化，进入自我职业的安定期，并为确立与保持地位而尽力发挥能力。上述两位老师在从教前感受的"动荡""内耗"的经历和从教后类似"甘之如饴"的感觉，都体现了这样的发展特征。

17.2.4 诠释视角——生涯发展：从确立到维持，仍找到创造和繁殖的感觉

在2023秋市级共享课程"生涯规划校本研修课程建设及案例剖析"中，学员石娴娴老师描述了自己不寻常的职业之路，在经历了"从小学教学到初中教学，从教数学到教语文，又从教语文到教音乐，又从教音乐回到教数学"之后，45岁之时又通过学习、考证走上了从事学校心理健康教学工作的岗位，并成为区心理骨干教师。详文如下：

> 1990年从师范学校毕业至今，一直在从事教育教学工作。在外人看来，我应该不存在职业生涯规划的问题。其实不然。其间我经历了从小学教学到初中教学，从教数学到教语文，又从教语文到教音乐，又从教音乐回到教数学……我是一个语文教师，我也喜欢教语文，可不知道何时起，我再也回不到语文教学了。其间也充满了迷茫和无奈。
>
> 2015年的1月，校长找我，希望我以后能从事学校的心理健康教学工作。我对心理健康教学一窍不通，而且还要先培训并且要通过市级统一考试才能上岗。说实话，我已厌烦了不从事自己本专业教学的状态，但是对于一个45岁的人，要长时间去参加学习培训，

还要考试，也是一个很大的挑战。我让校长给我一个星期的思考时间。同事好友跟我说：你还是去学吧，以后就可以从事心理教学到退休了。更多其他同事跟我说：快退休了，混混日子好了，钱又不少的，何苦为难自己。那时候正巧遇到儿子大学毕业，我突然决定去参加学习考试。因为我想给自己一次机会，也想告诉儿子，一个人什么时候想改变自己都来得及。

经过努力学习，我终于通过了专业考试，成了一名专业的心理健康教师。我认真学习、备课、上课，成了一名区心理骨干教师，辅导学生参加心理活动月比赛一次次获奖，自己也参加心理健康比赛课，也获得了很好的奖项。

有人会问我，你都50岁出头了，没有上升的空间了，为何还要忙碌？我却只想让自己过得更充实更踏实一些。等哪一天离开教学岗位退休的时候，我想我也会比身边的人多一些美好的回忆。

在舒伯生涯发展理论，45~64岁是维持阶段。这一时期，个人的地位在职业世界已经确立，个人对职业的关心集中倾向于保持自己已达成的地位与有利的现状，而对开拓新的职业领域的兴趣下降。石老师在45岁成就了职业的分水岭，成了一名专业的心理健康教师，之后，便在这片沃土上耐心耕耘，积聚美好，演绎着创造与繁殖的感觉。

第 18 章 CHAPTER 18
诠释教师生活史之生涯规划

18.1 生涯规划的理论

18.1.1 生涯规划的含义

生涯规划或职业生涯规划，也称生涯设计或职业生涯设计。

职业生涯规划是指个人与职业组织相结合，在对个人职业生涯内在事实情况（职业能力倾向、职业性格倾向、职业兴趣倾向、职业意识方面、身体方面以及家庭养育等）与外在条件（职业社会需求、职业环境以及变化趋势等事实情况）测定、分析、研究、归纳的基础上，进行利弊权衡，制定最佳的个人职业生涯发展目标与行动方案（傅安球，2006，第325–326页）。

学校教育中的生涯规划教育是指根据青少年的性格、兴趣、优势智能等特征，将其个人发展与社会发展相结合，对可能决定其职业生涯的主客观因素进行分析和测定，确定个人的事业奋斗目标，并选择实现这一事业目标的职业范围，编制相应的教育发展计划，对每一步骤的时间、顺序和方向做出合理的安排（郄杰英等，2014，第70页）。

生涯规划在学校教育中，既包括对当下的学业规划，也包括对更长远的未来人生规划。具体而言，包括：帮助指导学生寻找到自己发展的方向、树立人生的理想和目标；帮助指导学生更好地认清、规划好学业与今后的职业方向；帮助指导学生自主地有目的有计划地安排自己的学习、考试、实践的生活；帮助指导学生掌握实用的求学、选科、考试、实践的方法、技巧；帮助指导学生深刻洞察自己的价值观、兴趣、性格特点、智力结构等；帮助指导学生寻找到自己的特长与要避免的不足；帮助指导学生掌握人际交往的基本技巧；帮助指导学生掌握心理调节的基本技巧；帮助指导学生认识职业体验和掌握参加职业体验的技巧，等等。

18.1.2　生涯规划的线索模型

因为生涯规划是在对一个人职业生涯的主客观条件进行测定、分析、总结研究的基础上，确定其最佳的职业奋斗目标，并为实现这一目标作出行之有效的安排。所以"生涯规划咨询与指导"遵循的模型需包含知己知彼、确定目标、制定计划、采取行动等基本要素。根据这样的逻辑，"生涯规划及其咨询与指导"的模型可以是丁字模型，也可以是三环模型等。

1. 生涯规划的丁字模型

生涯规划的丁字模型，如图18-1所示。该模型有5个关键要素——即知己、知彼、抉择、目标、行动。首先要知己，其次要知彼，所谓"知己知彼百战不殆"。知己知彼，也就是要结合主客观条件进行抉择，进而确定目标，形成目标计划，然后落实到行动。

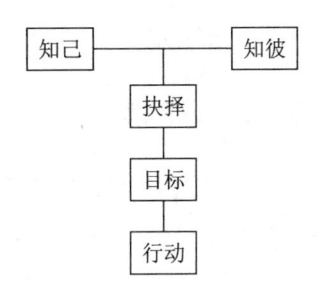

图 18-1　生涯规划的丁字模型

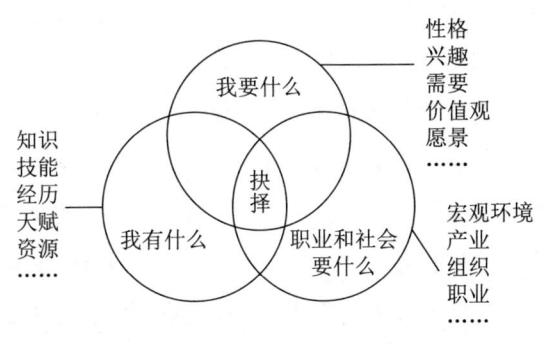

2. 生涯规划的三环模型

生涯规划的三环模型,如图 18-2 所示。即在生涯规划过程中,有 3 个环节必须要做:①知道"我要什么";②明确"我有什么";③要清楚"职业和社会需要什么"。知道"我要什么",就是要认识自己的兴趣、需要、性格、价值观、愿景等;明确"我有什么",就是要认识自己的知识、技能、经历、资源、天赋等;清楚"职业和社会需要什么",就是要认识社会环境、产业、职场及组织状况等。前两者在于知己,同时要知彼,即要在知己知彼的基础上做出抉择,三者叠加的部分,适宜我们的选择,即"我选什么"。然后,

图 18-2　生涯规划的三环模型

才能进行有效的计划和相应的行动。

18.2 诠释生活史之生涯规划

18.2.1 诠释生活史之生涯规划的必要性

1. 诠释视角——生涯规划的必要性：第一年高考失误

在 2021 秋市级共享课程"生涯规划校本研修课程建设及案例剖析"学员王敏老师在回忆了第一年高考失误后如何通过复读一年而发生转机的经历，感慨"如果没有经过一次失败后对自己更正确的认知，更精准的定位，就不会有后来的成功"，认识并认识到"高中阶段开展生涯规划指导毫无疑问将帮助学生更好地走好人生之路"。详文如下：

记得高三那一年，突然接到学校通知要填高考志愿，看到厚厚的一本小册子，全国各类大学的清单，专业，往年的分数要求，提前录取，本一，本二，专科，一页页翻过去，越看越没方向。高中三年每天日日夜夜地上课、读书、刷题、刷分，<u>唯一的目标就是考高每一门课的分数，越高越好，从来没想过考哪所大学，更不用说专业了</u>。

看着手中"天书"，一脸茫然不知所措，只能向父亲求助。父亲也算是知识分子，竟也花了好几个晚上仔细研究了这本"天书"，最后决定带上我去登门求助班主任老师，招办老师。经过几轮的大人们的研讨，最后决定给我填报新闻专业，依稀记得他们共同的理由就是这个专业适合女生。在我被告知后我也欣然接受了父亲的安排，<u>因为当时的自己对于择校根本毫无想法，也并不觉得这跟自己有太大的关系，由家长做主即可，只知道自己唯一的任务就是把分数考高</u>。结果第一年高考失误，并没有考到目标大学。

在全家人都极力反对的情况下，不甘心的我毅然决定复读一年，而且经过了一次的失败，似乎对自己更加了解，也更加清晰了自己的优势在哪里，于是选择了自己最擅长的专业英语，根据自己的性格优势，填报了英语师范专业，最终也顺利成为一名英语教师，达成了心愿。

回想起自己当年的抉择，如果没有经过一次失败后对自己更正确的认知，更精准的定位，就不会有后来的成功。而当时如果有专业的生涯规划课程给予我支持，帮助我早认清自己，了解自己的学术优势和性格特点，早做规划，我也一定会少走一年的弯路。

因此，高中阶段开展生涯规划指导毫无疑问将帮助学生更好地走好人生之路。

2. 诠释视角——生涯规划的必要性：大学转专业的经历

在 2023 秋市级共享课程"生涯规划及咨询指导"中，学员刘可心老师回忆了自己大学期间从应用物理专业成功转到英语专业的经历，并总结了由此带来的启示，"尽早开始思考自己的专业选择和职业规划"，并深感"人的一生可以做自己喜欢的事是非常幸福的"。详文如下：

我想讲一个关于我大一时决心转专业的故事。

我在高中时是理科生，高考后填报志愿的时候却基本填报的都是语言类的专业，比如英语，法语这些。因为我一直对学习外语很感兴趣，也觉得自己在学习语言上比较有天赋，所以没有随大流作为理科生就填报理工科的专业。

幸运的是，我以当年我们大学在河南省录取的最低分上了这个大学，一分都没浪费。可不幸的是，我的专业被调剂了，<u>调剂到应用物理专业</u>。就这样我上了大一，虽然高中时物理还不错，但大学高深的物理学和高数让我很是吃不消，物理学也不是我的兴趣所在。

我想转专业，根据学校的政策，只有少数几个专业可以接受转系，其中就有英语，但是需要降级转专业，就是得再从大一开始读。那时候我父母不太赞成我转专业，一方面是物理专业毕业怎么也比英语专业好找工作，一方面是转去英语专业重读大一的话大学就要读五年。我倒是不担心这些，只是转去英语专业竞争很大，得通过严格的校选和院选，考到前六名才能转过去。顶着不被理解和支持的压力，我开始准备转专业的考试，我联系到两位上一届转专业成功的学姐请教经验和考题，每天都去图书馆刷题，就这样准备了几个月，考完试过了很久，终于等到名单的公示，我是第六名！很惊险但是成功了！

<u>我如愿以偿地进入英语专业学习</u>，确实比学一个不感兴趣的专业如鱼得水多了。在英语专业我成为了最优秀的学生，因为每天都在学自己喜欢的，学习的心情也很好，更交到了志同道合的对自己一生都很重要的朋友。

大学毕业后，<u>我幸运地申请到世界顶尖的大学继续读研究生</u>，回国后也在做着自己喜欢的英语教育领域的工作。

回想我选择专业的故事，我很庆幸自己坚持选择了自己热爱的专业和行业，哪怕这个专业就业前景不如当时可选择的其他专业好。<u>因为热爱所以能学得很好</u>，后面的就业和职业发展自然不用太担心。

所以我想我的故事，对学生生涯规划指导的启示是，<u>尽早开始思考自己的专业选择和职业规划</u>，学校也要提供相关的指导和支持，提早思考这个问题可以避免以后走很多弯路。如果有明确的目标和热爱，那就坚持自己的想法，人的一生可以做自己喜欢的事是非常幸福的。希望学生们都可以找到自己的目标和热爱。

3. 诠释视角——生涯规划的必要性：考研转专业

无独有偶，在2022秋市级共享课程"生涯规划校本研修课程建设及案例剖析"中，学员陈旭老师介绍了自己从电子信息工程到心理学跨专业考研的抉择故事，并由此希望学生们"都能够及早探索生涯，找到自己的职业方向，过上自己想要的生活"。详文如下：

对我如今的生活影响最大的，是我决定跨考心理学研究生的那个生涯决策。高考填志愿时，对于专业、未来的工作可以说没有任何的概念，因为那时候对于生涯规划不够重视，家人老师也往往重成绩轻生涯，于是我的高考志愿选择的排序更加考虑地域和学校设施条件，专业的选择上挑选了身边一个很厉害的阿姨在做的电子信息工程。

这个选择导致我在大学专业学习上十分痛苦，一是高考结束后就失去了努力的目标，没有人告诉我接下来该做什么，好像就是把大学读完，然后继续读更高的学历；二是对于电子信息工程专业不是很感兴趣，更喜欢参加心理类的团体，阅读心理类的书籍。大三的某个夜晚，我萌生了"要不就考心理学研究生"的想法。于是在了解了心理考研的相关要求和方法，了解了跨考研究生的难度和可行性之后，开始了我的复习备考之旅，最终也顺利地考入了华东师范大学心理系，毕业后成为了一名学校心理老师。

很喜欢目前的工作，稳定有规律的上班时间，看着孩子一步步成长的喜悦等。但有时当面临一些棘手的个案，苦恼于自己的专业技能还有待提升的时候，也总在想，如果在初中、高中时，我就能够了解我适合做的职业、我喜欢的兴趣爱好相关的职业，可能我就有更好地解决当下工作中的各类个案。当然，也是因为我自己的亲身经历，我也希望我的学生都能够及早探索生涯，找到自己的职业方向，过上自己想要的生活。

4. 分析总结

上述3则故事的讲述者，通过现身说法，都同感及早探索生涯和生涯规划的必要性，正如他们所言，通过"对自己更正确的认知，更精准的定位""尽早开始思考自己的专业选择和职业规划""找到自己的职业方向，过上自己想要的生活"。

18.2.2 诠释生活史之生涯规划的线索

在2022秋市级共享课程"生涯规划及咨询指导"中，学员刘畅老师试图从哲学的高度对生涯规划教育的线索做了比较深入的思考，认为生涯规划教育在于带着学生追问"我是谁""我要到哪里去""我要怎样到达"这些问题。详文如下：

作为一个初中数学老师，"生涯规划教育"是陌生的，尽管也做过自己的"职业规划"，但是针对学生的"生涯规划教育"却是一个崭新的领域。在这次培训的学习过程中，我发现其实生涯规划教育在带着学生追问"我是谁""我要到哪里去""我要怎样到达"这些问题。

生涯测评工具及应用这一部分中，霍兰德职业兴趣类型测评、多元智能测评与MPTI职业性格测评这3个测评工具分别从兴趣类型、智能、性格3个维度对人进行测评，把3个维度的分析结果综

第18章 诠释教师生活史之生涯规划

合在一起，就对被测者有一个较为立体的认识，当然，这个认识也只能相对准确，而不是绝对准确的，所以像老师讲的一样，需要与被测者面对面地来进行专业的交谈，以最终确定。为什么要靠这些测评工具来了解一个人呢？一个人难道不能对本人做出一个较为客观的认识吗？我想每个人对"自我"的了解都不是很通透的，要不然先哲怎么会强调"人啊，认识你自己"呢？作为群体的"人类"，要了解自己，作为个体的"人"，也要了解自己。我想，这些测评就是在回答"我是谁"的问题，通过科学的分析，我们对个人的这些方面有了更全面、更深入地认识，这就是进行自我定位。青少年的自我定位相对成人来说偏差可能会更大，因此有必要通过这样的测评来帮助学生进行自我定位，也便于我们给他们提供更有效的帮助。即使是自己家的孩子，"凭感觉"来判断也不是很"靠谱"的。

生涯规划不仅是帮助学生去选择将来要考的大学，从表面上来看，是"学业生涯规划"，从更长远的角度来说，已经帮学生决定了自己将来发展的大致方向——当然，还不是很确定。因为人是一个发展变体的个体，从高一到高三、从大一到大四直至研究生等，每个人生阶段人都在发展变化。但是一个人的一些与生俱来的东西是不会变的，比如，心理学中的"气质"（生涯规划课程中的"性格"有一部分就与心理学中的"气质"一致）。也就是说，"我要到哪里去"的答案虽然没有最后确定，但是已经有了大致的方向，已经有了一些备选答案。为什么一定要回答"我要到哪里去"这个问题，这就是方向问题，我们当老师的常对学生说："必须好好学习"，但是"为什么要好好学习呢？"我们和许多家长一样，回答："不好好学习，就考不上好大学；考不上好大学，就找不到好工作"，但是到底什么是"好大学"，什么是"好工作"？"好大学"就

297

是"985"、"211","好工作"就是大城市、高薪水、看起来很体面。但是,能考上这些"好大学"的,能找到这样的"好工作"的,毕竟只是学生中的一部分,其他的学生呢?对于这些学生而言,我们也应该为他们的奋斗找到一个理由呀!帮他们找到奋斗的方向就<u>找到奋斗的理由,奋斗因此就有了价值</u>。只有让学生认识到他们所做的这件事是有价值的,他们才有可能努力地去做。那么,对于这部分学生来说,什么是<u>"好大学""好工作",这个"好"的标准是什么?我认为就是"适合"</u>。

回答了"我是谁""我要到哪里去"之后,还要<u>回答"我怎么到达",这就是我们所做的学生学习风格特点的分析</u>,一线教师对学生的风格特点只有一个较为笼统的感性认识,还没有上升到理性的阶段,因此许多时候对学生的建议也是不痛不痒,解决不了实际问题。如果我们的学科教师将生涯规划教育内容与对本学科专业的认识、对学生的感性认识结合起来,综合考虑就可以根据学生的学习特点提出提升某学科成绩的具体建议,再进一步,就是根据学生的变化选择优势大学、优势专业。

哲学解决上位、本质的问题,其他学科解决下位、现象的问题,在这次培训的学习中,我也在不断地理解着老师讲的具体问题、具体工具,我也在不断地追问与求索。培训结束了,但是思考永远没有结束、学习永远没有结束。

刘老师关于生涯规划教育是在带着学生追问"我是谁""我要到哪里去""我要怎样到达"的问题。当然,要明确"我要到哪里去""我要怎样到达"的问题,单是认识"我是谁"还不够,还需要了解"你和他是谁""你和他要到哪里去""你和他要怎样到达"这些问题，也就是既要知己，也要知彼。

那么如何知道我是谁呢？刘老师认为每个人对"自我"的了解都不是很通透，认同测评工具在增进自我认知方面的作用，认为通过科学的分析，有助于我们对个人有更全面、更深入地认识，进而进行自我定位。

的确，每个人的自我是有多个组成部分。正如乔寒窗理论，即美国心理学家 Joseph Luft 和 Harrington Ingham 提出关于人自我认识的窗口理论，指出的，人对自己的认识是一个不断探索的过程，每个人的自我都有 4 部分，分别是公开的我、盲目的我、秘密的我及未知的我。公开的自我，也就是透明真实的自我，这部分自己和别人都很了解；盲目的自我，别人看得清楚，自己却不了解；秘密的自我，是别人不了解但自己了解；未知的自我，是别人和自己都不了解的潜在部分。可以通过与他人分享减少秘密的自我，通过他人的反馈减少盲目的自我，从而更加客观地了解自己；通过一些契机也可以激发出未知的我。显然，在乔寒窗理论启示下，具有多个组成部分的自我，也具有多种认知的途径、方法及工具。

在 2021 秋市级共享课程"生涯规划及咨询指导"中，学员王立新老师回顾了 35 年前对于教师职业的抉择。王老师当年中考前夕，在校长、班主任、家长各种意见之间，经过最终主观心愿和客观家境的权衡，还是勇敢地接受了保送上师范的机会，而这种选择也的确成就了各种各样的需求。详文如下：

一晃眼已经从教 32 年了，但是 35 年前对于教师这份职业的抉择却依旧历历在目。

1986 年由于我的会考成绩名列前茅，其中物理还拿了满分，全区第一。正沾沾自喜的时候，班主任悄悄地把我找到了办公室，和蔼地对我说，由于你成绩优秀，学校决定保送你进师范！听完后，我心里怦怦直跳——开心极了。放学后一溜烟就跑回家，告诉了祖母，祖母也高兴地直点头，连眼睛都眯成了一条缝。

可是，还没有高兴多久，学校班主任打电话让家长去一次，语气很严肃。第二天，祖母和父亲早早就来到学校，见到了班主任，我也静静地站在一边。班主任叹口气说："你家孩子很优秀，正因为优秀，觉得保送师范太可惜了。现在老师待遇差，以后连找对象都难。因为我喜欢你家孩子，不愿意看到这么个优秀孩子被可惜，所以我劝你们不要让孩子进师范……"听到班主任的苦苦劝阻，祖母和父亲也点头同意。我知道是为我好，于是就耷拉着头回到教室。接下来还是一门心思专门迎接中考吧。

日子一天天过去了，转眼近一个月了。没想到学校领导特地找到我，说我成绩优秀，一定要保送师范。我回家跟祖母和父亲说了，他们半晌没有作声，最后只说："你自己决定吧！"

第二天，<u>我在班主任异样的注目中</u>，走进了校长室，表示愿意进师范。这是我第一次自己选择自己的人生——我长大了！

三十年后，家人问我，当时为什么选择做老师，我说出了秘密：<u>因为家里穷，我想早点工作，早点赚钱。就是看中了进师范每月有18.7元的费用。</u>我喜欢画画，<u>小时候有一次为了买一盒6角钱的水彩，哭着闹着要买</u>，可是家里不仅不给买，还打了我整整一星期。我想早点赚钱，可以做自己想做的事情，可以买颜料，可以买邮票，可以去写生……为了我的梦想，我选择了每月有18.7元的师范。

进师范后我每月都把18.7元存下，三年后师范毕业了，我用自己的钱买了家里第一个沙发。后来工作了，<u>我用第一年的钱买了</u>

电冰箱，买了水粉颜料，这一年我的绘画获得了上海市特等奖。我继续存钱，第二年买了第一台彩电，第三年我买全了小时候一直梦寐以求的全部邮票……我赶上了好时代，工作后的每年教师都涨工资，从第一年的每月 126 元到今天，还找了一个老师组建了家庭，有了不错的生活。

然而，35 年前那教师职业的抉择，却永远难以忘怀！是我心中永远的痛，也是我心中永远的幸福——<u>我就是 35 年前那个为着自己梦想推开校长室，为自己大胆抉择人生的小男孩！</u>

两则故事其实都说明了生涯规划应遵循的线索，需包含知己知彼、确定目标、制定计划、采取行动等基本要素，知己就要是做认识自我的自身主观分析，知彼就是要做了解职业和社会的客观分析，在此基础上做出适合的抉择，正如前文阐述的"丁字模型""三环模型"。而如何知己、如何知彼、如何做出抉择，运用一些方法和技术可以有所帮助。

18.2.3 诠释生活史之自我认知的技术

1. 诠释视角——自我认知的必要性

在 2020 春区级共享课程"生涯规划校本研修课程建设及案例剖析"，学员孔艳如老师回忆了自己当年高考专业选择之际错失了喜欢的英语专业，导致后来"付出了更多追寻和弥补"，并借用非常有深意的"马和驴的故事"，一语中的地指出"很多人说不知道自己想要什么，其实是不敢去分析自己想要什么，甚至懒得分析自己想要什么。他们怕真的分析出来了，还要花心思去学习，去努力。"详文如下：

我是一名刚入职一年的中职院校的老师，在我的成长道路中同其他人一样也有着很多的选择，一路走来有遗憾、有后悔又有庆幸。

今天主要说说一次让我遗憾和后悔的选择。在如今的社会中，我们绝大多数人都会面临人生的第一个选择，就是高考后学校和专业的选择。那个时候的我总是听从很多人的建议以及"过来人"对以后职业的分析来做选择，由此导致我在做一件事情之前再三权衡利弊、犹犹豫豫、举棋不定，而忘记了自己的初心。我那时喜欢英语，想学习英语，但是不断有人告诉我，学英语的人很多，想要学好会很累，而且毕业后大多从事的与英语无关的工作，因为学得不到位，拿不出手。我那时没有想明白，当想明白的时候，早已时过境迁，机会已经没有了。

记得我曾经看过一个故事：马和驴听说唐僧要去西天取经，驴觉得此行困难重重，便放弃了，而马却立刻追随而去，经历九九八十一难，取回真经。驴问：兄弟，是不是很辛苦啊？马说：其实在我去西天这段时间，您走的路一点不比我少，而且还被蒙住眼睛，被人抽打。其实，怕累而逃避努力的日子更累。后来的我付出了更多来追寻和弥补。

其实我们在选择职业的时候，不妨问问自己，我们到底在选择什么？很多人说不知道自己想要什么，其实是不敢去分析自己想要什么，甚至懒得分析自己想要什么。他们怕真的分析出来了，还要花心思去学习、去努力。于是得过且过，其实内心的无知与迷茫更累，更让人颓废。在选择职业的时候，侧面的也选择了生活方式。如果你不努力过想要的生活，那可能就得花时间应付不想要的生活。

这则故事，说明了生涯抉择中，自我认知的必要性。为此，就需要了解自我认知的一些技术和方法。

2. 诠释视角——自我认知的技术：360°分析的思路

为了获得一个更全面、准确的自己的形象，我们需要了解我们生活中各方各面的人对我们的看法。在2023秋区级共享课程"生涯规划校本研修课程建设及案例剖析"中，学员胡菊老师自己当年是怎样走出大学专业选择困惑的，包括"参加了一些大学咨询会议""和许多学长学姐交流过""一篇关于生涯规划的文章，其中提到了自我认知的重要性。我开始思考自己的兴趣、优势和价值观，并尝试找出与这些因素相匹配的职业"等，然后"意识到我对人类大脑的运作方式非常感兴趣"，最后选择心理学专业。详文如下：

在我自己的成长过程中，我也面临过许多抉择。我记得在高中的时候，我对于选择大学专业感到非常困惑。我对于许多领域都感兴趣，比如科学、艺术、人文等，但我不知道应该如何做出决定。

当时，我参加了一些大学咨询会议，也和许多学长学姐交流过，但我还是很迷茫。直到有一天，我看到了一篇关于生涯规划的文章，其中提到了自我认知的重要性。我开始思考自己的兴趣、优势和价值观，并尝试找出与这些因素相匹配的职业。

在这个过程中，我意识到我对人类大脑的运作方式非常感兴趣。于是，我决定选择心理学作为我的专业，并申请了一所著名的大学。在大学里，我不仅学习了心理学的理论知识，还参与了一些实践项目，并发现了自己对咨询和辅导的热情。

通过这个经历，我意识到对于学生来说，生涯规划并不仅仅是关于选择一个专业或职业，更重要的是帮助他们了解自己，发现自己的优势和潜力，并为自己的未来做好准备。

> 这对我的工作有很大的启示……

询问榜样人物的力量在自我认知方面也是非常有帮助的。在2020春区级共享课程"生涯规划校本研修课程建设及案例剖析"中,学员戚海敏老师讲述了自己在职业选择和工作中如何受到了于漪老师榜样力量的影响。详文如下:

> 老师这份职业的抉择和个人的觉悟有深切的关系。在我还是学生的时候,我就听说过于漪老师是一位非常优秀的教师,在自己的岗位上兢兢业业。她说过,"一辈子做教师,一辈子学做教师。"于漪老师凭着激情,她在走出校门教了8年的历史课后,毅然改行拿起了语文教材,并从此全身心地投入其中。我被她的故事深深打动,在学生时代便立志要成为一名老师。在我个人的人生中,成为老师改变了我对自己以往成长经历的看法,对学生的看法,对教育的看法,在选择的过程中,我越来越多地认识到教育对人的一生的影响,对一代人的影响以及对祖国的未来的影响。
>
> 为了成为一名老师,我首先要清醒地认识自己。要拜众人为师,每堂课都要反思,记住学生的闪光点,也记住自己的不足。其次,要不断做自我教育。学而不厌,勇于实践。我紧扣教材深入学,不断增加自己的文化沉淀。第三,要做到"胸中有书,目中有人。"不断追求教育的理想境界。努力攀登,追求理想境界,也就是说要不断地自我超越。最后,我深深认识到教师责任大于天,教育的希望在青年教师身上。
>
> 正因为我深深受到了于漪老师的影响,在平时的课堂中,我会收集社会上不同岗位的好人好事读给孩子们听,对他们的抉择有所

第 18 章
诠释教师生活史之生涯规划

启发。我也会鼓励我自己的学生加入我们的教育事业，成为一名老师，鼓励他们多思考如何成为一个对社会有用的人。

此外，生涯规划中可以尝试一些自我探索的引导性问题，包括："用 3 个形容词来描述你的性格""你最喜欢做的 3 件事情是什么？""写出你最擅长的 3 个方面""写出你最不擅长的 3 个方面""在生命中你最重视的是什么？"，这几个问题可以帮助自己在性格、兴趣、能力、价值观方面的自我觉察。

3. 诠释视角——自我认知：测评性格类型及其与职业选择的关系

在 2023 秋区级共享课程"生涯规划校本研修课程建设及案例剖析"中，学员孙江丽老师谈到有幸在大学期间学习了职业规划课程，并且在老师带领下了解了 MBTI 类型，自己做的测试结果类型是 ESFJ，显示自己是比较适合从事教育行业的，并在此基础上制定了自己的规划。详文如下：

很荣幸在大一上学期学习了职业规划这门课程，这让我模糊的青春岁月不再懵懂无知，使我的人生目标得到了更高层次的指点。

记得刚开学的时候，我对于大学的概念还不是很深刻，就是觉得自己又大了一届，也没有想太多，感觉走好当下就行了，每天无非就是吃什么，还得上什么课，穿什么出门，快递外卖什么时候才能到……通过学习职业规划课程，我开始思考自己的人生，这使我明白了不仅要走好当下更要规划未来。如果我忙忙碌碌，不做明天的打算，那么等我以后找工作的时候遇到的难题也会更多。我是一个平凡的人，想要自己的人生变得更出彩，就要比他人付出更多的努力。……

老师带着大家了解到了 MBTI 类型，比如说我做的测试结果类型是 ESFJ 显示我是比较适合从事教育行业的，我喜欢稳定的还有假日的工作，我也很喜欢这一行业，因此我对我自己形成了一个规划，就是说从现在起，我要均衡发展做到德才兼备，突破自我。说话能够娓娓动听，先把普通话证书拿下，着手考一个教师资格证，等到大三时投递简历在我的家乡找一份从事教育的工作，虽然说以后困难可能会更多吧，但是困难就会有办法。……

MBTI 人格测试工具（Myers-Briggs Types Indicator）理论基础是著名心理学家卡尔·荣格先生关于心理类型的划分，后经一对母女 Katharine Cook Briggs 与 Isabel Briggs Myers 研究并加以发展，在团队建设、生涯设计、教育教学以及个体与家庭治疗等领域广泛应用。

MBTI 中共有 4 个维度，每个维度有 2 个方向，共计 8 个方面、16 种性格类型。MBTI 中的 4 个维度及偏好对照见表 18-1，16 种性格类型见表 18-2。

MBTI 衡量的是个人的类型偏好，并无优劣之分，却形成了人与人之间的不同。这 16 种性格类型各有特点及职业倾向。可以通过"MBTI 职业性格测试题"知晓自己的性格类型，可以帮助自己选择职业。

4. 诠释视角——自我认知：测评兴趣类型及其与职业选择的关系

在 2022 秋市级共享课程"生涯规划及咨询指导"中，学员孙琦皓老师讲述了自己作为职业运动员退役后抉择的故事，在"去办公室做职员"还是"去做一名基层体育教师"的选项中，为了能一

表 18-1　MBTI 中的 4 个维度及偏好对照

维　度	偏　　好	
精神能量指向： E-I 指偏爱把注意力集中在哪些方面	外向（Extraversion） E：外向型的人，专注于外部世界的人和事	内向（Introversion） I：内向型的人，专注于内在世界的意念和印象
信息获取方式： S-N 指获取信息、认识世界的方式	感觉（Sensing） S：偏好实感的人，通过感官获得信息，专注于现在，重视他们从感官中得到的具体信息	直觉（Intuition） N：偏好直觉的人，注重内涵，联系与意义；专注于未来，能对构想中的蓝图付诸行动
决策方式： T-F 做决定的方式	思考（Thinking） T：偏好思考的人，注重逻辑性。做决定时很重视逻辑思维，能客观地分析前因后果	情感（Feeling） F：偏好情感的人，以人为中心，以价值为依据；做决定时很重视价值观，将人作为主观衡量的依据
生活态度： J-P 适应外部环境的方式	判断（Judging） J：偏好判断的人。喜欢生活上有计划，有条理，一切事情都早作安排	知觉（Perceiving） P：偏好感知的人。喜欢生活上有灵活性和即兴性，他们喜欢更多的选择

表 18-2　16 种性格类型表

内倾感觉思维判断 （ISTJ）	内倾感觉情感判断 （ISFJ）	内倾直觉情感判断 （INFJ）	内倾直觉思维判断 （INTJ）
内倾感觉思维知觉 （ISTP）	内倾感觉情感知觉 （ISFP）	内倾直觉情感知觉 （INFP）	内倾直觉思维知觉 （INTP）
外倾感觉思维知觉 （ESTP）	外倾感觉情感知觉 （ESFP）	外倾直觉情感知觉 （ENFP）	外倾直觉思维知觉 （ENTP）
外倾感觉思维判断 （ESTJ）	外倾感觉情感判断 （ESFJ）	外倾直觉情感判断 （ENFJ）	内倾直觉思维判断 （ENTJ）

直与自己喜欢的职业相伴，最终选择了做体育老师。详文如下：

现在的我，是一名初中体育教师，虽只有 50 岁，但已经从教 26 年，在我以前的生活中，只经历过两次职业生涯，第一次是从

10岁开始的职业运动员，第二次是从24岁开始并做到现在的初中体育教师。而就是这两个职业中的转型，让我经历了人生中唯一的一次重大抉择。

那一年，当我从一名职业运动员退役后，面对我的是以后职业生涯的选择，当时我们成绩优秀的运动员可以享受政府分配工作的优惠政策。当我和别的几名其他项目的退役运动员一起走进为我们开设的专场招聘会，我还是一片茫然。

在全部浏览了一遍招聘单位和招聘条件后，我初步选定了几个职业方向，其中之一就是到教育局工作，负责招聘的领导直言，我去教育局报到，会直接分配到基层学校做一名普通的体育教师。

其他几个单位，如卫生局、几大国营企业等，都是分配到办公室担任职员，待遇也非常不错。此时的我，独自走到外面的走廊上，静静地思考我以后的人生职业规划。

表面上看，<u>去办公室做职员是理想的选择，没有风吹日晒，没有繁重的工作压力</u>，而<u>去做一名体育教师</u>，则要面对操场上的寒冬酷暑和培养学生健康成长的职业压力。

就在我转身准备去几个企业报到就职办公室职员时，突然感觉以后的我，将离开我从小就喜欢并为之拼搏了十余年的体育运动，也很少会有机会再去接触各项运动项目，只有<u>去做一名基层体育教师，才会真正发挥我的特长，让我能一直与自己喜欢的职业相伴</u>。

到此时，我已经有了自己的抉择，那就是去做一名体育教师，从选择，到分配的学校任教，再到我面临的作为教师身份的第一次开学只有短短的一个半月时间，之后的学习发展、自我提高、专业培训、反思重建等，都是我职业成长中的一段段花絮。

直到现在，我一直没有离开过自己当初选择的职业，也没有离开过第一次分配的学校，我没有后悔当时的抉择，相反，为自己当时没有选择安逸的办公室工作，而是选择为我们的孩子们提供优质的教学，为孩子们的健康成长做出的努力感到万分自豪。

我也一直在课堂教学中，用我的亲身经历告诉孩子们，<u>只有选择自己喜欢并热爱的事，才能一直保持热情，也能让你的生活充满欢乐</u>。

兴趣是职业选择中最重要的因素。研究表明，一个人从事自己感兴趣的职业，能发挥其全部才能的80%～90%，并且能长时间保持高效率而不感到疲劳，反之，则只能发挥全部才能的20%～30%，且容易感到疲劳和厌倦（傅安球，2006，第93页）。因此，职业兴趣可以直接影响人的职业定位和选择；可以直接增强人的职业适应性和稳定性；能够开发人的潜力，激发人的探索欲望和创造性，探索自己的兴趣并选择与自己兴趣一致的专业和职业是非常重要的。

霍兰德（J. L. Holland）于20世纪50年代开始了其职业兴趣的测量研究。在20世纪70年代早期，他提出了关于兴趣和兴趣测量的一些新方法。他认为，对于职业选择而言，兴趣是"人—职匹配"过程中最重要的人格特质，进而他提出了职业兴趣的人格类型理论。该理论被认为是最具影响的职业发展理论和职业分类体系之一。霍兰德对6种人格类型特征及相应职业环境分析见表18-3。

该理论认为，在当代文化中，大多数人的人格可区分为6种类型，包括现实型（realistic）、研究型（investigative）、艺术型（artistic）、社会型（social）、企业型（enterprising）及传统型（conventional）；在当代社会中，职业环境也和人格一样能区分为这6种类型，人们通常倾向选择与自我兴趣类型匹配的职业环境。

表 18-3　霍兰德对 6 种人格类型特征及相应职业环境分析

类型	人格类型	对应的职业环境类型
现实型（realistic）	富有技术能力，喜爱具体的行动；处理人际关系或与人交涉的技能较弱；重视权利、金钱的价值，性格上有内向、顺应等倾向	机械性的、技术性的、实际操作性的、解决具体问题的等
研究型（investigative）	具有科学的、数学的能力，重视科学性事物的价值，偏爱对事物构成的理解；在回避社交性方面，与现实型有质的区别；性格上具有分析性、深思熟虑、合理、内省等倾向	需要用科学的、数学研究的能力与智力解决问题的
艺术型（artistic）	具有独创性虑象力丰富，有优秀的艺术能力与感受力，追求美的价值；性格上有强烈地显示自己的主张；不喜欢规则性、组织性的约束，自我制约能力稍差，情绪表现趋向自由等倾向	没有束缚的，有必要发挥创造力的
社会型（social）	有说服教育人的能力，乐于接触人，能结成良好的人际关系，并具有保持这种关系的较好技术；重视社会性、道德性活动的价值；性格上有善于协调、责任感强、亲切等倾向	需要服务能力的（对人、对社会）
企业型（enterprising）	富有表现力与指导力，期望权利和地位，重视政治、经济等方面成功的价值；性格上有积极的、社交性的、充满自信的倾向	需要计划、经营等有说服力、统率力的
传统型（conventional）	具有事务性的、计算性的能力，重视形式与规则，喜欢组织与秩序，但缺乏艺术上的能力；性格上有尊重规则、保守、慎重等倾向	需要服从规则与传统，且反复进行事务处理的

资料来源：根据傅安球，2006，第 281—282 页等整理。

当然，因为个体本身常是多种兴趣类型的综合体，单一类型显著突出的情况不多，而且影响职业选择的因素是多方面的，要参照社会的职业需求及获得职业的实际可能性，不完全依据兴趣类型。

因此，霍兰德用六边形标示了六大类型的关系，各个类型之间

第 18 章
诠释教师生活史之生涯规划

的距离有长有短,说明了各类型之间关系的远近。如,粗线表示距离相近的类型,细线表示距离中等的类型,虚线表示距离较远的类型。一般来说,距离越近,说明两个类型之间的相关程度越高;反之相关系数就越低。职业选择时会不断妥协,寻求与相邻职业环境,但如果个体寻找的是相对的职业环境,意味着所进入的是与自我兴趣完全不同的职业环境,则工作起来可能难以适应。霍兰德职业兴趣六边形理论如图18-3所示。

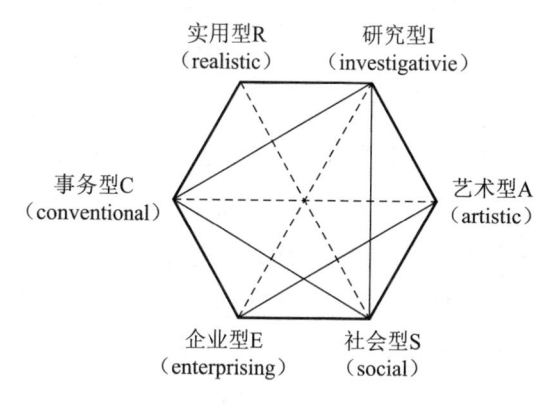

图 18-3 霍兰德职业兴趣六边形理论

运用《霍兰德职业偏好量表》(VPI)(Vocational Preference Inventory)和霍兰德《自我指导问卷》(SDS)(Self-directed Search),个体可以进行自我施测和评分,并根据配套的"就业指南"小册子对测验结果进行解释,得到自己的人格类型模式并找到一组与之最适合的职业类型。

5. 诠释视角——自我认知:测评能力及其与专业、职业选择的关系

在2023秋区级共享课程"生涯规划校本研修课程建设及案例

剖析"课程中，学员莫玉兰老师回忆了自己当年高中文理学科的故事，因为意识到物理化在初中就很差，高中更难学，所以选择了文科班，最后考进部属师范院校。详文如下：

  学生生涯规划，其实它可以潜移默化在日常的点滴教育中，只是作为一门课程，它更具有科学理论的指导，使得方法更加的系统化。教师自己的故事就是一个很重要的题材。以我来说，我初中毕业于一个小镇，后来考进县最好高中的理科班，班主任是化学老师。由此可见，学校对我们班级的重视程度。但是，我偏科很严重，物理化在初中就很差，但文综和英语学科却很好。但进入高中理尖班后，高手如云，我的文科优势也没有了。加之，高一处在初中学习方法到高中学习方法的过渡阶段，我的理科就更难学进去了，数学满分150分，考五六十分是常态，甚至物理一度考到了21分。而我可能缺少学习方法，怎么努力都无法提高，而班主任也没能及时关注到我。因此，高一阶段，我甚至差点抑郁。好在，高二文理分科，我果断选择了文科，一来文科数学难度相对于理科降低了不少，其次新换数学老师特别喜欢鼓励人，只要我作对一道难题，他就拼命地夸我，慢慢地让我对战胜数学有了足够的勇气。后来高三，随着一轮复习的进行，我把高一到高三六本课本上的定理、例题、课后练习完完全全弄明白，自己高二暑假买了高三一轮复习的资料，系统性刷题，在高考中考得了不错的分数。最终如愿考进部属师范院校。

  其实，学生中不乏偏科学生，我以自己的故事，教会学生学会自我定位，调整好心态，发挥自己所长，补自己所短，想得多不如做得多，才能在不断进步中提升自信心，从而在学习生涯上走稳每一步。

上述故事中，莫老师通过自己的学习成绩和主观感受对自己文理科能力做了判断。

能力是指人们成功地完成某种活动所必须具备的个性心理特征。能力是影响人们职业活动效果的基本因素。人们只有具备职业相关的能力素质，才有可能从事某项工作，能力水平越高，工作表现越好。因此，人们只有对自己的职业能力有充分的认识和判断，才能"量体裁衣"地找到适合自己的工作，相应的适合的工作有利于促进个人能力的进一步发展。

能力测验包括一般能力倾向性测验和特殊能力倾向性测验，前者主要用于职业指导和咨询，后者用于人事选拔。GATB（General Aptitude Test Battery）是非常著名的能力倾向成套测验，该测验评定9种不同的能力因素，将测试得分与职业能力倾向模式（Occupational Aptitude Pattern，OAP）相对照，被试者就可以从测验结果中找到能够充分发挥个人能力特性的职业活动领域。一般能力倾向成套测验主要为学生的升学指导和职业咨询提供信息，为人力资源的合理配置提供一定参照，可以帮助个体发现自己的能力倾向及其与职业选择的关系。

6. 诠释视角——自我认知：测评价值观及其与职业选择的关系

在2022秋市级共享课程"生涯规划及咨询指导"中，学员陈亚飞老师回顾了自己做教师的梦想如何成真的经历，并认识到遵循自己的内心、想清楚自己的内心真正需要什么在抉择中的重要性。

详文如下：

在我的成长道路上，我遇到的最重要的选择是本科毕业后就业还是继续攻读研究生？我考虑到自己有能力找到一份教师工作，而且我从小的梦想也就是做一名中学教师，似乎很快就可以实现自己的梦想了。但是我在大三的时候，考研究生这个想法悄然萌生，并且愈发强烈。经过我的慎重思考，读研究生是想在专业领域学习更多的知识，学习更多的专业知识，以后也可以更好地教授学生，这并没有妨碍我实现自己的梦想，只是延长了自己的学习时间。再一想，人生不过七八十年，毕业后就是工作，全日制学习的时间实在难得可贵，应该给自己充足的学习时间，并且工作后再考研，这显得非常困难。同时，也是我的父母在精神与物质方面无私地支持我，让我坚定地选择继续完成研究生的学业。如今，我研究生毕业跟随导师顺利完成一个课题，使我在科学研究方面的能力有了很大的进步，并且认识一群有趣的师弟师妹，这些都是我的宝贵经历。现在，我也成为了一名教师，实现自己儿时的梦想，在自己喜欢的岗位上耕耘努力，感受到无比的幸福感。

回顾自己这次抉择，我首先认识到自己纠结的问题是什么，并且厘清二者关系，把相互矛盾的关系理成顺序关系，遵循自己的内心，并坚持做了下来，让我现在感谢自己当初做的决定。

综上所述，引导学生，还是要让学生想清楚自己的内心真正需要什么？想清楚这个问题，那就鼓励学生努力吧！

上述故事反映了价值观，在人们选择和生活中非常重要。价值观是指个人对客观事物（包括人、物、事）及对自己的行为结果的意义、作用、效果和重要性的总体评价，是推动并指引一个人采取决定和行动的原则、标准，是个性心理结构的核心因素之一。具有不同价值观的人会产生不同的态度和行为。价值观在职业选择上的体现，即职业价值观，是人们在职业选择和职业生活中，在众多的价值取向里，优先考虑哪种价值。

可以用"重要五样"的游戏来探索自己的价值观（如图18-4所示）。规则是：①拿出纸和笔，写出你认为生命中对你重要的五种，可以是形容词，也可以是名词，可以是实物，也可以是抽象的状态，凭直觉写，不必在意别人的评判；②写完后，然后假设在生命中你碰到困难，需要放弃一个，你用笔将他图黑直至看不到，然后又碰到困难，必须再放弃一个，直至，直至余下最后一个。

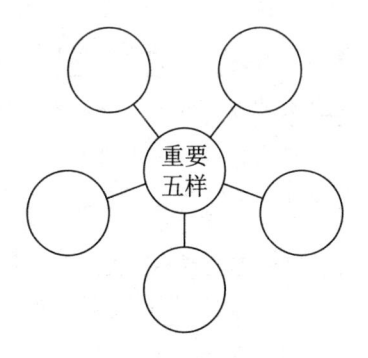

图 18-4　重要五样

18.2.4　诠释生活史之生涯（含职业、社会）认知的技术

在2021秋市级共享课程"生涯规划及咨询指导"中，学员周鼎老师回忆了自己大学期间因为偶然的志愿者服务的机缘，深情感受了一次在小学做助教的职业体验之旅，而这段旅程让周老师在

"迷茫之后我找到了方向"，毕业从教后，更是有感职业体验对学生的重要性。详文如下：

这是我在大学期间的回忆，关于一个即将走出象牙塔的年青人如何在自己的意愿和现实中摸索的过程，现在以一个更加成熟的心态去面对，心中的感触更加多了，庆幸自己在机缘巧合下选择了教师的职业，也深感职业规划对于每一个年轻人的重要性。

其实大学的专业是被调剂到水资源工程的，我的第一专业倾向是土木工程，无奈的是没有进入该专业，当时把我调剂到了我们大学最好的专业之一，但是对于此专业我却不是很喜欢，而对于土木专业的向往其实也不是特别强烈，因为有一个大我一年的好友选择了该专业，所以在大三那年在了解了该专业后，有一些向往，其实也是很片面的。

于是在稀里糊涂地度过了大一和大二以后，我更加迷茫了，我不知道将来我要从事什么职业，我如果要转专业应该大学一进来就转，而不是拖到大三再考虑，那时也没有职业规划的想法，而且根本不了解自己内心的渴望。我就和同学一起准备考研了，而且还是本专业，因为不喜欢，所以备考的过程中很纠结和困顿。

就在这时一次偶尔发生的事情改变了我的想法，也很庆幸自己能有这么一次机会，那次我参加了志愿者服务，服务的地方是一个南京远郊的小学，在坐了一个多小时的公交车后，我来到了这个小学，我依稀记得一个个孩子睁大着好奇的眼睛看着我，我接下来作为大四学长的助教，在学生听课的期间帮助一些年龄比较小的孩子，就是在这个过程中，好多孩子用崇拜的小眼神看着我，并且我发现我很喜欢而且擅长和他们沟通，这次助教的行程最后在和孩子们的合影后结束了，<u>回到学校，这次经历的美好体验一直藏在我心底</u>。

大四时候<u>考研没有考好</u>。就在我有些沮丧的时候，突然家人告诉我，我们<u>教育区正在招收新教师</u>，助教的美好回忆突然出现在脑海。我想我可以做一名老师，因为我喜欢孩子，喜欢和他们沟通，所以我很庆幸，在迷茫之后我找到了方向。

这次对职业规范及咨询指导的学习让我了解到了许多有用的知识，并且让我找到了帮助我所教的初中学生的方法，让他们不要像老师一样在大学选专业的时候因为没有足够的自我认知，导致了自己求学路上有那么一段坎坷的过程，在选择职业时非常困顿。

所以<u>职业体验对于学生来说非常重要</u>，大学如果是自己喜欢的专业，也要到社会中去实习和体会，这样才能更加明确自己的职业规划，在大学中准备得更加充分。

生涯规划不仅要知己，还要知彼，而职业体验是知彼的重要途经，同时也会促进知己。职业生活的体验主要指通过各种途径、形式直接感受职业生活的探索活动。通过亲身体验与了解职业生活的现实，从而反省推敲自己将来所希望的生活方式，并促进个人对职业生活必须具有的知识、技能、价值观等在现实意义上的自我认识。

职业体验的内容丰富多样，包括自我人生（包括个人的生活方式）的实际体验探索；劳动经验的实际体验探索；职业社会或高一级学校的实际体验探索；与个人将来具体志向职业（学校）相关联的实际体验探索；有关本地区自然、社会等环境的调查探索等。

生涯规划意义下的职业体验与日常生活感受的职业体验是不同

的，日常生活所感受的职业体验，大多是自然的、无意识的；而职业指导的职业体验，是有计划有准备有具体目标的，根据不同的年龄对象，设计不同的体验内容与计划。因此，合理地设计职业体验很重要，有助于职业体验活动取得良好效果，从而促进个人对职业生活必须具有的知识、技能、价值观等的自我认识，及反省推敲自己将来所希望的生活方式。职业生活的实际体验活动设计，包括对象、实施时间、主题、目标、活动准备、活动过程、个人报告等主要要素。

18.2.5 诠释生活史之生涯决策的技术

1. 诠释视角——生涯抉择技术：生涯平衡单

在2021秋市级共享课程"生涯规划及咨询指导"中，学员刘敏老师回顾了自己3年前面对职业抉择"是继续待在原先的公办学校，还是到一所没有编制的纯民办学校"而做的4个方面考虑和打分的办法，并对比该课程学习中了解的生涯平衡单的技术，尽管当年打分未能为几方面考虑附加权分，也豁然欣慰了。详文如下：

> 3年多前，我面临一个抉择，是继续待在原先的公办学校，还是到一所没有编制的纯民办学校？民办学校很吸引我，但当时我快40岁了，把教师编制扔掉感觉也很没安全感。可以说，当时我在做这个抉择的时候是非常纠结的，最后我从4个方面进行分类考虑，这4个方面也是我工作的主要原因。这个思考抉择的方式正好和平衡决策单有些类似。
>
> 首先，我考虑自我物质方面的得失，在物质方面我能够得到或失去的东西。考虑的项目包括：收入、健康状况、休闲时间、未来发展、晋升状况、社交范围等。

第 18 章
诠释教师生活史之生涯规划

第二，我考虑在物质方面给家人带来的得失。包括家庭收入的影响、路途远近对于家庭的照顾等。

第三，我评估了自我精神方面的得失，即做出这个选择时，我能够得到或者失去的精神层面的东西，比如改变生活方式、富有挑战性、实现社会价值、成就感等。

第四，我评估他人精神方面的得失，我做出这个选择时，家人在精神方面的得失，比如父母的支持、丈夫和女儿的支持等。

<u>列出这 4 方面的考虑因素和子项目后，我给这些子项目打了分，最低 0 分，最高 10 分。</u>但当时没有考虑因素赋值，没有做加权处理，只是仅仅相加算总分。最终分数最高的一项成为了我的最终选择。

三年多过去了，目前看来当时我的选择是正确的，也是符合我的生涯发展的。

这次研修课程，当学到生涯平衡单时，豁然开朗。在之后的工作中，无论是指导学生做生涯抉择还是指导家长做教育选择时都可以运用。谢谢张老师那么精彩的课程，干货满满，让我收获满满。

在 2023 春市级共享课程"生涯规划及咨询指导"课程中，学员张伟老师也回顾了当年在高中文理分科选择中也初步运用了生涯平衡单的基本原理。详文如下：

我高中阶段实行文理分科的教育制度。文理分科是学生自己做出的选择，将教学课程分为文科和理科让学生做出选择后进行分别教育。文理分科一般是在高一进入高二阶段进行的。虽然实行文理分科，但是不管文、理科都包括语文、数学和英语，所分的科目

319

为政治、历史、地理、物理、化学、生物。一般来说，文科包括政治、历史、地理；理科包括物理、化学、生物。我在文理分科选择的过程中，遭遇了非常大的思想斗争。

在老师的指导下，<u>我将自己的能力、兴趣和我认为比较重要的方面一一罗列</u>。比如说：除语数外3门学科外，文科科目和理科科目的大致排名；对文科科目和理科科目的兴趣程度。根据我自身的情况，其实文科科目平时成绩的排名比较靠前，对文科科目的兴趣更高，文科科目取得好成绩的自信也更高。但是，<u>我还罗列出我认为非常重要的方面，例如文科科目和理科科目分别需要付出的努力；人际环境等</u>。因为我认为文科科目需要背诵和记忆的努力更多，但我记忆水平一般，可能需要付出更多的努力，这是我不愿意面对的困境。还有，我们班级90%的同学都选择理科，如果我选择文科，那么我可能面对的是一个全新的环境，需要在人际交往方面付出更多的努力。综合以上各方面，<u>我最后选择了理科</u>。比较幸运的是，<u>高三时高考改制，物理、化学、生物三门学科变成了理科综合</u>，也就是说三张试卷变成了一张综合试卷，物理、化学、生物的分数在个人总分中占比降低了，而我就是一个典型的受益者，所以我觉得我当初选择理科是一个正确的抉择。

从现在生涯教育的角度来看，其中我<u>运用了生涯平衡单的基本原理</u>，但是在权重比例上没有精确量化。在学习了生涯平衡单的知识之后，我们可以运用生涯平衡单的方法，再次复盘这个事件，尝试运用生涯平衡单，将来自己的生涯决策中也可以熟练应用。

生涯决策是个人在多项选择之间权衡利弊，以达成最大价值的过程。生涯决策的过程，是综合了个人对自我的认识，以及对教育与职业等外在因素的判断，在面临生涯抉择情境时所做的各种反应。

其中生涯平衡单的技术在生涯决策中技术之一。生涯平衡单是在决策者面临难以取舍的选择时，将所有的生涯选择与条件以量化的方式呈现，然后计算结果，而做出较佳选择的一种决定方式。所以，生涯平衡单作为一种用量化的方式来协助其做出重大决定的决策工具。平衡单（balance sheet）由詹尼斯和曼（Janis & Mann, 1977）设计，将重大事件的思考方向集中到4个主题上，即自我物质方面的得失（utilitarian gains or losses for self）、他人物质方面的得失（utilitarian gains or losses for significant others）、自我赞许与否（self-approval or disapproval）、社会赞许与否（social approval or disapproval）。台湾生涯辅导专家金树人将后两项改为"自我精神方面的得失"与"他人精神方面的得失"，这样就是从以"自我—他人"，以及"物质—精神"所构成的4个范围内来考虑。

使用生涯平衡单技术进行职业选择，通常遵循以下6个操作程序，包括：①确定所有的可能选择方案；②列出考虑因素或条件（上述4个方面的具体因素）；③对每个考虑因素设置权重（1~5分）；④根据自己的判断给分（0~10分）；⑤计算加权得分（将各项判断得分乘以权数）；⑥排出选择优先级做出判断。当然，由于每个人的情况不同，其对各个选项所赋予的权重通常也会不同。

比如假设小张考虑3种职业方案，分别是本科毕业后上班、国内读研、国外读MBA，可以按照6个程序使用生涯平衡单，到第六步时可以生成如下类似的表格，见表18-4。

表 18-4 小张考虑 3 种职业方案（根据加权后得分，排出职业或专业选择的优先级）

职业决策考虑因素		重要性的权重（1—5倍）	第一职业方案（本科毕业后上班）		第二职业方案（国内读研）		第三职业方案（国外读MBA）	
			得（+）	失（-）	得（+）	失（-）	得（+）	失（-）
自我精神方面的得失	适合自己的能力	5		-20	25		30	
	适合自己的兴趣	2		-6	8		16	
	符合自己的价值观	4	20		12		28	
	满足自己的自尊心	2		-4	6		14	
自我物质方面的得失	较高的社会地位	3		-15	9		18	
	符合自己理想的生活形态	5	15		25			-15
	优厚的经济报酬	3	21			-3		-24
	足够的社会资源	2	4		16			-2
自我物质方面的得失	适合个人目前处境	5	25		10		5	
	未来有发展性	3		-15	17		24	
他人精神方面的得失	有利于择偶与建立家庭	4	28		20			-20

续表

职业决策考虑因素		重要性的权重（1—5倍）	第一职业方案（本科毕业后上班）		第二职业方案（国内读研）		第三职业方案（国外读MBA）	
			得(+)	失(-)	得(+)	失(-)	得(+)	失(-)
他人物质方面的得失	带给家人声望	2	4		2		4	
	合计		117	-60	148	-3	139	-61
	差数		57		145		78	
	优先级别		三		一		二	

这样，根据上述每一种方案的综合得分，小张就可以排出职业（或专业）选择的优先级。经过慎重考虑，小李决定选择综合得分排在第一位的国内读研。

2. 诠释视角：生涯抉择的技术应用——SWOT分析法

在2021秋市级共享课程"生涯规划及咨询指导"中，学员袁胜轶老师在回顾自己本科临近毕业进行抉择时感觉自己本能地使用了类似SWOT分析的方法，最终选择了本科毕业后就业，并走上了认为适合自己的教师岗位。详文如下：

在我大学本科临近毕业时，我面临着自己人生最重要的选择之一，究竟是继续读研还是就业，如果就业该选择什么工作。当时我就读的是上海某"985"高校的环境科学与工程系，我分析了一下利弊，也就是本能地使用了SWOT分析法。

纵观本科4年的学习，我觉得这个专业在未来有许多的政策红利可以吃，但是目前看来，许多的技术尚且还只能在实验室里应用，自己本身又更喜欢与人打交道，所以留在本专业读研对于我而言并不是一个最好的选择，加上本科期间也没有对其他领域的知识进行过多涉猎，所以去其他专业读研似乎难度也非常高，因此最终我选择了本科毕业就业。

在找工作的时候，我主要的目标还是那些多与人打交道，且更加需要创造性的职业，因为我认为自己的思维还是比较活跃的，而且喜欢尝试新鲜事物，重复做一件事会让我觉得比较提不起干劲。当时因为自己在高校中看到许多所谓的精英学子蝇营狗苟，也让我迸发出了做一名高中教师的想法，想着如果要做老师，肯定在工作中没有那么多的变化，所以就定下了要么去比较好的市重点做老师，多接触一些优秀学生，这样可以通过与学生的接触增加自己工作的挑战性，要么就去做一个"非主流"的老师，能够多体验学校各个工作的环节。

之后投简历也是朝着这些目标去的，在其他行业中，不是我看得上的看不上我，就是看得上我的我看不上它，正当这时，我看到现在工作的学校招收"环境科学"教师，本以为就是教学校一些不痛不痒的副科，没想到和人事老师交流之后觉得还挺有意思，原来这个是学校的特色，还有配套的实验室，回忆自己的中学生涯，似乎并没有这些东西，那时就来了兴趣。

在后面面试与校长交流的过程中，我想，这可能就是我原本以为不太会找得到的第二种心仪的教师岗位吧，我用自己当时为数不

第18章
诠释教师生活史之生涯规划

多的社会经验又做了一次分析，觉得既喜欢和人打交道，又喜欢什么知识都涉猎一点，体验不同工作角色的自己应该能与这份工作比较契合，于是就答应下来了。

现在已经是我工作的第七年，虽然也有苦有泪，但是目前的工作状态也和我想的一样，看起来自己做的是比较传统的教师行业，许多人会觉得就教教书，周而复始的样子，可实际上，自己每年都会遇到许多有意思的项目，完成一个又一个不同的任务，给我非常强的满足感。

回顾我的故事，我想以后和学生交流职业生涯体验时，SWOT分析法真的很重要，也许有许多岗位非常光鲜亮丽，收入颇高，但是人还是要选择自己合适的职业，先认清自己，之后在职业定位时多和行业内的人交流再做判断，这是非常重要的。

在2023秋区级共享课程"生涯规划校本研修课程建设及案例剖析"课程中，学员王子怡介绍了自己运用SWOT分析法进行的生涯规划情况，运用这种分析，既发现了自身的优势与劣势，也发现了机会与威胁，从而明确了自己的职业目标，并形成了行动的计划。详文如下：

幼儿园教师生涯规划和自身SWOT分析是非常重要的学习课题，特别是对于想从事幼儿园教育工作的人来说。在我进行学习和思考的过程中，我发现了一些宝贵的经验和见解。

在进行幼儿园教师生涯规划时，我意识到了自己的职业目标和理想。我深深地热爱孩子们，喜欢和他们一起玩耍、探索和学习。

325

我知道，成为一名幼儿园教师可以给我提供与孩子们密切互动的机会，传授他们知识和技能，帮助他们成长和发展。我渴望成为孩子们人生早期阶段的引路人和正面榜样，帮助他们塑造积极的态度和价值观。因此，我的职业目标是成为一名优秀、有影响力的幼儿园教师，为孩子们带来快乐和启迪。

因此，我进行了自身的 SWOT 分析，以了解自己在幼儿园教师生涯中的优势、劣势、机会和威胁。

首先，我的优势是我有一颗热爱孩子、耐心细致的心。我善于与孩子们建立亲密的关系，关心他们的需求，满足他们的学习和成长需求。此外，我具备较强的沟通和表达能力，能够与孩子和家长建立良好的沟通渠道。另外，我还拥有较强的自我反思和学习能力，可以不断提升自己的教育教学水平。

其次，我也意识到自己的劣势和需要改进的地方。我在幼儿园教育领域的经验相对较少，还需要不断学习和积累。此外，我对一些特殊教育需求的儿童了解较少，需要加强学习和研究。另外，有时我会在处理一些挑战和冲突时感到困惑和不知所措，需要进一步提升我的解决问题的能力。

再次，在机会方面，我认识到幼儿园教育领域是一个充满无限可能的领域。随着社会对早期教育重视的不断提高，幼儿园教育的发展前景非常广阔。我有机会参与到教育改革和创新中，为幼儿的成长和发展做出更大的贡献。

最后，我也意识到了一些威胁和挑战。幼儿园教师工作的压力较大，需要应对各种工作和教学上的挑战。此外，幼儿园教育领域的竞争也较为激烈，需要不断提升自己的专业能力和素质，以及持续学习和更新自己的教育观念和方法。

综上所述，我认为幼儿园教师生涯规划的关键是全面而真实地了解自己。通过深入地思考自己的职业目标、热爱和优势，以及面对的劣势、机会和挑战，我能够更明确地规划自己的职业道路，制定合理的学习计划，并不断提升自己的能力。

在进行幼儿园教师生涯规划时，我意识到教育是一个持续学习的过程，我需要时刻关注行业动态和教育理论的更新。我计划参加专业的培训和研讨会，并寻找导师或有经验的同事，向他们寻求指导和学习经验。同时，我还计划定期参与教育研究和教学改进项目，不断改进自己的教育方法和策略。通过这个过程，我明确了自己的职业目标和热爱，发现了自己的优势和劣势，以及面临的机会和挑战。在未来的学习和工作中，我将积极提升自己的专业能力和素质，为幼儿的成长和发展做出更大的贡献。

上述故事中提到的 SWOT 分析，是指运用了态势分析法或优劣势分析法 SWOT（strengths、weakness、opportunity、threats）分析法。运用这种方法，可以对个体及所处的情景进行全面、系统、准确的研究，继而根据研究结果制定相应的发展策略与计划等。其中，S（strengths，优势）、W（weaknesses，劣势）是内部因素，O（opportunities，机会）、T（threats，威胁）是外部因素。

SWOT 分析法如图 18-5 所示，操作有 4 步：①评估自己的优势（S）和劣势（W）；②找出外部的机会（O）和威胁（T）；③做出职业生涯决策；④制订职业行动计划与对策。注意要使优势趋于最大，威胁趋于最小；使劣势趋于最小，机会趋于最大。

内部因素	S (strengths) 优势	W (weaknesses) 劣势
外部因素	O (opportunities) 机会	T (threats) 威胁

图 18-5　SWOT 分析法

人格成长更迭有序，生涯发展纵贯一生，生涯规划不仅仅是关于选择一个专业或职业，更重要的是促进知己和知彼。发扬优势、补充短板、抓住机遇、规避风险，最大限度地激发潜能；同时，增进了解职业和社会，做好当下，并为自己的未来做好准备。其中，运用适合的理论、技术和方法非常重要，本部分对教师生活史之人格成长、教师生活史之生涯发展、教师生活史之生涯规划的诠释无不意在于此。

> 本部分结合笔者实施生涯教育、课题研究等相关主题市级、区级共享课程的实践中互动创生的课程资源及学员分享的生涯故事，展现了笔者对教师生活史研究持续探索和觉悟提升的进程，不仅进一步呈现了教师生活在时间流中的丰富样态，也基于人格成长理论、生涯发展理论、生涯规划理论的启发对教师生活史进行了崭新地诠释。

参考文献 REFERENCE

外文文献

1. Abell, S. K. & Bryan, L. A. (1997) Reconceptualizing the elementary science methods course using a reflection orientation, *Journal of Science Teacher Education*, 8:153–166.
2. Abell, S. K. & Smith, D. C. (1994) What is science?: pre-service elementary teachers' conceptions of the nature of science, *International Journal of Science Education*, 16:475–487.
3. Aguirre, J. M., Haggerty, S. M. & Linder, G. J. (1990) Student teachers' conceptions of science, teaching and learning: a case study in pre-service science education, *International, Journal of Science Education*, 12:381–390.
4. Atkinson, R. (1998). *The Life Story Interview*. CA: SAGE Publications.
5. Ball, S. & Goodson, I. (1985) Understanding teachers: concepts and contexts, in: S. Ball& I. Goodson(Eds) *Teachers lives and careers*. London: Falmer Press.
6. Baumeister, R. F., Tice, D. M. & Hutton, D.G. (1989). Self-presentational motivations and personality differences in self-esteem. *Journal of Personality*, 57:547–579.
7. Blummer, H. (1979). *Critiques of research in the social sciences: an appraisal of Thomas and Znaniechi's 'The Polish Peasant in Europe and America', With an introduction*. New Jersey: Transaction.
8. Borko, H. & Putnam, R. T. (1996) Learning to teach, in: D. C. Berliner & R. C. Calfee (Eds) *Handbook of educational psychology*. New York: Macmillan.
9. Brickhouse, N. & Bodner, G. M. (1992) The beginning science teacher: classroom narratives of convictions and constraints, *Journal of Research*

in Science Teaching, 29:471–485.
10. Britzman, D. P. (1991) *Practice makes practice: a critical study of learning to teach*. Albany: State University of New York Press).
11. Brown, J. S., Collins, A. & Duguid, P. (1989) Situated cognition and the culture of learning, *Educational Researcher*, 18:32–42.
12. Brown, J. D. & Mankowski, T. A. (1993). Self-esteem, mood, and self-evaluation: Changes in mood and the way you see you. *Journal of Personality and Social Psychology*, 64:421–430.
13. Bullough, R. V. (1992) Beginning teacher curriculum decision making, personal teaching meta-phors and teacher education, *Teaching and Teacher Education*, 8:239–252.
14. Bullough, R. v. & Baughman, K. (1996). Narrative reasoning and teacher development: A longitudinal study. *Curriculum Inquiry*, 26(4):385–415.
15. Bullough, R. V. & Baughman, K. (1997) *'First year teacher' eight years later: an inquiry into teacher development* . New York: Teachers' College Press.
16. Butler, A.C., Hokanson, J. E. & Flynn, H. A. (1994). A comparison of self-esteem lability and low self-esteem as vulnerability factors for depression. *Journal of Personality and Social Psychology*, 66:166–177.
17. Butt, R., Raymond, D., McCue, G. & Yamagishi, L. (1992) Collaborative autobiography and the teacher' voice, in: I. Goodson (Ed.) *Studying teachers' lives*. London: Routledge, 51–98.
18. Calderhead, J. (1988). The development of knowledge structure in learning to teach. In J. Calderhead (ed.). *Teachers' professional learning* (pp.54–57). PA: The Falmen Press.
19. Calderhead, J. & Robson, M. (1991) Images of teaching: student teachers' early conceptions of classroom practice, *Teaching and Teacher Education*, 7:1–8.
20. Carr, D. (1986). *Time, Narrative and History*. Bloomington: Indiana University Press.
21. Clandinin, D. J. (1985). Personal practical knowledge: A study of teachers' classroom images. *Curriculum Inquiry*, 15(4):361–385.
22. Clandinin, D. J. (1986). *Classroom Practice: Teacher Images in Action*. London: The Falmer Press.
23. Clandinin, D. J. & Connelly, F. M. (1986). Rhythms in teaching: The Narrative Study of teachers' personal knowledge of classrooms. *Teaching and Teacher Education*, 2(4):377–387.
24. Clandinin, D. J. & Connelly, F. M. (1987). Teachers' personal knowledge: What counts as 'personal' in studies of the personal. *Journal of Curriculum Studies*, 19(6):487–500.
25. Cole, A. L., & Knowles, J. G. (1993]. Teacher development partnership research: A focus on methods and issues. *American Educational Researach Journal*, 30(3):473–495.
26. Collay, M. (1998). Recherche: Teaching our life histories. *Teaching and Teacher*

Education, 14(3):245–255.
27. Connell, R. W. (1995). *Masculinities*. Sydney: Polity Press.
28. Connell, R W. (2001) Studying men and masculinity, *Resources for Feminist Research*, 29 (1/2):43–55.
29. Connelly, F. M. & Clandinin , D. J. (1984). Personal practical knowledge at Bay St School: Ritual, personal philosophy and image. In R.. Halkes & J. Olsen. (eds.) *Teaching Thinking: A New Perspective on Persisting Problems in Education*. Lisse: Swets and Zeitlinger.
30. Connelly, F. M. & Clandinin, D. J. (1985). Personal practical knowledge and the modes of knowing: Relevance for teaching and learning. In E. Eisner (ed.). *Learning and teaching: the ways of knowing* (pp.174–198). Chicago: University of Chicago Press.
31. Connelly, F. M. & Clandinin, D. J. (1988). *Teachers as curriculum planners: Narrative of experience*. NY: Teachers College Press.
32. Connelly, F. M. & Clandinin, D. J. (1995). Teachers' professional knowledge landscapes: secret, sacred, and cover stories. In D. J. Clandinin & F. M. Connelly (eds.). *Teachers' Professional Knowledge Landscapes* (pp.3–15). New York and London: Teachers and College Press.
33. Connelly, F. M. & Clandinin, D. J. (1997). Teachers' Personal Practical Knowledge on the Professional Knowledge Landscape. *Teaching and Teacher Education*, 7:665–674.
34. Cooley, C. H. (1902). *Human nature and the social order*. New York: Charles Scribner's Sons.
35. Cooney, T. J. & Shealy, B. E. (1997) On understanding the structure of teachers' beliefs and their relationship to change, in: E. Fennema & B. S. Nelson (Eds) *Mathematics teachers in transition*. Mahwah, NJ: Lawrence Erlbaum Associates.
36. Corrinan, D. & Haherman, M. (1990). The Context of Teacher Education. In W. Houston (ed.). *Handbook of Research on Teacher Education*. New York: Macmillan.
37. Crites, S. (1986). Storytime: recollecting the past and projecting the future. In T. Sarbin (ed.). *Narrative Psychology: The Storied Nature of Human Conduct* (pp.153–173). New York: Praeger.
38. Cronin-Jones, L. L. (1991) Science teacher beliefs and their influence on curriculum implementation: two case studies, *Journal of Research in Science Teaching*, 28:235–250.
39. Denzin, N. K. (1989). *Interpretive biography*. London: Sage.
40. Dickinson, V. L., Burns, J., Hagen, E. R. & Locker. K. M. (1997) Becoming better primary science teachers: a description of our journey, *Journal of Science Teacher Education*, 8:295–311.
41. Durkin, D. (1966) *Children who read early*. New York: Teachers College Press.
42. Duval, S. & Wicklund, R. A. (1972). *A theory of objective self-awareness*. New York:

Academic Press.
43. Elbaz, F. (1991). Research on teacher's knowledge: The evolution of a discourse . *Journal of Curriculum studies*, 23(1):1–119.
44. Epstein, D. & Johnson, R. (1998) *Schooling sexualities*. Buckingham: Open University.
45. Erben, M. (ed). (1998). *Biography and Education: A Reader*. London: Falmer Press.
46. Erikson, E. H. (1963). *Childhood and society*(2nd ed.). New York: W. W. Norton.
47. Fenigstein, A., Scheier, M. F. & Buss, A. H. (1975). Public and private self-consciousness: Assessment and theory. *Journal of Consulting and Clinical Psychology*, 43:522–528.
48. Festinger, L. (1954). A theory of social comparison processes. *Human Relations*, 7:117–140.
49. Freitas, E. D., (2004) Plotting intersections along the political axis: The interior voice of dissenting mathematics teachers, *Educational Studies in Mathematics*, (1/2/3):259–274.
50. Gergen, K. J. (1971). *The concept of self*. New York: Holt, Rinehart & Winston.
51. Gillham, B. (2000). *Case study Research Methods*. Great Britain: MPG Books Ltd (Reprinted 2003, 2004).
52. Goodson, I. (1981) Life histories and the study of schooling. *Interchange*, 11(4):62–77.
53. Goodson, I. (1983). *School subjects and curriculum change*. London, England: Falmer. (2nd edition: 1987; 3nd editon: 1993, with foreword by Peter McLaren).
54. Goodson, I. (1991). Teachers' lives and educational research. In I. Goodson & R. Walker (Eds). *Biography, identity, and schooling* (pp.137–149). London, England: Falmer.
55. Goodson, I. (1992a). *Studying Teachers' Lives* . London: Routledge & New York, Teachers College Press.
56. Goodson, I. (1992b). Sponsoring the teachers' voice: Teachers' lives and teacher development. In A. Hargreaves & M. Fullan (eds.). *Understanding teacher development*. New York: Teachers College Press.
57. Goodson, I. (1992c). Studying teacher's lives: an emergent field of enquiry. In I. Goodson(Ed). *Studying teachers' lives* (pp. 1–17). London: Routledge.
58. Goodson, I. (1994). Studying the teacher's life and work. *Teaching & Teacher Education*, 10(1):29–7.
59. Goodson, I. & Walker, R. (1991). *Biography, identity and schooling: Episodes in educational research*. London, England: Falmer.
60. Goodson, I. & Sikes, P. (2001).. *Life history research in educational setting: learning from lives*. Buckongham: Open University Press.
61. Goodson, I. & Numan, U. (2002). Teacher's Life Worlds, Agency and Policy Contexts, *Teachers and Teaching: theory and practice*, 8(3/4):269–277.
62. Halai, N. & Hodson , D. (2004). Munazza's Story: Shedding Light on a Science

Teacher's Conceptions of the Nature of Science through a Life History Study. *Canadian Journal of Science, Mathematics and Technology Education*, 4(2):194–208.
63. Hargreaves, A. (1994) *Changing teachers, changing times: teachers' work and culture in the postmodern age*. London: Cassell.
64. Hargreaves, A. (1997). Series editor's introduction. In P. Sikes (Ed.) *Parents who teach: stories from school and from home*. London: Cassells.
65. Holt-Reynolds, D. (1992) Personal history-based beliefs as relevant prior knowledge in coursework, *American Educational Research Journal*, 29:325–349.
66. Hughes, E. (1994) *Religious education in the primary school: managing diversity*. London: Cassells.
67. Huinker, D. & Madison, S. K. (1997) Preparing efficacious elementary teachers in science and mathematics: the influence of methods courses, *Journal of Science Teacher Education*, 8:107–126.
68. Josselson, R. (1995) Imagining the real: empathy, narrative and the dialogic self, in: R. Josselson & A. Leiblich (Eds) *Interpreting experience. Vol. 3: the narrative study of lives* (Thousand Oaks, CA, sage), 27–44.
69. Kirshner, D. & Whitson, J. A. (1997) Editors' introduction to situated cognition: social, semiotic and psychological perspectives, in: D. Kirshner & J. A Whitson (Eds) *Situated cognition: social, semiotic and psychological perspectives*. Mahwah, NJ: Lawrence Erlbaum Associates.
70. Knowles, J. G. & Holt-Reynolds, D. (1991). Shaping pedagogies through personal histories in preservice education. *Teachers College Record*, 93:87–113.
71. Knowles, J. G. & Holt-Reynolds, D. (1994) An introduction: personal histories a medium, method, and milieu for gaining insights into teacher development, *Teacher Education Quarterly*, 21:5–12.
72. Lave, J. (1988) *Cognition in practice: mind mathematics and culture in everyday life* . New York: Cambridge University Press.
73. Lave, J. (1991) Situated learning, in: L. Resnick, J. Levine & S. Teasley (Eds) *Perspectives on socially shared cognition*. Washington, DC: American Psychological Association.
74. Lave, J. (1997) The culture of acquisition and the practice of understanding, in: D. Kirshner & J. A. Whitson (Eds) *Situated cognition: social, semiotic and psychological perspectives*. Mahwah, NJ: Lawrence Erlbaum Associates.
75. Lesko, N. (Ed.) (2000) *Masculinities at school*. London: Sage.
76. Lortie, D. (1975). *Schoolteacher: a sociological study*. Chicago, IL: University of Chicago Press.
77. Lumpe, A.T., Haney, J. J. & Caerniak, C. M. (2000) Assessing teachers' beliefs about

their science teaching context, *Journal of Research in Science Teaching*, 37:275–292.
78. MacIntyre, A. (1981). *After virtue*. Notre Dame, NY: Notre Dame University Press.
79. Mair, M. (1989). *Between Psychology and Psychotherapy*. London: Routledge.
80. McAdams, D. (1993). *The Stories we live by: Personal Myths and the Making of the self*. New York: Morrow.
81. Mead, G. H. (1934). *Mind, self and society*. Chicago: The University of California Press.
82. Measor, L. & Sikes, P. (1992). Visiting lives: Ethics and methodology in life history. In I. Goodson (Ed.), *Study teachers' lives* (pp.209–233). New York: Teachers College Press.
83. Measor, L. (1985) Critical incidents in the classroom: identities, choices and careers, in: S. J. Ball & I. V. Goodson (Eds) *Teachers' lives and careers*. London: Falmer Press.
84. Messner, M. (1997) *Politics of masculinities: men in movements* (Thousand Oaks, CA, Sage).
85. Morrow, L. M. (2001) *Literacy deveLopment in the early years: helping children read and write* (Boston, MA, Allyn & Bacon).
86. Nash, C. (ed.) (1990). *Narrative in Culture: The use of Storytelling in the Sciences, Philosophy and Literature*. London: Routledge.
87. Nias, J. (1989). *Primary teachers talking: a study of teaching as work*. London: Rouledge.
88. Nolen-Hoeksema, S. (1991a). Responses to depression and their effects on the duration of depressive episodes. *Journal of Abnormal Psychology*, 104:569–582.
89. Nolen-Hoeksema, S. (1991b). *Coding Guide for Responses to Depression Questionaire*. Unpublishied manuscript. Stanford University, Palo Alto, CA.
90. Osborne, M. D. (1998) Teacher as knower and learner: reflections on situated knowledge in science teaching, *Journal of Research in Science Teaching*, 35:427–440.
91. Pajares, M.F. (1992) Teachers' beliefs and educational research: cleaning up a messy construct, *Review of Educational Research*, 62:307–322.
92. Pease, B. (2000) *Recreating men: postmodern masculinity politics*. London: Sage.
93. Plummer, K. (1983) *Documents of life* . London: Allen & Unwin.
94. Plummer, K. (1995) *Telling sexual stories: power, change and social worlds* (London, Routledge).
95. Plummer, K. (2001). *Documents of life2: an invitation to a critical humanism*. London: Sage.
96. Polkinghore, D. P. (1988). *Narrative Knowing and the Human Sciences*. Albany, NY: SUNY Press.
97. Richardson, V. (1996) The role of attitudes and beliefs in learning to teach, in: J. Sikula (Ed.) *Handbook of research on teacher education* (New York, Simon & Schuster Macmillan).
98. Rosenberg (1965). *Society and the Adolescent Self-image*. Princeton, NJ: Princeton

University Press.
99. Rosenberg, M. (1979). *Conceiving the self.* New York: Basic Books.
100. Sarbin, T. R. (eds.) (1986). *Narrative Psychology: The Storied Nature of Human Conduct.* New York: Praeger.
101. Schubert, W. (1992). Our journeys into teaching: Remembering the past. In W. Schulbert & W. Ayers(Eds). *Teacher Lore* (3–10). NewYork: Longman.
102. Shotter, J. (1993). *Cultural Politics of Everyday Life: Social Constructionism, Rhetoric and Knowing of the Third Kind.* Buckingham: Open University Press.
103. Sikes, P. & Everington, J. (2004)'RE teachers do get drunk you know': becoming a religious education teacher in the twenty-first century. *Teachers and Teaching: theory and practice,* 10(1):21–33.
104. Sikes, P. & Troyna, B. (1991) True stories: a case study in the use of life history in initial teachereducation, *Educational Review,* 43:3–16.
105. Sillman, K. & Dana, T. (1999) Metaphor: a tool for monitoring prospective elementary teachers' developing metacognitive awareness of learning and teaching science, paper presented at the *Annual Meeting of the National Association of Research in Science Teaching,* Boston, MA, March.
106. Skelton, A. (1993) On becoming a male physical education teacher: the informal culture of students and the construction of hegemonic masculinity, *Gender and Education,* 5(3):289–303.
107. Smith, J. (1995). Semi-structured interviewing and qualitative analysis. In J. Smith, R. Hare & L. VanLagenhove (eds). *Rethinking Methods in Psychology* (pp.9–27). London: Sage.
108. Smith, L.K. (2005). The impact of early life history on teachers' beliefs: in—school and out-of-school experiences as learners and knowers of science. *Teachers and Teaching : theory and practice,* 11(1):5–36.
109. Smith, L. M., Kleine, P. F., Prunty, J. P., & Dwyer, D. C. (1986) *Educational innovators: Then and now.* New York: Falmer Press.
110. Snyder, M. (1974). Self monitoring of expressive behavior. *Journal of Personality and Social Psychology,* 30:326–537.
111. Strauss, A. & Corbin, J. (1988). *Basics of qualitative research: Techniques and procedures for developing grounded theory.* Thousand Oaks, CA: Sage.
112. Thompson, A. G. (1992) Teachers' beliefs and conceptions: a synthesis of the research, in: D. A. Grouws (Ed.) *Handbook of research on mathematics and leaning* (New York, Simon & Schuster Macmillan).
113. Tomarelli, M. M. & Shaffer, D. R (1985). What aspects of self do self-monitors monitor? *Bulletin of the Psychonomic Society,* 23:135–138.

114. Trotman, J. & Kerr, T. (2001) Making the personal professional: pre-service teacher education and personal histories, *Teachers and Teaching: Theory and Practice*, 7:157–171.
115. Wedgwood, N. (2003) Aussie rules! Schoolboy football and masculine embodiment, in: S. Tomsen & M. Donaldson (Eds) *Male trouble: looking at Australian masculinities*. Melbourne: Pluto Press.
116. Wedgwood, N. (2004) 'Kicking like a boy': schoolgirl Australian Rules football and bi-gendered female embodiment, *Sociology of Sport Journal*, 21:140–162.
117. Wedgwood, N. (2005). Just one of the boys? A life history case study of a male *physical education teacher Gender and Education*, 17(2):189–201.
118. Wildy, H. & Wallace, J. (2004) Science as content, science as context: working in the science department, *Educational Studies*, 2:99–112.
119. Woods, P. (1986). *Inside schools: ethnography in educational research*. London: Routledge.
120. Yin, R. K. (2003). *Case Study Research: design and methods* (3rd edition). Thousand Oaks, CA: Sage.

外文译著

〔德〕O.F.博尔诺夫.教育人类学［M］.李其龙，等译.上海：华东师范大学出版社，2001.

〔德〕汉斯-格奥尔格·伽达默尔.哲学解释学［M］.夏镇平、宋建平，译.上海：上海译文出版社.2004.

〔德〕马丁·海德格尔.存在与时间［M］.陈嘉映，等译.北京：生活·读书·新知三联书店，2006.

〔德〕卡尔·雅斯贝尔斯.生存哲学［M］.上海：上海译文出版社，2006.

〔德〕康德.纯粹理性批判［M］.李秋零，译.北京：中国人民大学出版社，2004.

〔法〕米歇尔·福柯.规训与惩罚［M］.刘北成，杨远婴，译.北京：生活·读书·新知三联书店，1999.

〔港〕徐碧美著.追求卓越——教师专业发展案例研究［M］.陈静，李忠如，译.北京：人民教育出版社.

〔加〕查尔斯·泰勒.自我的根源：现代认同的形成［M］.韩震，译.南京：译林出版社，2006.

〔加〕D.琼·克兰迪宁，F.迈克尔·康纳利.叙说探究：质性研究中的经验与故事［M］.蔡敏玲，余晓文，译.台北：心理出版社股份有限公司，2006.

〔加〕F.迈克尔·康纳利，D.琼·克兰迪宁.教师成为课程研究者——经验叙事［M］.刘良华，等译.杭州：浙江教育出版社，2004.

〔加〕马克斯·范梅南.生活体验研究——人文科学视野中的教育学［M］.宋广文，等译.北京：教育科学出版社，2003.

〔美〕约翰·杜威.我们怎样思维·经验与教育［M］.姜文闵，译.北京：人民教育出版社，2005.

〔美〕霍华德·A.奥兹门，塞缪尔·M.克雷维尔.教育的哲学基础［M］.石中英，邓敏娜，等译.北京：中国轻工业出版社，2006.

〔美〕莱斯利·P·斯特弗，杰里·盖尔.教育中的建构主义［M］.高文，等译.上海：华东师范大学出版社，2002.

〔美〕L. A. 珀文.人格科学［M］.周榕，等译.上海：华东师范大学出版社，2001.

〔美〕流心.自我的他性——当代中国的自我系谱［M］.常姝，译.上海：上海人民出版社，2005.

〔美〕罗伯特·K.殷.案例研究方法的应用［M］.周海涛，等译.重庆：重庆大学出版社，2009.

〔美〕罗伯特·K.殷.案例研究——设计与方法［M］. 3版.周海涛，等译.重庆：重庆大学出版社，2004.

〔美〕乔纳森·布朗.自我［M］.陈浩莺，等译.北京：人民邮电出版社，2004.

〔美〕Sonia Nieto.教师生命自传［M］.陈佩正，译.台北：心理出版社，2007.

〔美〕威廉·F.派纳，威廉·M.雷诺兹，帕特里克·斯莱特里，彼得·M.陶伯曼.理解课程——历史与当代课程话语研究导论［M］.张华，等译.北京：教育科学出版社，2003.

〔美〕威廉·詹姆斯.心理学原理［M］.田平，译.北京：中国城市出版社，2003.

〔日〕佐藤学.静悄悄的革命——创造活动、合作、反思的综合学习课程［M］.李季湄，译.长春：长春出版社，2003.

〔日〕佐藤学.课程与教师［M］.钟启泉，译.北京：教育科学出版社，2003.

〔英〕伊丽莎白·霍姆斯.教师的幸福感——关注教师的身心健康及职业发展［M］.闫慧敏，译.北京：中国轻工业出版社，2006.

〔英〕迈克尔·波兰尼.个人知识：迈向后批判哲学［M］.许泽民，译.贵阳：贵州人民出版社，2000.

〔英〕迈克尔·波兰尼.科学、信仰与社会［M］.南京：南京大学出版社，2004.

〔英〕迈克尔·克罗斯利（Michele L. Crossley）.叙事心理与研究：自我、创伤与意义的建构［M］.朱仪羚，等译.嘉义：涛石文化，2004.

〔英〕卡尔·波普尔.客观知识——一个进化论的研究［M］.舒炜光，卓如飞，等译.上海：上海译文出版社，1987.

〔美〕罗伯特·奥迪（Robert Audi）.剑桥哲学辞典［M］.王思讯，主编.台北：城邦文化，2002.

中文著作

陈美玉.教师专业学习与发展［M］.台北：师大书苑，1999.
林逢祺，洪仁进主编.教育与人类发展教育哲学述评（二）［M］.台北：师大书苑，2005.
陈向明.教师如何作质的研究［M］.北京：教育科学出版社，2001.
《辞海》编辑委员会.辞海［M］.5版.上海：上海辞书出版社，1999.
戴本博主编.外国教育史（上）［M］.北京：人民教育出版社，1989.
范国睿.教育生态学［M］.北京：人民教育出版社，2000.
范良火.教师教育教学知识发展研究［M］.上海：华东师范大学出版社，2003.
冯建军.生命与教育［M］.北京：教育科学出版社，2004.
冯晓虎.隐喻——思维的基础篇章的框架［M］.北京：对外经济贸易大学出版社，2004.
傅安球主编.心理咨询师培训教程［M］.上海：华东师范大学出版社，2006.
洪汉鼎.诠释学——它的历史和当代发展［M］.北京：人民出版社，2001.
洪明.教师教育的理论与实践［M］.福州：福建教育出版社，2002.
黄希庭.人格心理学［M］.杭州：浙江教育出版社，2002.
金生鈜.理解与教育——走向哲学解释学的教育哲学导论［M］.北京：教育科学出版社，1997.
金树人.生涯咨询与辅导［M］.北京：高等教育出版社，2007.
靳玉翠.走进教师的生活世界——教师个人实践理论的叙事研究［M］.上海：复旦大学出版社，2004.
刘竑波.多元智能与教师［M］.上海：上海教育出版社，2005.
罗海鸥.超越自我的思考［M］.天津：天津教育出版社，1990.
郄杰英等.家庭教育指导师职业岗位技术能力培训教程（下编实务指导）［Z］. CETTIC培训项目内部教材，2014.
沈之菲.扬起理想的风帆：中小学生生涯教育活动方案设计［M］.上海：华东师范大学出版社，2020.
盛晓明.古今西方哲学教程［M］.杭州：浙江大学出版社，1989.
施良方.学习论［M］.北京：人民教育出版社，2001.
宋春燕等.中小学生涯教育活动优秀案例集［M］.广州：广东教育出版社，2021.
苏定芳.隐喻学研究［M］.上海：上海外语教育出版社，2000.
吴增强.探寻优秀与卓越——心理老师成长之路［M］.上海：华东师范大学出

版社，2021.

张沛.隐喻的生命［M］.北京：北京大学出版社，2004.

钟启泉，高文，赵中建.多维视角下的教育理论与思潮［M］.北京：教育科学出版社，2004.

钟启泉，崔允漷，张华主编.为了中华民族的复兴为了每一位学生的发展——《基础教育课程改革纲要（试行）》解读［M］.上海：华东师范大学出版社，2001.

中国社会科学院语言研究所词典编辑室.现代汉语词典增补本［M］.北京：商务印书馆，2002.

中国社会科学院语言研究所词典编辑室编.现代汉语词典［M］.5版.北京：商务印书馆，2007.

学位论文

陈雨亭.教师研究中的自传研究方法——对威廉派纳"存在体验课程"的研究［D］.上海：华东师范大学，2006.

姜美玲.教师实践性知识研究［D］.上海：华东师范大学，2006.

徐改.成功职业女性的生涯发展与性别构建——基于生活历史法的研究［D］.上海：华东师范大学，2006.

期刊论文

蔡亚平.论教师实践性知识的失语与建构［J］.教育理论与实践，2005，（11）.

陈向明.实践性知识：教师专业发展的知识基础［J］.北京大学教育评论，2003，（1）.

高文.教育中的若干建构主义范性［J］.全球教育展望，2001，（10）：3–9.

何晓芳，张贵新.解析教师实践知识：内涵及其特性的考察［J］.教师教育研究，2006，18（6）.

蒋京川.论建构主义及其教育意义［J］.教育探索，2004，（5）.

姜勇.个人生活史与教师发展初探——一种解读教师专业成长的新视角［J］.外国中小学教育，2004，（3）：17–20.

金盛华.自我概念及概述［J］.北京师范大学学报（哲社版），1996，（1）.

鞠红霞.自我概念研究综述［J］.柳州职业技术学院学报，2002，2（1）.

李德华.新手教师实践性知识的建构——从教师生活史分析［J］.当代教育科学，2005，（12）.

刘海燕.试论教师实践知识的生成机制［J］.教学与管理，2006，（5）.

刘洁.从"生活史"的角度看教师教育［J］.教育理论与实践，2006，（3）.

刘化英.罗杰斯对自我概念的研究及其教育启示［J］.辽宁师范大学学报（社会

科学版),2000,(6).

曲中林.教育实践性知识的表征与习得[J].教育评论,2004,(5).

申燕.教师实践知识研究的启示[J].教育科学论坛2006,(8).

孙灯勇,郭永玉.自我概念研究综述[J].赣南师范学院学报,2003,(2).

王益明,金瑜.两种自我(ego和self)的概念关系探析[J].心理科学,2001,(3).

郑剑虹.人格心理学中的自我研究综述[J].湛江师范学院学报,2004,(4).

政策文件

上海市教育委员会关于加强中小学生涯教育的指导意见.[2021-08-29]. https://edu.sh.gov.cn/xxgk2_zdgz_jcjy_01/20201015/v2-0015-gw_402152018002.html.